全国革命老区县发展史丛书——福建卷

长汀县革命老区发展史

长汀县老区建设促进会　编

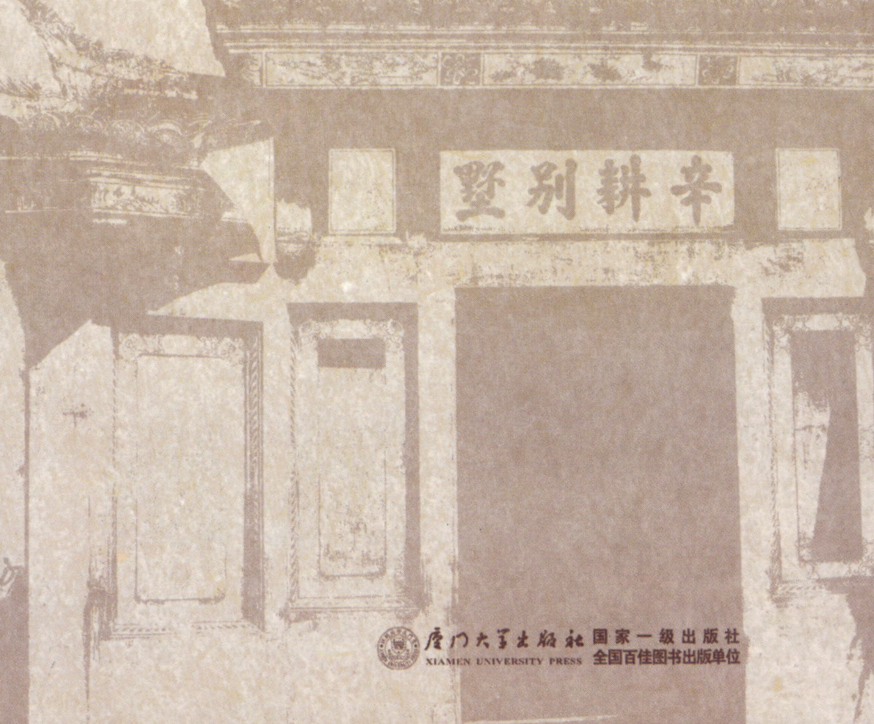

厦门大学出版社 XIAMEN UNIVERSITY PRESS 国家一级出版社 全国百佳图书出版单位

图书在版编目(CIP)数据

长汀县革命老区发展史/长汀县老区建设促进会编. —厦门:厦门大学出版社,2019.7
ISBN 978-7-5615-7159-0

Ⅰ.①长… Ⅱ.①长… Ⅲ.①长汀县—地方史 Ⅳ.①K295.74

中国版本图书馆 CIP 数据核字(2018)第 254442 号

出 版 人 郑文礼
封面供图 蓝灿旺
责任编辑 章木良
美术编辑 张雨秋
技术编辑 朱 楷

出版发行 厦门大学出版社
社　　址 厦门市软件园二期望海路 39 号
邮政编码 361008
总 编 办 0592-2182177 0592-2181406(传真)
营销中心 0592-2184458 0592-2181365
网　　址 http://www.xmupress.com
邮　　箱 xmup@xmupress.com
印　　刷 龙岩中艺彩印有限公司

开本 720 mm×1 000 mm 1/16
印张 21.5
字数 300 千字
版次 2019 年 7 月第 1 版
印次 2019 年 7 月第 1 次印刷
定价 128.00 元

厦门大学出版社
微信二维码

厦门大学出版社
微博二维码

◎ 汀州，果然是中国革命的一个转折。

——朱德

◎ 长汀是中央苏区经济中心

◎ 长汀是红军长征出发地之一

★总 序

在举国欢庆新中国成立70周年前夕，中国老区建设促进会王健会长请我为《全国革命老区县发展史》丛书作序，作为一名在老区战斗过并得到老区人民生死相助的老兵，回首往事，心潮澎湃，感慨万千，深感义不容辞，欣然应允。

中国革命老区，是以毛泽东为代表的中国共产党人在领导人民推翻帝国主义、封建主义和官僚资本主义三座大山，争取民族独立和人民解放伟大斗争中建立的革命根据地，在这片红色的土地上，诞生了无数可歌可泣的革命英雄儿女，为后人树起了一座不朽的丰碑，她是新中国的摇篮，是党和军队的根。

在艰苦卓绝的战争年代，老区人民把自己的命运与中华民族的命运紧紧地联系在一起，与中国共产党和人民军队的命运紧紧地联系在一起，他们生死相依，患难与共。我曾亲历过战争年代，并得到过老区红哥红嫂的救助，切身感受到发生在身边的一幕幕撼天动地的革命故事，在那极其艰难的条件下，老区人民倾其所有、破家支前，不怕艰难困苦，不怕流血牺牲。“最后一碗米送去做军粮，最后一尺布送去做军装，最后一件老棉袄盖在担架上，最后一个亲骨肉送去上战场”，这是当时伟大的老区人民为建立新中国做出巨大牺牲的真实写照，它将永远镌刻在中国共产党、中国人民解放军、中华人民共和国的历史丰碑上。他们的光辉业绩永载史册，他们的革命精神必将影响一代又一代的革命新人，造就一代又一代的民族脊梁。

在社会主义革命和建设时期，革命老区和老区人民响应党的号召，面对落后的面貌、脆弱的经济、恶劣的生态环境，他们本色不变，精神不丢，自力更生，艰苦奋斗，干一行爱一行。始终坚持“革命理想高于天”，自觉做共产主义远大理想的坚定信仰者和忠实实践者，勇于向恶劣的自然环境和贫穷落后宣战，他们在各条战线上为国建功立业，用平凡的双手创造了一个又一个不平凡的奇迹，彰显了老区人的崇高精神和人格力量。

在改革开放的伟大进程中，老区人民解放思想，勇于创新，发奋图强，攻坚克难，老区的经济社会建设取得了辉煌成就。特别是在改变中国的面貌、中华民族的面貌、中国人民的面貌、中国共产党的面貌的伟大实践中发挥了至关重要的作用。老区人民既是改革开放的参与者，也是改革开放的推动者。

艰苦练意志，危难见精神。老区人民在近百年的革命战争、社会主义建设和改革开放的伟大实践中，孕育形成了伟大的老区精神：爱党信党、坚定不移的理想信念；舍生忘死、无私奉献的博大胸怀；不屈不挠、敢于胜利的英雄气概；自强不息、艰苦奋斗的顽强斗志；求真务实、开拓创新的科学态度；鱼水情深、生死相依的光荣传统。这是党和人民宝贵的精神财富、丰厚的政治资源，是凝心聚力、振奋民族精神的重要法宝，也是社会主义核心价值观的重要内容。

中国老区建设促进会怀着强烈的政治责任感和历史使命感，组织全国各地老促会人员克服困难，尽心竭力编纂《全国革命老区县发展史》丛书，记录老区的光辉历史和辉煌成就，传承红色基因，弘扬老区精神，是功在当代，利及千秋的一件大事。手捧这部丛书的部分书稿，读着书中的故事，倍感亲切，深感这部丛书具有资政、育人、存史的社会功能，有着重要的时代和历史价值。它是不忘初心、牢记使命的源头活水，是赞颂共产党、讴歌老区人民的一部精品力作，是弘扬老区精神、传承红色记忆的丰厚载体，是一项继承优秀传统文化、弘扬革命文化、发展社会主义先进文化，坚定"四个自信"的宏大文化工程。它必将成为一种文化品牌，为各界人士了解老区宣传老区支持老区提供一部有价值的研究史料。希望读者朋友们能从中了解并牢记这些为党和民族的利益不断奉献的老区人民，从中得到教益，汲取人生奋斗的精神动力。

新时代赋予新使命，新起点开启新征程。让我们更加紧密地团结在以习近平同志为核心的党中央周围，坚持以习近平新时代中国特色社会主义思想为指导，增强"四个意识"，坚定"四个自信"，做到"两个维护"，弘扬老区精神，铭记苦难辉煌。为实现"两个一百年"奋斗目标，实现中华民族伟大复兴的中国梦作出新的更大的贡献！

迟浩田

2019 年 4 月 11 日

★序

“天下水皆东，唯汀水南流。”长汀，古称汀州，自古以来就是闽西政治、经济、文化重镇。眺望辽阔的中国版图，穿越千百年风雨沧桑，这块古老的丘陵山地，像一块强劲有力的磁石，牢牢地吸引着世人灼热的眼眸。

历史铿锵的脚步从长汀激情踏过。20世纪二三十年代，长汀上演了一出出风云际会、慷慨高歌的历史活剧：大革命时期，南昌起义部队驻扎长汀，帮助长汀创建中共地下党组织；土地革命战争时期，毛泽东、朱德率领红四军从长汀首次入闽，长岭寨战斗威震闽赣反动统治。纯朴善良、热情好客的汀州人民，以宽博的胸怀接纳远道而来的人民军队，以富庶的物力滋养了征尘满面的红色武装，从此和红军结下了不解情缘。作为中央苏区的核心区域、经济中心、中国革命的转折点、长征出发地之一的长汀，也以自己特有的贡献在中共党史、军史上占据了重要位置。这里的土地，这里的人民，这里的一山一水、一草一木，无不深深地烙上了深刻鲜明的红色印记，永远流淌着绵延不断的红色基因。

新中国成立后，长汀老区人民在中国共产党的坚强领导下，不断传承“听党的话，跟党走”的红色基因，积极投身社会主义各个历史时期的建设实践，在艰辛曲折的探索中不断前进，培育了“干革命走前头，搞生产争上游”的奋斗精神，形成了“信念坚定、坚韧不拔、团结奋斗，不怕牺牲、甘于奉献、敢于胜利”的革命精神和光荣传统。这是老区人民代代相传、弥足珍贵的精神财富，是我们取之不尽、用之不竭的力量源泉。党的十八大以来，特别是进入新时代以来，长汀县深入学习全面贯彻习近平新时代中国特色社会主义思想，以及对长汀水土流失治理和生态建设的两次重要批示精神，抢抓机遇、锐意进取，一以贯之推动“332”产业发展，打好打赢“三大攻坚战役”“两个专项行动”“五大提升行动计划”，抓实抓细“双培育行动”、新动能转换、城乡融合发展、补齐民生社会事业短板等工作，持之以恒地推进水土流失治理、推进“绿水青山就是金山银山”实践创新基地建设，努力“再上新台阶，建设新长汀”。全县经济社会呈现出可持续健康高质量加速度发展态势。

时值全国上下深入学习贯彻落实习近平新时代中国特色社会主义思想和党的十九大精神之际，中国老区建设促进会统一组织撰写“全国1599个革命老区县发展史丛书”，这是一件功在当代、利在千秋的文化工程。《长汀县革命老区发展史》的编撰者充分开发利用长汀历史、客家、红色、生态“四位一体”的文化资源，以严谨的治学态度，汲汲于古籍志乘中爬梳校注，将长汀县革命老区发展史撰于一册，以飨广大读者，有助于增强意识形态领域的主导权和话语权，构筑中国精神、中国力量；有助于唤醒人们对“红色乡愁”的集体认同和内心崇敬，引导人们永远珍惜、永远铭记老区和老区人民的牺牲和贡献；有助于继承和弘扬老区光荣传统，传承红色基因，让老区精神在新时代新征程中展现新作为。

欣闻《长汀县革命老区发展史》历经一年的艰辛努力，即将付梓，这既是“文化长汀”建设取得的又一丰硕成果，对于进一步打造长汀文化“软实力”具有重大意义，又是53万名老区人民敬献给中华人民共和国成立70周年和中国共产党成立100周年的一份礼物！在此，我们向大家郑重推荐这本文化普及读物，与大家共享这一道丰盛的精神佳肴。同时,希望有更多此类作品出现,更好地挖掘、宣传、弘扬长汀的历史文化,让广大干部群众从中汲取精神力量,把长汀老区的明天建设得更加美好。

是为序。

中共长汀县委书记　廖深洪

长汀县人民政府县长　马水清

2018年8月30日

★编写说明

2017年6月，中国老区建设促进会组织全国各地老促会启动编纂《全国革命老区县发展史》丛书，按照“建立中国共产党、成立中华人民共和国、推进改革开放和中国特色社会主义事业”三大里程碑的历史脉络，系统书写革命老区百年历史，深入挖掘革命老区红色文化资源，这对于充实丰富中国革命史籍宝库、在新时代传承红色基因、弘扬革命精神、强固根本，对于激励人们在新的历史条件下夺取中国特色社会主义伟大胜利，实现中华民族伟大复兴的中国梦具有重要意义。

丛书编纂以习近平新时代中国特色社会主义思想为指导，以《中国共产党历史》《中国共产党的九十年》等重要文献为基本依据，以党的领导为核心，以老区人民为主体，以老区发展为主线，体现历史进程特征，突出时代发展特色，坚持辩证唯物主义和历史唯物主义相统一、历史真实性与内容可读性相统一的原则，书写革命老区从站起来、富起来到强起来的光辉革命史、不懈奋斗史、辉煌成就史，把老区人民的伟大贡献、伟大创造、伟大成就、伟大精神充分展示出来，形成一部具有厚重历史特征和鲜明时代特色的精品力作。这是一部培根铸魂、守正创新，既为历史立言，又为时代服务，字里行间流淌着红色血脉、催生着革命激情的传世之作。丛书的编纂出版将成为讴歌党讴歌人民讴歌时代、传播红色文化、为革命老区和老区人民树碑立传的重要载体。

丛书按照编年体与纪事本末体相结合、以编年体为主的编写体例确定框架结构；运用时经事纬、点面结合的方式记述史实；坚持人事结合、以事带人的原则处理人与事的关系；采取夹叙夹议、叙论结合以叙为主的方法展开内容。做到了史料与史论、历史与现实、政治与学术统一，文献性、学术性、知识性相兼容。

为编纂好全国革命老区县发展史丛书，打造红色文化品牌，中国老区建设促进会认真组织积极协调，提出政治立场鲜明、史料真实准确、思想论述深刻、历史维度厚重、时代特色突出、编写体例规范、篇目布局合理、审读把关严格、出版制作精良的编纂出版总要求，力求达到革命史籍精品的精神高度、思想深度、知识广度、语言力度，增强丛书的权威性和社会影响力。各省（区、市）、市（州、盟）、县（市、区、旗）老促会的同志，以强烈的使命感、责任感和紧迫感，勇于担当，积极作为，认真实施，组织由老促会成员、专家学者等参加的十余万人编纂队伍。编纂工作主体责任在县，省、市组织协调、有力指导、审读把关。各方面人员以高度负责的精神和科学严谨的态度，满腔热情地投入工作，为丛书编纂出版做出了重要贡献。丛书编纂工作还得到了党和国家有关部委、地方各级党委政府及有关部门的大力支持和积极参与，社会各界也给予了热情帮助。中共中央政治局原委员、中央军委原副主席、国务委员兼国防部长迟浩田首长，对革命老区建设发展十分关注，对老区人民怀有深厚情感,欣然为发展史丛书作总序。

丛书由总册和1599部分册（每个革命老区县编纂1部分册)组成,共1600册。鉴于丛书所记述的史实内容多、时间跨度长和编纂时间紧,不妥之处,敬请批评指正。

★目 录

第一章

概述　这一片高天厚土

长汀，是华夏五千年灿烂文明孕育、滋养的一方热土。

宋元丰年间，汀州太守陈轩写诗赞曰："一川远汇三溪水，千嶂深围四面城。花继腊梅长不歇，鸟啼春谷半无名。""十万人家溪两岸，绿杨烟锁济川桥"，以此来形容古代长汀的城市风貌。

打开中国地图，聚焦福建省西部。

一块古老而又神奇的土地，进入人们的视线：长汀县就像一颗璀璨的明珠，镶嵌在福建西部。

长汀县地处武夷山脉南麓，南与广东相邻，西与江西接壤，是闽、粤、赣三省边陲要冲，是福建的西部重镇，被称为福建的西大门。长汀也是海峡西岸经济区的重要组成部分。

长汀东邻连城县85里，西毗江西瑞金市96里，北距宁化县160里。长汀县面积3,099平方公里，为福建省第五大县。全县辖18个乡(镇)，设9个社区，290个建制村，人口约53万。

长汀千山竞秀，群峦叠嶂，融人文景观与自然景观于一体。勤劳勇敢的长汀人民祖祖辈辈在这块安身立命的土地上，用智慧和汗水、青春和热血，创造了悠久的历史，以及独特的客家文化、厚重的红色文化和丰富的生态文化，是国家历史文化名城、世界客家首府、著名的革命老区、原中央苏区经济中心、红军故乡、红军长征出发地之一，是我国南方地区水土流失治理的典范。

长汀县城全景

★第一节　璀璨的文明之光

追溯长汀悠久的历史，探寻长汀的历史轨迹会有许多收获。

长汀是福建古代文明的发祥地之一。据考古发现，长汀在两三万年前就有人类活动，拥有众多史前遗址。

新中国成立初期，厦门大学考古工作者在汀江流域的山谷和坡地，发现了 130 多处新石器时代遗址和大量出土文物。

1955 年在长汀河田镇考古发现新石器时代遗址 12 处，发掘出大量石器和陶片，其中新石器出土文物就达 1310 件之多。1958 年，在汀江沿岸的三洲、濯田考古调查，发现新石器时代遗址 109 处。1980 年，在长汀城北山和城北莲花湖的山坡地发现新石器时代遗址 132 处。2002 年，考古专家在开展古闽越文化调查时，在河田镇的郑坑村采集到旧石器石制品 5 件，在南山镇大田村采集到旧石器石制品 7 件，更新了长汀没有旧石器石制品出土的纪录。2003 年，省、市、县考古工作者在龙长高速公路考古调查时，于长汀策武发现许多旧石器时代人工打制的石器和黑陶器；还发现不少新石器时代中期和战国、秦汉时期的遗物。这次考古调查，在长汀发现史前文化遗址 17 处，把长汀有人类的历史提前到两三万年前。

这些史前文物,让我们置身于远古文化的天然博物馆中,告诉我们,两三万年前,也就是旧石器时代晚期,我们的祖先就在这块土地上劳动、生息、繁衍。抚摸祖先创造和使用过的劳动和生活工具,我们感到震撼,心中油然升起敬畏——史前时期与大自然的斗争是那样艰辛,我们的祖先是多么地充满智慧。

与黄河、长江流域一样,汀江流域也经历了新旧石器、青铜器、铁器三个时期,闪烁着远古的文明之光。

4000 多年前的新石器时代,古越族人在这块土地上休养生息。

秦始皇统一天下后设立闽中郡,长汀由其管辖。

汉高帝五年(前 202 年),立无诸为闽越王,长汀为其治地,属会稽郡。汉武帝元年(前 140 年),三支古越族人反叛。平息以后,汉武帝分别将三支古越族人迁徙到长江、淮河一带,在闽西汀江流域留下的越族人极少,《史记》称"其地遂墟"。东汉建武三年(27 年),会稽郡分东南二部都尉,长汀属南部都尉。

西晋太康三年(282 年),设新罗县,属晋安郡。这是中央政府历史上第一次在闽西设立县的建制。

据《元和郡县志》记载,唐开元时有"二万九千六百九十户"中原汉人入闽。闽西人口迅速增加,汀江两岸外来人口居住的村落不断出现。《汀州府志》记载:"唐开元二十一年,福州长史唐循忠于潮州北、虔州东、福州西检责的避役百姓三千余户,奏置州。"唐开元二十四年(736 年),开福抚二州山洞置汀州。汀州与福州、建州、漳州、泉州成为唐代福建的五个州。置汀州时,同时置长汀县,附于州郭。闽西大地上正式有了长汀县,纳入中央管理,成为汀州首县。汀州辖长汀、龙岩、宁化三县。

唐天宝元年(742 年),改汀州为临汀郡。唐乾元元年(758 年),复名汀州,辖四县:长汀(附郭)、宁化、龙岩、沙县。

宋淳化五年(994 年),长汀县的上杭场、武平场升为上杭县、武平县。宋元符元年(1098 年),划出长汀、宁化二县的部分地区,设置清流县。宋元符时,在长汀县置莲城堡,绍兴六年(1136 年)置莲城县,元改莲为连。明成化六年(1470年)置归化县,成化十四年(1478年)置永定县。

自唐开元置州以来,汀州经历了州、郡、路、府的建制变更。唐开元时为汀州。唐天宝元年(742年),改汀州为临汀郡。乾元元年(758年),复名汀州。元至元十五年(1278年),升为汀州路。明洪武元年(1368年),改汀州路为汀州府。洪武九年(1376年),置汀州卫。清代仍沿用明代建制,设汀州府,辖长汀、宁化、清流、归化、连城、上杭、武平、永定八县。

民国二年(1913年),废府建制,立汀漳道,后改为第七行政督察区,专员公署驻长汀县城,辖长汀、清流、明溪、宁化、建宁、泰宁、武平、连城八县。

1929年3月14日,毛泽东、朱德率领中国工农红军第四军解放汀州古城,不久便设立长汀县革命委员会。这是中央革命根据地第一个县级红色政权。中央苏区时期,将长汀县城的老城区设为汀州市,为福建省苏维埃政府直辖市,这是中央苏区唯一市级红色政权。

1934年10月,红军实行战略转移,撤离中央苏区。国民党占领后,仍称长汀县,隶福建省第八区行政督察专员公署,专员驻汀。翌年,改隶福建省第七区专员公署,专员兼县长仍驻汀。

1949年9月10日,福建省人民政府(秘总字第一号)通令公布:第八区行政督察专员公署设长汀,辖长汀、龙岩、永定、上杭、武平、漳平、连城七个县。

1949年10月1日,中华人民共和国成立;17日,中国人民解放军接管长汀县;18日,长汀县人民政府宣告成立。从此,长汀县揭开了新的历史篇章。

★第二节　天下客家第一江

汀江是长汀文明的血脉。

山深林密、云水苍茫的汀江两岸，活跃着长汀客家人祖先的身影。由土著先民留下的古代文化遗存，像一颗颗光芒闪烁的珍珠镶嵌在汀江两岸的乡野丛林。

一方水土养育一方人，奔流不息的汀江孕育了长汀的远古文明，孕育了勤劳勇敢的长汀客家人，孕育了享誉世界的客家文明。数千年沧桑岁月，长汀这片神奇的土地，绽放着璀璨夺目的汀江文明之花。

汀江是福建省境内著名的大江，也是福建省唯一由北向南流淌的河流。汀江发源于武夷山脉南端长汀、宁化境内，干流全长 285 公里。汀江在宋、明时称“鄞江”，因“天下水皆东，唯汀水南流”，按八卦的图示，南方属丁，故又名“丁水”，后来“丁水”合成“汀”字，因而得名汀江。

汀江源头自长汀、宁化的崇山峻岭、深山峡谷而出，一路上汇集山泉、小溪，溪水回环曲折，细细流泉汇成大川。汀江上游蜿蜒流至长汀县庵杰乡涵前村，村前有一座巨大的石灰岩山峰，山峰下方有一天然巨洞，江水从洞中流过。每遇春夏时节，山洪来临，汀江犹如脱弦之箭，从洞中呼啸穿过，奔腾南下，构成令人叹为观止的汀江龙门。天下的龙门以山西河津与河南洛阳最为著名，但那龙门并非真正有门，而是大河两岸悬崖壁立，夹峙江水而巨涛奔流。唯独汀江是有名副其实的龙门，“独我汀江跨龙门”。厦门大学历史系教授林惠祥指出：“龙门胜景，是因古代地壳变动，然后江水冲刷，其间经过万年以上漫长的时间。”

汀江流经长汀县城，而又南下，沿江两岸层峦叠嶂，丘陵起伏，群山峡谷，河道迂回曲折，滩多流急，有著名的大姑滩、穿针滩、折滩、棉花滩。沿河礁石密布，自古被人视为畏途险道。大姑滩其险要在于落差大，水流直冲而下，如瀑布一般，船到此随瀑布直冲而下，有“船到大姑滩，如过鬼门关”之说。穿针滩则水道十分狭窄，只能过一只船，形如穿针一般。折滩由于水道极其曲折弯曲，一不留神就要撞船，此滩为汀江最险之滩。

汀江从长汀县境流向上杭县境。在上杭紫金山下，汀江至此潭深水碧，右岸有陡壁峭岩。顺水而下百来米，只见在陡壁间有一戎装的身影映在陡壁上，这身影身穿盔甲，一手扶剑一手拿印，栩栩如生。石影像鬼斧神工、自然形成，令人叹为奇观，因此美丽的传说不胫而走，人们说这影像是杨文广。相传，当年汀江有蟒王作乱，朝廷派杨文广前来征讨蟒王。蟒王不敌杨文广，于是潜入水中顺江而下。杨文广在岸边紧追不舍，追至上杭紫金山下，蟒王纵身一跃潜入紫金山下的砻沟潭中。蟒王对杨文广吼道：“我千年不出，你奈我何！”杨文广喝道：“蟒王你千年不出，我万年不走！”随着时间的推移，杨文广的身影便永远印刻在崖壁之上，蟒王再也不敢出来残害百姓了。

汀江过了上杭便流向永定县境。在永定的峰市镇汀江北汇黄潭河，便是汀江最有名的险滩棉花滩。棉花滩全长 10 里，礁石密布，难以行船。出了棉花滩，汀江接纳永定河水流入广东大埔县境，自此河谷豁然开朗，河道宽阔，水流平缓，与上游的急流险滩形成鲜明的对比。汀江水阔浪平，缓缓流经三河坝。所谓三河坝，是三条河流的汇合处，北边是从汀州流来的汀江，西边是梅州流来的梅江，往南是流往潮州的韩江。在三河坝汀江与梅江汇合后，便成为韩江流往潮州，注入南海。实际上，汀江和韩江是一条江。

汀江流域富饶美丽，汀江流经的地方宁化、长汀、武平、上杭、永定等县全部是客家人聚居地，是汀州辖县。汀州成为中国客家的祖地和摇篮。汀江千百年滋润着闽西广袤的沃土，哺育着闽西200余万客家人，孕育了客家文明。

宋代，汀州到潮州汀江船运的开通，成为汀江航运史上具有划时代意义的大事。汀江航运的发展，使汀江沿岸许多村庄的农民成为艄公和码头搬运工。

在近800年的岁月里，汀江除了带来商业繁荣外，还改变了许多人的命运，是沿江农民重要的经济来源，给汀江流域客家人注入无限生机与活力。

汀江，天下客家第一江，是名副其实的客家母亲河。

美丽汀江

★第三节　资源丰富美家园

长汀犹如一块苍茫沃土，自北向南从武夷山脉南端缓缓铺陈过来，呈东、西、北三面高，中、南部低的倾斜地势。武夷山支脉纵横交错，西部以低山为主，东部、北部以中山为主，山峰连绵，构成东、北部屏障，有千米高峰19座。全县最高点为童坊与连城县交界的白砂岭，海拔1,459米；最低点为汀江河口，海拔238米。

长汀县域面积占龙岩市陆地面积的16.27%，属全市首位。其中山地388万亩，耕地面积21,140公顷，林地面积17.87万公顷，森林覆盖率达74%，林木蓄积量1,000多万立方米，是典型的"八山一水一分田"的山区县。

长汀的水资源十分丰富。境内河流众多，具有三江水系特征，如韩江水系的汀江，闽江水系的陈莲河、童坊河，赣江水系的古城河。这三条河流在长汀境内的流程分别为153.7公里、52.3公里、21.6公里。年均水资源量41.57亿立方米，可供开发水资源10万千瓦，现已开发4.2万千瓦。

长汀县雨量充沛之年自给有余，适中年份可自给，干旱之年基本能抗御。水质属低矿化度，大部分水质良好。河田温泉温度高达80摄氏度，日流量达4,000吨以上。

长汀气候属亚热带季风气候，四季分明。夏季盛吹偏南风，冬季盛吹偏北风，冬夏季风环流转换，形成夏长冬短、春秋对峙、春雨冬燥、季节分明的气候特点。

长汀县矿产资源十分丰富。主要金属矿有稀土、钨、铁、锡、金、银等，其中稀土储量居全省之首。非金属矿有石灰石、白云石、大理石、辉绿石、玄武岩、高岭土、叶蜡石、钾长石、硅质石、黄铁石、磷矿、煤、矿泉水、温泉等。其中高岭土、辉绿石、玄武岩、钨矿等资源较为丰富，有较好的开采和利用价值。

长汀距离龙岩市中心 130 公里，区位优势明显，水、电、路、通信等基础设施日趋完善。长汀县交通以铁路、公路运输为主。赣龙铁路以及赣龙铁路复线南北贯穿县区，龙长高速也直接穿过，南北两侧有济广高速、永武高速，南部还有古武高速，与周边高速路形成环形路网格局，交通便捷，通达性高。

赣龙铁路、龙长高速公路、319 国道在城区交汇，直达江西、湖南、湖北、四川和福建各地。至厦门港 350 公里，距离连城冠豸山机场 81 公里，至广州、深圳当天可达。特别是长汀至京九铁路 140 公里，赣龙铁路与京九铁路相接，且已开通“铁海联运”。2006 年，开通龙岩直达北京的“海西号”列车，长汀至北京只要 23 个小时，大大缩短了两地的时空距离。龙长高速公路与福、厦、漳、泉相通，长汀成为闽南、粤北与内陆省份商品流通和经济走向的“黄金通道”。

2015 年，赣瑞龙铁路通车，使长汀进入动车时代，前往厦门、福州等沿海发达城市更为便捷。时速 200 公里的高铁穿越闽西南北，彻底改变了长汀的交通状况。

★第四节　客家祖地连世界

长汀是著名的客家祖地，是福建省最具代表性的客家人聚居地，被誉为八闽客家首府。长汀在客家民系的形成、发展史上有着十分重要的地位。

何谓客家人？客家人来自哪里？请聆听这曲遥远的歌声：

要问客家哪里来？客家来自黄河边。
要问客家哪里住？逢山有客客住山。
男人出外闯天下，女人持家又耕田。
山里山外一条心，共建美好新家园。

山歌以极为简约的语言，唱出了客家人的来源和生活状况。

从西晋时期至唐末宋初，战祸天灾接踵而至，中原黄河流域的汉人饱受磨难被迫迁徙南方。在中原难民滚滚迁徙的大军中，有一支汉人跨越黄河，渡过长江，进入鄱阳，在鄱阳湖边繁衍生息。几百年后，这些南迁汉民的后裔又溯赣江而上，来到丛林密布、溪谷纵横、水土丰美的闽粤赣边，逐渐与当地土著居民相结合。

大批汉人进入闽粤赣边是在唐末宋初至宋末元初时期，大约 300 年。主要是黄巢起义和靖康之乱等战祸引起的移民潮，使居住在鄱阳湖流域的赣中、赣北的南迁汉人，再次大批南迁进入

济川门及其城楼

赣南、闽西。

他们筚路蓝缕，长途跋涉，一路南迁的艰辛非今人所能想象。根据福建省客家研究院的专家研究考证，赣中赣北的南迁汉人及其后裔，进入闽粤赣边的四条路线是：

出鄱阳湖后溯赣江而下进入赣南各县；

溯抚河、盱江进入赣南的于都、石城等县或闽西的宁化、长汀等县；

出鄱阳湖后从今天的江西和浙江交界地带，越仙霞岭沿武夷山麓南下，进入闽西地区；

南迁汉人进入福建后，沿闽江上游支流溯江而上进入闽西。

位于福建省与江西省交界处的长汀县古城镇井头村大隘岭，至今还保留着始建于宋嘉定元年(1208 年)的隘岭古驿栈旧址和一条长约 2 公里的河卵石砌的 3 米宽古驿道，这是当年客家先民从赣南进入长汀的路线之一。

客家先民南迁到哪里，就在哪里与当地土著融合，落地生根，建设新的家园。当年的汀江流域，像未开垦的处女地，地广人稀、气候宜人，水利资源丰富，便于发展生产。南迁汉人带来先进的生产力和中原文化，与当地土著融合后，他们中的一部分成为闽粤赣边的客家先民。闽粤赣边的汀州，是南迁汉民的主要栖息地。

到南宋，汀州地区成为以南迁客家先民为主的地区。他们融合汀州的土著畲民，经过漫长的融合发展，南迁汉人在经济、文化上占优势，在人数上也大大超过汀州原有土著居民。他们与土著居民通婚，相融相依，共同发展以中原文明为主体的，融合汀江土著文明的语言、风俗、婚姻、祭祀、歌舞等生态文化。

到宋末元初，以中原地区汉族文化为主体的客家文化初现，千家万户守望相助、和衷共济的汉族客家民系终于形成。于是，闽粤赣边这片古老而神奇的土地，成了客家人和土著居民的共同家园。汀江就像一位慈祥宽厚的母亲，以博大的胸怀将中原南迁的汉民拥入怀抱。

从此，客家民系像溪奔浪涌的江流，汇入汉族文明的浩荡大河，源远流长。汀州是客家民系形成的核心区域，在中国客家民系发展史上写下了光辉灿烂的篇章。大量事实证明，没有客家先民，就没有汀州。汀州的发展史，就是客家的发展史。

汀州广袤的沃土孕育了客家民系，汀州客家人用勤劳和智慧创造了蜚声中外的汀江文明，建设了享誉世界的客家首府，打造出举世闻名的闽粤赣边商贸重镇。由于特定的闽粤赣边地域条件，客家人还成就了客家历史文化名城长汀。

生生不息的客家精神，源远流长的客家文化，淳朴厚重的客家民风，都渗透在汀州这片热土之中，使其成为海内外客家儿女永远守望的精神家园。

第章 红旗飘飘忆当年

“为有牺牲多壮志，敢教日月换新天。”

土地革命战争年代，是中国革命斗争史上极为重要的一个时期。它是在中国共产党领导下，以创建中央革命根据地，领导人民推翻国民党反动统治，打土豪、分田地，建立苏维埃工农民主政权为目标的一场伟大斗争。

历史的机遇把长汀推上这场伟大革命斗争的历史舞台。

中央苏区时期，毛泽东、朱德、周恩来、刘少奇、邓小平、陈云、陈毅等新中国第一代领导集体在长汀开展伟大革命斗争，许多重大历史事件都发生在这里。

在中国共产党的领导下，长汀人民高举红旗，历经硝烟战火，一路披荆斩棘，付出巨大牺牲，取得一个又一个辉煌胜利，用青春和热血托举革命的航船，为党和人民建立了伟大的历史功勋。

在长汀这块神奇的土地上，演绎了众多令世人瞩目的红色传奇，许多在中国革命斗争史上的“苏区第一”就诞生在这里：

红军入闽第一仗——长岭寨大捷，一举歼敌2,000多人，解放了汀州古城。这一伟大胜利极大地震动了闽赣两省国民党反动派。

毛泽东在长汀主持召开红四军前委扩大会，第一次提出创建闽西赣南革命根据地的伟大战略构想，朱德称“长汀的会议是中国革命的一个转折”。

红军第一个统一领导机关——中国革命军事委员会：1930年6月中旬，红一军团在汀州整编时，成立全国红军军事和政权建设的统一领导机关——中国革命军事委员会，毛泽东为主席。

红军第一批军区机构——福建军区。

红军第一次统一军装。

红军第一次发放军饷。

中央苏区第一个县级红色政权——长汀县革命委员会。

中央苏区第一支县级红色武装——长汀赤卫队。

第一所中央红色医院——福音医院。

第一所中央看护学校。

第一所红军印刷所(毛铭新印刷所),以及第一份铅印军报《浪花》、第一个版本的《古田会议决议案》、第一批“一苏大”《选民登记表》。

红军第一次在汀州进行整编,红一军团宣告成立,长汀也因此成为红军主力正规化的摇篮。

红军长征第一村——长汀钟屋村,长汀县成为红军长征出发地之一,红军在这里迈出二万五千里长征第一步。

习近平总书记指出:“老区和老区人民,为我们党领导的中国革命作出了重大牺牲和贡献。这些牺牲和贡献永远刻在中国共产党、中国人民解放军、中华人民共和国的历史丰碑上。”

回眸风云激荡的历史瞬间,重温革命先辈用青春与生命演绎的红色传奇,令人心潮澎湃,豪情奔涌!这些红色佳话,如同奔腾不息的汀江激流,一路前进、向着大海,激励我们年年岁岁永不止息地谱写伟大时代新的传奇!

★第一节　革命前夜的曙光

一、《汀雷》一声震闽西

早年的汀州有一大批渴求进步的青年，云集于当时的革命策源地广州求学。在大革命思想熏陶下，在广州的汀州籍进步学生和进步青年所创办的《汀雷》，成为汀州最先传播先进思想、时代精神的革命刊物之一。

1925 年 12 月，在广州中山大学汀州籍学生谢秉琼(武平籍)、胡轶环、吴炳若等人的倡议下，在中山大学法学院内召开创办《汀雷》筹备会，有三四十人到会。会议由谢秉琼主持并讲话，他阐述了创办《汀雷》的宗旨、意义和任务。

对于刊名《汀雷》，筹备会认为汀州正处于乌云翻滚、昏天黑地的苦难时刻，杂志的诞生应该象征着霹雳一声迅猛迸发而来的巨雷，震撼大地，惊醒群众，冲破黑暗，迎来光明。

会上，谢秉琼、胡轶环、吴炳若、陈伟、陈志生等 5 人被选为筹备委员。不久，《汀雷》杂志社就在广州中山大学法学院内正式成立，由谢秉琼任主编，成员约有 30 人。当时因校舍有限，学生多数寄寓校外私人公寓内，编稿就在各自的下榻处。出版经费由全体社员节衣缩食筹集，并向汀

属旅粤同乡募捐接济，终于使《汀雷》第一期很快就与读者见面了。

《汀雷》从诞生之日起，就忠实地作为宣传革命的喉舌，因此受到广大劳苦大众的欢迎，同时也引起闽西反动当局的极大仇视。他们千方百计对《汀雷》进行诬蔑、破坏和围攻，企图改变刊物的革命性质。他们阴谋不成，又指使一帮打手试图行凶打人，扬言要砸碎《汀雷》杂志社。然而在革命组织的支持维护下，《汀雷》冲破一切困难和重重阻力，一期又一期地连续出版发行了。

《汀雷》从 1926 年 3 月 25 日创刊，至 1926 年 12 月 15 日停刊，共出 9 期。刊登了 100 多篇文章，撰稿者多为在广州学习的汀属八县学生。每月一期，每期约 40 页、六七万字，内容以政论时事评述为主，兼以小说、散文、诗歌等栏目。发行非订购，完全出于宣传的目的，采取邮递、托运、带送等方式。还通过各种渠道，如机关、学校、商店、工厂和私人的宗族、亲朋好友的关系，将《汀雷》输送到闽西各地。

《汀雷》自始至终遵循创刊的宗旨，进行宣传和鼓动革命，刊登了大量揭露反动派对汀州黑暗统治的文章。如《劣绅鱼肉平民的工具》《打倒上杭教育界的蟊贼傅丹》《肖甘亭与长汀的马路》《伤心惨目的汀州》等文章，以血淋淋的事实，揭露帝国主义、反动军阀、封建官僚、土豪劣绅的种种劣迹和罪恶。

《汀雷》在揭露黑暗的同时，极力鼓动汀州人民行动起来，推翻黑暗的统治。鼓励农民运动，号召农民团结起来，发表了《农民求解放应有组织的结合》《妇女解放与工农运动》等文章。此外，《汀雷》还十分重视对青年的宣传鼓动工作。如《汀州青年应有觉悟》一文，指出青年人要“放开眼光看世界大势”“要读书不忘救国，救国不忘读书”。与此同时，《汀雷》还注意对妇女、工人、商民、知识分子等各阶层的宣传鼓动工作，也都取得较好效果。

《汀雷》号召汀属人民响应北伐，并指导他们从事各种革命活动。1926 年 7 月，国民革命军兴师北伐，《汀雷》发表了《革命军到汀州后革命同志应做的实际工作》《国民政府出师援闽与汀州人》《北伐援闽声中汀州人应有的努力》《农民要怎样去帮助革命军》等文。一篇篇革命文章如同号角,激励汀属人民迅速行动起来,响应和支援国民革命。

北伐军进军福建后,我党派遣大批旅粤的汀属青年返闽,投身于火热的革命斗争之中。《汀雷》杂志社的主要成员谢秉琼、胡轶环、吴炳若等都相继返回家乡。因而,从筹备起历时一年多,连续出版至第 9 期的《汀雷》,终于完成历史使命。

二、声援"五卅"运动

1925 年 5 月 30 日,震惊中外的上海"五卅惨案",引发全国 30 多个城市先后罢工、罢课、罢市,形成大规模的全民族反帝运动。

6 月初,上海"五卅惨案"的消息传到长汀。长汀人民纷纷有组织地举行集会、游行、焚烧洋货等实际行动,声援上海"五卅"运动。

在教育界,以黄亚光、张赤男、罗化成、张元培等人为首,组织长汀学生联合会发动汀城各中小学师生举行罢课,上街游行,散发传单,向民众演讲。商人、市民、农民也纷纷参加学生的斗争行列,共有 1,000 多人参加了在南寨坝广场的集会,声讨帝国主义的罪行。会上,长汀各界群众联合成立"沪案后援会"和"抵制仇货委员会",并发出宣言,通电全国,声援上海罢工工人。同时,组织募捐队,募集了光洋几百元,以"沪案后援会"的名义寄往上海,慰问上海遇难同胞。革命青年张赤男和学生联合会的负责人,组织抵制仇货的巡逻队和检查队,在车子关、东门、西门、营背等地设立检查站,对各商店进行检查,把查出的帝国主义的洋货统统烧毁。

6 月 25 日,正值农历端午节,反帝爱国斗争达到高潮。学生联合会利用纪念爱国诗人屈原的机会,又一次举行更大规模的示威游行,新桥等地的农民也前往参加。张赤男、罗化成带领游行队伍前往基督教堂和中西中学门口时,学生们振臂高呼:"打倒英帝国主义!""打倒洋奴!"

基督教堂的英国人挂出英国国旗,企图利用所谓"治外法权"来对付示威群众,更加激起群众的愤怒。游行队伍冲进教堂,撕毁英国国旗,推倒讲台,吓得英国牧师浑身颤抖。尔后,帝国主义的传教士慑于长汀的反帝怒火而离开长汀。汀州红十字会主任医生、福音医院医生、"亚盛顿医馆”教员傅连暲也签名通电全国,并组织医生示威游行。福音医院英籍院长慑于汀州反帝运动日益高涨,惊慌逃离汀州。

三、拥护北伐与工农运动

1926 年,广东国民革命政府举行北伐,东路军向福建进军取得节节胜利。10 月下旬夺取了长汀,北伐军进入长汀,受到各界群众的欢迎。各学校的学生上街游行,并在南寨广场举行庆祝大会,热烈欢迎北伐军的到来。乐育女校的学生表演了文艺节目,学生代表张赤男在会上做了讲话。“拥护国民革命!”“打倒军阀!”“打倒帝国主义!”的标语贴遍全城。军民高歌:“打倒列强,打倒列强!除军阀,除军阀!国民革命成功,国民革命成功!齐欢唱,齐欢唱!”

北伐军入汀,赶走了鱼肉人民的第三师,推翻了北洋军阀在长汀的统治。在北伐军的影响下,长汀的学生会、工会和农会运动蓬勃发展。

1926 年 12 月,国民党县党部成立。王仰颜、罗化成、黄亚光等人为县党部成员,推选刘光前(又名绳武)担任县党部书记。县党部设在汀城乌石山云骧阁。

县党部的成员大多数是进步人士,他们认为应该为广大的民众利益服务,不应受社会势力所左右,不卷入派别斗争,致力于宣传国民革命,因而得到十七军政治部及各部党代表的支持。

县党部召开军民联欢大会、中山诞辰纪念会、反基督教大会等,得到了广大民众的信赖。县党部成立后,即向省党部呈报备案,并成立 3 个区支部、10 个区分部,后来发展到 11 个区党部、40 个区分部,党员约有 500 人。

县党部成立后,大力开展民众运动,取得的政绩主要体现在四个方面:

一是驱逐了贪官县长谢丹麟。谢任县长后,搜刮了大量的钱财,占为己有,而对筹集军款漠不关心,民情激愤。县党部召集民众召开大会,决定革除谢丹麟县长职务。谢听到消息后,携款潜逃。

二是施行委员制，管理地方行政事务。谢丹麟逃跑后，县党部开会决议以委员制管理政务，设立县政务委员会，委员7人、委员长1人。在整理钱粮、整顿警备队方面颇有成绩。

三是推动了民众运动。各种民众团体如工会、农民协会、学生联合会、妇女协会都纷纷成立。工会提出实行8小时工作制，增加工资，承认工人有权组织工会等要求。汀城成立有泥水工会、船夫工会、裁缝工会等。在新桥，王仰颜建立了长汀县第一个农会小组。随后，王仰颜又在屈凹、江头、李屋等地建立了农会小组，同时提出减租减息口号。

四是为民众减轻税课负担。县党部派阙荣兴、王治文两代表赴省要求为长汀民众减轻税课。同时绝对禁止花会公娼，永免纸捐、船牌捐、田亩捐等苛捐杂税。

1927年2月26日至3月1日，在上杭召开了长杭武永(指长汀、上杭、武平、永定)四县国民党部及民众团体代表联席会议。会议推选谢秉琼为大会主席。长汀县党部刘光前、黄逢霖(工会代表)、王仰颜(农会代表)参加了会议。会上，长汀县党部从政治党务、民众组织、反动派活动情况等四个方面做了汇报。

大会主席谢秉琼在分析汀属八县革命斗争情况之后，指出：汀属民众现在迫切的要求，即健全之组织。而各县为革命努力之同志，尤须注意扩大民众运动，发展革命势力。此次联席会议之最大意义，就是："巩固革命的基础，团结革命的力量，扶助民众的组织，实现民治的精神，以打倒一切反动势力，谋汀属民众之解放，促福建革命之成功。"(见《长杭武永四县党部及民众团体代表联席会议纪略》，1927年2月26日至8月1日)

会议充分肯定了农民运动的重要性。指出："革命的基础，建筑在民众之上，要巩固此基础，必须从拥护民众利益。始我们汀属的民众，农民占最大多数，汀属革命势力的构成，以农民为基础，农民既然最富于革命性，当然首要致力于农民运动。"(同上)

会议讨论通过39项议案和大会宣言，确定了汀属各县今后的三项任务："第一，要发展民众组织；第二，要实现革命政治；第三，要统一工作步骤。"(同上)

会议对长杭武永四县的工作做了高度的评价。会议宣言指出:“长杭武永四县是汀属革命运动的中心地点,这四县革命势力的扩展,小则提挈汀属革命运动的激进,大则树立福建的革命基础。所以这四县在福建革命进行上,确有重要的地位和使命。”“我们以为,汀属的民众要一致团结,参加革命,必从长杭武永四县先团结起。这四县的革命势力团结了,其余连宁清归(指连城、宁化、清流、归化)四县,当然闻风四起,革命不让于人,这一点我们应特别注意。”(见《长杭武永四县党部及民众团体代表联席会议宣言》,1927 年 2 月 26 日至 8 月 1 日)。

这次会议的召开,为汀属八县开展反帝反封建的国民革命运动,起到了积极的推进作用。

王仰颜参加会议回汀后,更加努力从事农民运动。谢丹麟被驱逐后,县长曾一度空缺,后来李钰来汀任县长。但李钰来汀不久便勾结地方豪绅旧势力,敌视县党部,仇视进步人士,对百姓敲榨勒索,更甚前任。县党部决议把李钰赶下台。于是,由王仰颜往新桥,黄世杰去策田,黄继烈、曾炎去附城,发动农民进城。不几日,各路农民手执旗帜、木棍,如潮水似的涌到县政府,高呼:“打倒贪官污吏李钰!”等口号,李钰见势不妙,慌忙逃走。当晚,县党部组织农民学生举着灯笼,敲锣打鼓上街游行,庆祝胜利。

1927 年,蒋介石发动“四一二”反革命政变,大肆屠杀共产党人,国共分裂。长汀县党部的右派势力也趁机抬头。以刘光前为首的左派,退出了县党部,潜往潮汕。不久,刘光前病逝于汕头,其他成员都转入了地下活动。

长汀国民党县党部在“四一二”事变前,由于左派力量占绝对优势,在宣传国民革命推动工农运动的发展,起了较大的作用。县党部的主要成员(除刘光前病逝外)后来都成为共产党员,他们有较好的群众基础,因而在“四一二”事变后,国民党右派发动清党时,左派成员及共产党员才未受损失。

长汀的左派力量,正在等待更加猛烈的革命暴风雨的到来。

★第二节　八一军旗耀汀州

1927年9月4—6日，南昌起义军第十一军、二十军以及党务委员会、政治保卫处，在周恩来、朱德、贺龙、叶挺、刘伯承、恽代英的率领下，似一股铁流，浩浩荡荡进驻汀州。

鲜红的“八一”军旗，高高插上汀州城头，一道曙光照亮千年古城。

长汀人民自从盘古开天地以来，第一次迎来威武雄壮的人民军队。祖祖辈辈受苦受难的客家人，看到希望，盼来救星，汀州古城万众欢腾。

起义部队在周恩来的领导下，迅速在汀城开展大规模的革命宣传活动，主要有：广宣传、镇劣豪、筹军饷、治伤员、定计划和帮助长汀建立中共地方党组织等。汀州古城到处活跃着起义军政工人员忙碌的身影，他们手执小红旗，站在板凳上，高声演讲，号召汀州劳苦大众参加革命，鼓励农民组织农民协会，团结起来抗争，“不交租项于田主”。宣传活动搞得热火朝天，大街小巷到处回荡着慷慨激昂的演讲声、此起彼伏的口号声和激情沸腾的欢呼声。

起义军的政工人员四处散发革命传单，刷写标语。一时间，“打倒土豪劣绅，铲除贪官污吏”“没收大地主土地，实行耕者有其田”“保护中小商业人员”“劳苦大众团结起来，推翻反动统治阶级”等字句的传单，如雪片般铺天盖地而来。汀州劳苦大众手捧传单，争相传阅。在汀城街头的封火墙上，“革命者来”“不交租项于田主”“组织农民协会”等大字标语十分醒目。这些标语和传单，有明确的革命对象、鲜明的政治观点，令人振聋发聩，犹如在漫漫长夜，点亮一盏指路明灯。

在汀州横岗岭师范学校礼堂，政治部主任郭沫若和前敌委员会委员恽代英，正在向汀州百姓做政治报告会。整个礼堂座无虚席，过道上都挤满来听报告的群众。郭沫若开头一句话就说：“乡亲们！三百年前我也是汀州人，这次回乡来就和大家谈谈心，讲讲形势。”幽默的一句话，一下子拉近了南昌起义军和汀州百姓的距离。恽代英在报告会上说：“汀州的劳苦大众们，我们是共产党领导的革命军队，是工农自己的队伍，是为劳苦大众服务的，我们要打到广东去，建设革命根据地，实现土地革命！”恽代英洪亮的声音，有力的手势，充满激情的演讲，深深地感染了在场的劳苦群众。

在长汀期间，南昌起义部队的领导人分别召开劳苦大众座谈会、长汀地下党和革命青年座谈会。长汀地下党和革命青年积极响应和协助起义军开展革命活动，王仰颜、段奋夫、罗化成、黄亚光、毛钟鸣等人主动与起义军联系，提供了全城军阀、官僚、土豪劣绅的详细情况。他们还化装成起义军，带领保卫处捉拿了国民党防务局局长段燮文、警察局局长丘秀章、商会会长姜继明、劣绅赖朴生等人。起义军根据广大群众的强烈要求，在汀州孔庙大门前召开群众大会，镇压了这 4 名罪大恶极的土豪劣绅。汀城百姓欢欣鼓舞，拍手称快！

周恩来在汀州召开了两次重要会议。第一次是军事会议，详细讨论了夺取江东，开辟革命根据地的计划。第二次是关于起义军财政经济问题的会议，制定了在汀州的新的筹款政策。根据新政策，起义军在汀州地方党组织的积极协助下，筹得军饷 6 万余元，大大充实了起义军的给养。

汀州人民视南昌起义军为劳苦大众的子弟兵，急起义军之急，为起义军排忧解难，表现出客家人极大的热情。尤其是汀城的进步青年，他们向往革命，主动联系起义军，组织起来帮助起义军解决实际问题。起义军在汀期间，汀州百姓义务送粮、送菜、送茶、送水，古老的汀城处处可见军民一家亲的动人情景。

汀州福音医院院长傅连暲，为了救治起义军伤病员，自筹资金，召集汀州所有医务人员及青年女学生，成立临时医院，免费为300多名起义军伤病员治疗。起义军三师政治部主任徐特立患急性肠胃炎，吐泻发高烧，不省人事，经傅连暲精心治疗，转危为安。起义军离开长汀时，傅连暲不顾个人安危，把部分重伤病员留在汀州继续治疗，以基督教的名义保护他们免遭敌人迫害，直到痊愈重新走上革命征途。

起义军革命委员会领导吴玉章、张曙时、李立三、彭泽民等，还分别接见了长汀共产党员和革命积极分子，向他们了解情况和指示工作。革命委员会秘书长吴玉章在长汀还会见了北伐时在他领导下工作过的秘书干事毛钟鸣，了解到毛钟鸣因蒋介石"四一二"反革命政变，受组织派遣从武汉回到长汀毛铭新印刷所从事印刷工作。吴玉章让毛钟鸣任秘书厅总务科科长，协助筹款、后勤供应等工作。吴玉章、彭泽民、许苏魄等人还实地参观为起义军赶印文件、宣传品的毛铭新印刷所，吴玉章对毛钟鸣说："印刷所对革命很重要，列宁当年在国外进行革命斗争时，常因没有印刷所而苦恼。你们要想方设法把印刷所办下去，以应将来革命的需要。"

周恩来得知长汀早在1926年就有一批在外地求学的进步学生，如吴炳若、胡铁寰、李国玉、张赤男、傅维钰、阙宝兴加入了中国共产党，他们返回家乡后又发展王仰颜、段奋夫等进步青年入党，但尚未建立党组织这一情况后，派吴玉章、张曙时、李立三、周肃清等多次接见并介绍罗化成、黄亚光等人入党，派周肃清帮助长汀建立党组织。经起义军前敌委员会批准，在水东街仙隐观"万兴昌"盐铺召开支部大会，成立了长汀第一个地方党组织——中共长汀支部，选举段奋夫为支部书记。从此，长汀开始有了共产党的组织，长汀人民的革命斗争在党的领导下，开始走向蓬勃发展的新阶段。

9月9日，起义军二十军先头部队开始离开长汀开赴上杭，直至9月14日全部撤离。（参见《中国共产党长汀县大事记》第9、10页）汀州父老

南昌起义军在长汀县城书写的标语"革命者来"

乡亲,携老扶幼涌上街头,难依难舍送别亲人革命军。南昌起义军在汀州时间虽短,但开展了大量革命工作,有力地打击了国民党反动派及土豪劣绅的嚣张气焰,用革命行动唤醒了民众,鼓舞了人民的斗志,推动了长汀农民运动的开展,加强了长汀地方党组织的建设,播下了武装斗争的革命火种。

龙山苍苍,汀水泱泱。南昌起义军离别长汀后,汀州这块古老神奇的土地,孕育着即将到来的更加汹涌澎湃的土地革命斗争。

1928 年 1 月,中共长汀支部改为中共长汀特别支部,书记为段奋夫。其在新桥创办省立乡村师范学校,在王仰颜的领导下,组织文学研究会,向进步师生宣传马列主义。11 月,在县城开办训政人员养成所,为农民运动培养骨干力量。12 月,中共福建省委书记罗明来汀,在城郊通济岩召开中共长汀特支大会,传达中共六大精神,决定将长汀划为汀西、汀东、汀南、城关 4 个工作区。汀西由段奋夫、刘尧唐负责,以古城为据点,向四都一带发展;汀东由王仰颜、黄亚光负责,以新桥为据点,向童坊、馆前和曹坊一带发展;汀南由罗化成、张赤男负责,以宣城、南阳为据点,向涂坊、濯田一带发展;城关由罗旭东、毛钟鸣负责。

★第三节 红军入闽第一仗

1929年3月14日,红四军首次入闽,取得长岭寨战斗的重大胜利,一举消灭国民党军阀第二混成旅郭凤鸣部,解放了汀州古城。

这是从井冈山挥师赣南后,朱毛红军取得的最重大的胜利。这场胜仗,打开了福建反动统治的缺口,闽西国民党反动队伍望风披靡,为开辟闽西革命根据地奠定了基础。

一、春风吹到楼子坝

高举红旗下井冈,一声号角起新航。

红四军首次入闽,是毛泽东审时度势做出的英明决策。

1929年1月14日,根据毛泽东在井冈山柏露会议上做出的决定,“一部分红军守山,而红军主力主动出击,打到敌人后方去”,毛泽东、朱德、陈毅率领红四军主力3,000多人,在茨坪小行洲集结,告别井冈山人民,挥师赣南。

红军挥师赣南,势如破竹,取得大柏地战斗、北击宁都县城等一系列胜利。根据新的形势,红四军决定改变原定计划,“抛弃固定区域之公开割据政策而采取变定不居的游击政策(打圈子政策),

四都镇楼子坝村

以对付敌人之跟踪穷追政策”。于2月25日率部撤离东固，掉头东进。面对大好革命形势，红四军决定乘胜前进，进军闽西，去开拓新的革命根据地。

1929年3月，冰消雪化，春意融融，闽西春来早。

3月11日，朱毛红军从江西瑞金壬田出发，沿着武夷山南端的山沟快速前进，似一把利剑从赣南直插闽西，于苍茫暮色中进入福建地界，来到长汀县四都乡楼子坝村。当晚，3,000多名红军战士借住在楼子坝村的祠堂和村民的家中。

3月12日清晨，红四军官兵们收拾行囊，纪律严明，秋毫不犯，排着整齐的队伍离开楼子坝村。于中午时分，到达长汀县四都乡。

这一天是农历二月初二日，是四都传统的“抬关公”(俗称“二伯公”)庙会。四都墟上，都是熙熙攘攘的人群。毛泽东见到如此热闹的情景，认为今天正是宣传红军宗旨的好时机，让红军不要打扰当地的庙会，严格执行纪律。红军指战员们分头活动，有的在四都墟场、街上刷写标语，有的则向四都的老百姓演讲，宣传共产党和红军的宗旨。

毛泽东和一行红军战士来到四都集镇的井坪下，这时，毛泽东发现很多老乡聚在这里，于是从老百姓家里借来一条板凳，自己站在凳上，对乡亲们说道，他们是从井冈山来的中国工农红军，是共产党领导的队伍，和大家一样都是工农的子弟。乡亲们闻声都抬起头望着这位高大的中年人，立刻安静下来听他说话。毛泽东继续向在场的群众宣传共产党的宗旨，让大家明白共产党是要打倒反动统治阶级的党，是要让穷人过上好日子的党。这次来到这里，就是要号召工农劳苦大众团结起来，跟着中国共产党走，打土豪、分田地，推翻剥削劳苦大众的统治阶级，建立工农民主政府，要让工人农民翻身当家做主人。毛泽东接着说："今天贵地在抬菩萨，千百年来我们做牛做马，被人剥削欺压，菩萨救了我们没有？没有！菩萨不能救我们，我们只有起来闹革命，推翻反动统治阶级，才能救我们自己！"

毛泽东的一席话，说得在场的村民个个心头豁亮，群情激奋，从此四都人民便永远记住这个人的名字：毛泽东。

当天晚上，毛泽东、朱德、陈毅等住在四都协和旅店内。当时，驻扎在汀州城里的国民党福建第二混成旅旅长郭凤鸣，已经得知毛泽东、朱德率领的红四军由江西进入福建境内。为了摸清红军的动向，郭凤鸣派了一个补充团潜入四都乡的周边，让他们见机行事，企图阻挡红军前进。

毛泽东、朱德得到郭凤鸣派补充团来四都的情报，立刻在协和旅店里召开团级干部会议，分析敌情，决定主动出击，给敌人一个下马威。

3 月 13 日上午 10 时许，红四军兵分三路，二十八团居右，三十一团居左，特务营紧随军部居中，齐头挺进，火速迎向敌人。敌人仓皇应战，节节败退，退至渔溪村据守。红四军追至渔溪村，村民们闻风而动也加入追剿队伍，把郭凤鸣一个团的兵力歼灭了一半，剩下的士兵狼狈逃往汀州城里。数十名渔溪村青壮年拿起土铳、鸟枪、大刀当场就参加红军队伍，和其他红军战士一起，一鼓作气追至陂溪村。

二、运筹帷幄陂溪村

山水田舍，花溪流芳。

陂溪村，是个只有 40 余户人家的小村庄。四面青山环抱，一条小溪

红四军军委扩大会议旧址——陂溪村草坪

在村边静静流过。溪边是毯子一样的绿色草地。

村旁就是四都通往汀州城的必经之路，在那兵荒马乱的岁月里，小小陂溪村成为路过的官兵、土匪肆意蹂躏的猎物，村里人饱受兵匪骚扰之苦。

这天，正好是黄大嫂的儿子满月，按照长汀传统的风俗，他们家正在为儿子操办“满月酒”。村里人都是同族宗亲，大家都来庆贺吃酒。突然一个村民飞奔而来，说有官兵大部队来了。喝满月酒的亲友们，霎时停止吃喝，以为又来土匪，大家准备到山上躲避。

这时，几位红四军官兵来到村里，他们亲切地告诉乡亲们：红军是劳苦大众的子弟兵，同样是受苦的人。今天红军路过这里，要在村里宿营，请乡亲们不要害怕。当天，红四军全体官兵就借宿在陂溪的村民家中。

此时，中共长汀临时县委书记段奋夫，风尘仆仆地从汀州城赶到陂溪村与毛泽东相见。他以中共长汀县委书记的身份向红军汇报闽西党组织和农民运动的情况，介绍长汀城内国民党军阀郭凤鸣的情况。毛泽东决定,召开红四军军委扩大会,听取段奋夫的介绍。

1929年3月13日下午4时许,决定一场重大战斗的红四军军委扩大会议,就在陂溪村小河旁的草坪上召开了。毛泽东、朱德、陈毅和红四军团级以上干部围坐在草坪上,聚精会神地听取段奋夫的介绍。

段奋夫着重汇报了四点:一是闽西各县都有党的县委,中央福建省委的领导曾到各县传达贯彻中共六大会议精神,党员的思想基础较好。二是在各县党的领导下,闽西各地都组织有农会,去年(指1928年)龙岩后田、平和长乐、永定金沙、上杭蛟洋举行了农民武装暴动,因此,群众基础较好。三是详细介绍了郭凤鸣旅部官兵关系恶劣、军饷克扣严重、生活腐败、士气低沉的情况。郭凤鸣部队横征暴敛,无恶不作,致使长汀陷入农辍于耕、工失于肆、商罢于市,百业凋零、金融混乱的局面。四是郭凤鸣派遣到四都的补充团抢占了长岭寨,企图阻止红军向汀州进发。

段奋夫还重点介绍了郭凤鸣的兵力布防和长岭寨的地形、道路等。最后段奋夫说:"汀州百姓们听说朱毛红军到了长汀地界,都盼望红军早日消灭郭凤鸣,解放汀州城,解救受苦受难的穷苦百姓。"

毛泽东、朱德等红四军军委领导听完段奋夫的汇报后,仔细分析了敌我双方的情况,一致认为,红军有"善于快攻"的作战特点,采取三面夹攻的方式就一定能取得胜利。

一场首次入闽的重大战役,就在这溪边的草地上制定出周密的作战方案。歼灭国民党汀州守军,打一个首次入闽漂亮仗,此次行动已万事俱备!

夕阳下山,在万道金光照射下,天空呈现出五彩斑斓的色彩。在陂溪河边的草坪上,毛泽东、朱德向红四军全体指战员进行战斗动员。红四军指战员士气高涨,人人摩拳擦掌,迎接即将到来的大战。

陂溪村的青壮年,听说明天要攻打长岭寨消灭郭凤鸣,纷纷报名参加红军,几十名青年当场被批准成为红军战士。

三、长岭大捷震闽赣

长岭寨又名胜华山,距县城15里,山高林密,毛竹杂草丛生,地势险

长岭寨大山

要，是汀州城南重要屏障，也是四都等汀南乡镇通往汀州城的必经之路。

1929年3月14日凌晨，红四军从陂溪村飞兵疾驰至长岭寨山脚下。毛泽东、朱德下达了进攻长岭寨的命令：三十一团担任主攻，取道腾头脑印岭，直取长岭寨主峰；二十八团从右侧取道白叶竹子岭，攻占邻近制高点；特务营从左翼经牛坑迂回敌后，切断其后路。红军兵分三路向长岭寨发起总攻，郭匪兵团还没反应过来，便被红军打得魂飞魄散。红军很快抢占制高点，掌握主动权。敌人本无心应战，乱放几枪便四散逃窜。

毛泽东、朱德登上长岭寨主峰，两人并肩而立。远远地朝东方望去，一座古老的汀州城池进入了他们的视野。

朱德命令部队乘胜追击。嘹亮的冲锋号响彻长岭寨山谷，红军战士跃出阵地，不顾林密山陡、荆棘横生，个个如猛虎下山，直冲敌阵。特务营也在敌后响起了喊杀声，敌人腹背受击，纷纷缴械投降。

郭凤鸣亲自带着营长，率领盒子枪队、教导团、大炮营前去长岭寨督战。说也奇怪，郭凤鸣的坐骑大白马，平时十分驯服，今日却像吃了火药，

红四军在汀州书写的标语

郭凤鸣一骑上马背，大白马立刻腾起前蹄，翘首长啸，乱蹬乱踢，把郭凤鸣摔下马来。郭凤鸣无奈只得改乘轿子，直奔长岭寨。

刚到离长岭寨仅5里的梁屋头，便闻报主峰及左右山头已被红军占领。郭凤鸣一边命令炮营猛轰，一边驱赶着盒子枪队、教导团往山上冲。

红军居高临下，沉着冷静，等待敌人的到来。

郭凤鸣见山头上没有动静，自以为有把握夺回山头。他率匪徒气喘吁吁爬到半山腰时，突然山头上红军枪炮齐发，弹如雨注，打得敌人死伤惨重。随着朱军长一声令下，红军发起冲锋，以猛虎下山之势，杀向敌阵。敌人吓得互相践踏，夺路逃命。郭凤鸣在乱军中左腿中弹倒地，被几个敌兵扶着逃往山下。这几个敌兵架着郭凤鸣跌跌撞撞逃到长岭寨山下的梁屋头村，村旁有一片栗子树林，树林里有一个当地农民堆放牛粪的粪寮，他们赶紧躲进里面。

王班长和红军战士追到梁屋头村，分头搜索敌人。这时一位红军战士突然听到树林的粪寮内发出“哼哼”的呻吟声，他立刻冲进粪寮，只见有三个人在里面，其中有一个当官模样的人受了伤。

这位红军战士大喊：“缴枪不杀！”

两个敌人见只有一位红军，便抄起枪对着红军战士想进行反抗。红军战士手起枪响，一枪就把三个敌人中当官模样的给击毙了。其中一个敌人立即扑到他身上大哭起来：“舅舅啊舅舅！你不能死啊！”

其他红军战士听到枪声，立即赶来，将两个敌人给活捉了。经过仔细盘问才知道,刚刚打死的正是国民党第二混成旅旅长郭凤鸣,哭的匪兵是郭凤鸣的外甥。郭凤鸣的左腿负了伤,由他的外甥和副官搀扶到这里,想换成士兵的衣服逃跑,未料在此送掉性命。

长岭寨战斗前后不到 3 个小时,歼灭郭凤鸣旅 2,000 余人,缴获 500 多支枪,还有一大批武器弹药,红军取得入闽第一仗的重大胜利。这也是红军自井冈山下山以来,取得的最大的一次胜仗。

这时,中共长汀县委书记段奋夫从汀州城赶来迎接红军。

"走,我们进城去!"毛泽东、朱德高兴地对前来迎接红军队伍的段奋夫说。

当天下午,红四军队伍精神抖擞,押着俘虏,抬着郭凤鸣的尸体,浩浩荡荡从汀州古城门宝珠门进入汀州城。千年古城汀州第一次迎来解放。

红军消灭郭凤鸣的消息如春雷一般在汀州城上空滚动,汀州穷苦百姓欢欣鼓舞,奔走相告。整个汀州城沸腾了,这是汀州这座历史古城,自打建城近 1,200 年来迎来的第一个真正意义的春天。

8 年后,美国著名记者史沫特莱(Agnes Smedley)在延安访问朱德总司令。回忆起红四军首次入闽的情景,朱老总肯定地说:"出现了在长汀的意外战果,这是革命发展的转折点。"

长岭寨战斗纪念碑

★第四节　伟大决策开新宇

汀州城金沙河畔，柳荫之中，有着一座别致典雅的府第式客家民居。

传统门楼的横额上写着 4 个楷书大字——辛耕别墅。房主人姓卢，是汀城商会会长。他自诩一辈子辛苦耕耘，因而在大厅的天子壁上悬挂着“辛耕堂”3 个大字的牌匾，将这座宅第取名为“辛耕别墅”。

辛耕别墅占地面积 500 多平方米，土木结构。虽面积不大，但结构紧凑，布局合理，闹中取静，别具一格。自打红军从江西进入长汀县境，这座房子的主人便急急忙忙带着家眷到乡下的亲戚家躲避去了。

红军解放汀州城后，幽雅、别致的辛耕别墅顿时热闹了起来。红四军的司令部、政治部驻扎在这里，毛泽东、朱德也住在这里。原先空空荡荡的房子，现在成为红四军的首脑机关。

短短几天时间，长汀这座千年古城发生了翻天覆地的变化，红色政权得到广大人民群众的拥护，长汀人民自己的武装队伍长汀县赤卫队，雄赳赳气昂昂地行走于汀城的大街小巷，保卫红色政权。汀城百姓人人扬眉吐气，精神焕发，第一次真正当家做主人。

红四军司令部、政治部旧址——辛耕别墅

这一深刻的变化立刻被毛泽东同志发觉。他以卓越的洞察力，敏锐地感觉到闽西、赣南这两大区域有很好的群众基础，适合创建大块红色区域。

此时，蒋桂军阀已经决裂，在九江一带集结部队形成对峙，战争大有一触即发之势。这样，革命形势出现有利时机，有必要进行新的科学分析，以进一步决定红军的战略方针——一个宏伟的战略计划越来越清晰地呈现在毛泽东眼前。

1929 年 3 月 20 日，这是值得浓墨重彩书写的一天。这一天，是中国革命斗争史上具有重要意义的一天，一个宏伟的战略决策将在辛耕别墅制定，中国革命将迎来伟大的转折。

这是红四军入汀的第七天，毛泽东经过深思熟虑，决定在辛耕别墅召开红四军前委扩大会议。会议由毛泽东主持。出席会议的有红四军前委书记、党代表毛泽东，红四军前委委员、军长朱德，红四军前委委员、政治部主任陈毅，红四军前委委员谭震林以及红四军各纵队的负责同志。

长汀地方党组织的代表张赤男、黄亚光、段奋夫等也出席会议。

会上传达了党的第六次全国代表大会的精神，详细回顾和讨论了我军向赣南、闽西进军以来的行动方针，对闽、浙、赣等省的政治、经济、军事状况及自然条件进行客观的全面分析，特别着重研究了如何利用蒋桂战争爆发，各派军阀相互割据的有利时机，开辟赣南、闽西革命根据地和红四军今后的行动方针等问题。

毛泽东站在夺取全国革命胜利的高度上，向党中央、红四军提出创建闽西、赣南20余个县红色区域的伟大战略构想，描绘了建立闽西赣南中央革命根据地的宏伟蓝图。

毛泽东提出的伟大战略决策，高屋建瓴，振奋人心。与会者经过认真的讨论，一致同意毛泽东提出的决策。会议决定：

> 四军、五军及江西红军第二、第四两团之行动，在国民党混战的初期，以赣南、闽西二十余县为范围，以游击战术，从发动群众，以至

辛耕别墅内厅

辛耕别墅内毛泽东同志办公室

于公开苏维埃割据，由此割据区域，以与湘赣边界之割据区域相连接。（见 1929 年 3 月 20 日《红四军前委关于攻克汀州后四、五军江西红二、四团行动方针等问题向福建省委和中央的报告》）

红四军前委汀州会议的决定，明确提出了在赣南、闽西一带范围内创建新的革命根据地的战略决策，展望了井冈山革命根据地战略道路继续发展的前景。

当天晚上，辛耕别墅毛泽东住房内，油灯明亮。毛泽东铺纸磨墨，奋笔疾书。他代表红四军前委给中共福建省委和党中央写信，详细汇报红四军前委扩大会议的决定。毛泽东建议中共中央“不仅在湘赣粤闽等地，江苏北皖鄂北豫南直隶，都应有红军及小区域苏维埃之创立”，报告中强调“闽西赣南一区内之由发动群众到公开割据，这一计划是决须确立，无论如何，不能放弃，因为这是前进的基础”（见 1929 年 3 月 20 日《红四军前委关于攻克汀州后四、五军江西红二、四团行动方针等问题向福建省委和中央的报告》)。

毛泽东主持召开的红四军前委扩大会议,正确掌握了蒋桂战争的爆发为红军的发展与实行工农武装割据带来的有利时机,分析了全国政治形势,为创建闽西、赣南根据地提供了理论基础,清晰地勾画出创建中央革命根据地的宏伟蓝图。

这是井冈山时期工农武装割据思想的发展,是中国革命的转折。它点燃了闽西、赣南工农武装割据的星星之火,开始了创建闽西、赣南农村革命根据地的伟大斗争。

后来,朱德在延安会见美国记者史沫特莱时,回忆起长汀召开的红四军前委扩大会议时说:“汀州,果然是中国革命的一个转折。”

随后两年多,形势迅速发展,闽西、赣南20余个县的革命根据地相应巩固,连成一片。

1931年11月,中华苏维埃第一次全国代表大会在瑞金召开,中华苏维埃共和国临时中央政府宣告成立,这标志着中央革命根据地的正式形成。

实践证明,毛泽东在汀州红四军前委扩大会议制定的在赣南闽西创建中央革命根据地的战略方针是完全正确的,具有里程碑式的意义。这一伟大战略决策,谱写了我党领导下的中央革命根据地伟大斗争的辉煌史诗!

辛耕别墅内朱德同志办公室

★第五节　军旗飘扬跃汀江

毛泽东是伟大的领袖诗人，其大气磅礴、充满革命英雄主义和浪漫主义的诗词作品闻名世界，成为中国文化享誉世界的艺术精品。毛泽东诗词中有一首直接描写红四军在长汀的重大革命军事行动，这就是脍炙人口的《清平乐·蒋桂战争》：

风云突变，
军阀重开战，
洒向人间都是怨，
一枕黄粱再现。

红旗跃过汀江，
直下龙岩上杭。
收拾金瓯一片，
分田分地真忙。

这首豪情奔涌的光辉诗词早已深深铭刻在长汀人民的心中，记录了长汀革命老区的红色基因。长汀的父老乡亲，只要一吟诵起这首诗词，眼前便会浮现出土地革命战争时期汀江两岸红旗漫卷、军民同心、分田分地、大闹土地革命的壮丽景象。

一、濯田河畔赤旗扬

1929 年 5 月 19 日，濯田镇。

一座建于清代的大石桥，横跨濯田河上。

此时，迎着落日的余晖，红四军大旗猎猎飞舞。朱毛红军 3000 多名官兵，排着整齐的队伍，从濯田大桥对岸齐步走来。桥头是宽阔的空坪，紧连着濯田墟老街。红军队伍迈过大石桥，在桥头的空坪上集结，军旗飞扬，与绚丽的晚霞交相辉映。

今天，毛泽东、朱德率领红四军第二次入闽，来到长汀濯田古镇。

1929 年 5 月初，蒋桂军阀混战以桂系失败而暂时告一段落，江西敌军立即抽回兵力，集中力量向红军进攻。与此同时，粤桂军阀又燃起战火，接邻粤东地区的闽西各大小军阀，先后卷入这场混战。盘踞在闽西龙岩的国民党土著军阀陈国辉的福建省防军第一混成旅，追随闽南国民党

濯田大石桥

新编第一师师长张贞加入讨桂阵营，于5月中旬出兵粤东，参与军阀混战。因此，闽西南地区的守敌一时出现空虚状态。

此时，中共闽西特委书记邓子恢及时将敌情的变化和闽南斗争的现状，写成详细的书面报告，派人送往赣南，面交毛泽东，要求红四军前委利用这一有利时机再度入闽，推动和扩大闽西地区的革命斗争。

5月18日，毛泽东在瑞金叶坪召开红四军前委扩大会议，讨论时局和确定红四军的行动方针，批评了林彪怀疑革命前途，反对建立农村革命根据地，主张在闽粤赣三省边界流动游击的思想。决定按照前委制定的“争取江西，同时兼及闽西、浙西”的战略计划行动，避开赣敌，转向敌人力量空虚的闽西进军，武装开辟闽西革命根据地。

5月19日晨，红军主力在毛泽东、朱德、陈毅率领下，从瑞金县武阳越过武夷山，疾速地向闽西挺进。当天，红四军经长汀县古城乡、四都乡抵达濯田镇。

濯田镇，位于长汀县南部，距长汀县城100里。

一条约1里长的窄小古老墟街，鹅卵石铺砌的街道，杉木板的店房，从南到北延伸过来。房舍鳞次栉比，店铺密集，高堂大屋和古寺古祠夹杂其间。那座座斑驳的老木墙和片片苍绿的苔痕，让人感觉到时代的久远和岁月的沧桑。

濯田的历史可以追溯到宋代，是长汀著名的古老集镇。由于墟街规模大，集市兴旺，成为长汀县最大的墟市。在濯田墟周围15里范围之内，还有升平墟、南安墟和水口墟，墟市如此密集，这在长汀乡村中是绝无仅有的，反映了濯田这一区域人口众多，人们对生产、生活用品需求量大的状况。

1929年3月14日，朱毛红军消灭郭凤鸣，解放长汀城的消息早已在濯田传遍。濯田人民对这样一支专为穷人打土豪、斗地主、谋幸福的军队非常神往，日夜盼望号称“神兵天将”的朱毛红军能够来到濯田，领导人民闹革命。

如今，濯田人民终于盼来自己的队伍。濯田的父老乡亲奔走相告：“朱毛红军来了！共产党的队伍来了！”

濯田人民纷纷担茶送水，许多群众拿出番薯干，前来慰劳红军。一时间，热情的濯田人把桥头空坪挤得水泄不通。这时，毛泽东、朱德、陈毅等红四军领导站在大石桥头的台阶上，毛泽东望着台阶下黑压压的人群，向乡亲们做了自我介绍。

台阶下的群众听到“毛泽东”三字，不约而同地“哦”了一声。此前毛泽东的大名和工农红军解放汀州城的消息，早就已传遍汀江两岸，在濯田家喻户晓。这时，毛泽东指着站在身旁的朱德和陈毅向大家介绍道：“我身旁的这位是红四军的军长朱德，这位是红四军政治部主任陈毅。”

桥头台阶下的乡亲们又“哦”了一声。毛泽东继续说他们是共产党领导的工农红军，是穷人自己的队伍。他们起来闹革命，就是要打倒地主豪绅，推翻剥削人民、压迫人民的反动政府，让穷苦人民翻身做主人！但闹革命光靠一个乡一个县是不够的，要发动千千万万的人民群众一起来闹革命，推翻国民党反动统治，建立工农自己的武装，建立劳苦大众工农民主政权。

台阶下的群众从未听过如此振奋人心的演讲，一个个神情专注地听着。毛泽东继续说道，今天路过这里，就是要把闽西各县的人民群众发动起来，武装开辟闽西革命根据地；还要把赣南各县的人民群众发动起来，武装开辟赣南革命根据地。大家要以此为目标，进行赤色割据，将来与湘赣边界相连接，促进全国革命高潮的迅速到来。

桥下的群众深受鼓舞，群情激奋，口号声此起彼伏：“拥护共产党！拥护中国工农红军！”“红军万岁！共产党万岁！”

当天晚上，毛泽东、朱德住在濯田街上的“槐盛店”旅馆内，其他红四军官兵们都借住在祠堂和老百姓的家中。毛泽东在油灯下仔细察看从濯田到上杭、龙岩的行动路线，看毕，提笔给中共闽西临时特委书记邓子恢以及正在上杭蛟洋指导工作训练闽西地方武装的曾省吾、罗瑞卿等人写信，要求他们前往上杭研究红四军挺进龙岩之计，迅速在龙岩、永定、上杭组织武装暴动，配合红四军第二次入闽的军事行动。

二、旌旗猎猎过汀江

步履匆匆，红旗漫卷。

铿锵豪情奔闽西，犹似春风万户吹。

5月20日上午9时许，部队开拔。红四军全体指战员告别濯田镇的父老乡亲，进军上杭、龙岩，开辟闽西革命根据地。为了尽快摆脱敌人的追击，3,000多名红四军将士披挂整装，似一股铁流，一个小时急行军，便来到濯田水口村。

濯田水口村，是有几百户人家的大村庄。千百年来，水口村依仗汀江航运的优势，家家户户都有人当艄公或水口码头搬运工。水口的老墟街，数十家店铺，也大多是为汀江航运服务的客栈、饮食店、货栈、小杂货店等。年复一年，水口村民就这样过着亦农、亦工、亦商的日子。

村庄的旁边，就是浩荡奔腾的汀江。濯田河在这里与汀江汇合，江流更加磅礴湍急。村南的汀江渡口，是汀江航运的重要码头。水口码头用大青石砌成宽大的台阶，直接延伸到汀江里，每天都有许多往来的商船在这里装卸货物。挺进龙岩、上杭，必须从这里渡过汀江。这是唯一路径，别无他途。

正值5月雨季，江水猛涨，江面增阔到100多米宽，水流湍急，浊浪翻滚。原先渡口有渡船，为村民摆渡过江。近日，因受反动派的宣传，加上村民对红军不了解，村民怕遇上昔日土匪一般的军阀队伍，所以早早就到山上躲避。水口村家家关门闭户，不见一个人影，水口码头不见任何船只。

3,000多名红四军官兵整齐地排列在江边。毛泽东、朱德眼神坚毅地望着眼前奔腾南流的汀江，怎么办？毛泽东立即召集红四军前委碰头商议。毛泽东说："我们在后有追敌的情况下，目前第一紧要的任务是尽快找到艄公和渡船，率领部队迅速过江，尽快甩开追敌李文彬旅，直插龙岩上杭。"

毛泽东当即命令部队在江岸就地歇息待命，自己带着几个警卫战士沿江寻去。走了三四里路，到了一个叫蓝坊的村庄，发现有一只木船停在缓水坳边。近前一看，只见船，不见人。蓝坊村农舍虽多，但人影却无，原来老百姓见来了数千人的大部队，不明就里闭门躲在屋里。

警卫员看到很是着急，毛泽东安慰说："不能怪老乡，他们深受反动派的欺骗，害怕与红军接近，我们要耐心做工作。"警卫员听了毛泽东的话，心里亮堂了。他们走到村民的房屋门前，边叩门边喊："老乡，我们是工农红军，不要怕，请开门！"等了一会，不见动静，便又走到另一家。

蓝坊村一位名叫蓝星朗的艄公，从门缝里看到红军战士的这些情景。他觉得十分奇怪：国民党不是说，红军是红头发、绿眼睛、长獠牙的吗？怎么今天来到这里的红军，一个个头戴八角帽，身穿灰军装，端端正正。尤其是那位红军首长，穿着和士兵一样的灰军装和布草鞋，身材魁梧，和蔼可亲。他们一边和颜悦色地说话，一边轻轻敲着门。哪里像国民党匪军，敲门不开，就用脚踢，抡枪托砸。于是，蓝星朗不再犹豫了，急忙打开家门，迎上前去。

当毛泽东知道了江边的木船就是蓝星朗的，很高兴地对他说："老乡，你们不用怕！我们红军是穷人的军队，是为穷人翻身解放打土豪、分田地的。我们红军不压迫穷人，也不抓夫。"然后，毛泽东又亲切地问蓝星朗："你会撑船，还会不会作田？"蓝星朗爽朗地回答说："船会撑，田也会作。"

经过热情的交谈，蓝星朗觉得红军跟国民党匪军完全不同。以前国民党匪军叫人撑船，稍迟起身，不是拳打，就是脚踢。今天，蓝星朗虽然不知道眼前跟他谈话的红军首长是谁，但觉得红军似亲人一样，他从心眼里喜欢红军。

毛泽东对蓝星朗说，红军部队此行的目的，是深入闽西打土豪、分田地，开辟闽西革命根据地。但是，3,000多名红军指战员因无船渡江，被困在江边，目前急需船只和艄公，帮助红军渡江。

蓝星朗一听，二话不说，立即到村里召集18名艄公，找来9艘渡船。9艘渡船在江边一字排开，18名艄公分立船头和船尾，整装待发。船头上一面中国工农红军第四军军旗，迎风飘扬，猎猎作响。

毛泽东站在码头台阶上，用洪亮的声音说："同志们，感谢水口村父老乡亲的大力支持，江水挡不住我们前进的步伐，出发！"

嘹亮的进军号响彻汀江两岸！红四军官兵身背米袋、背包，手持步枪，依次有序地登上渡船。渡江从上午 11 时左右开始，到下午 4 时左右，3,000 多名红四军将士全部顺利渡过汀江。

渡江后，红军发给每位艄公工钱银洋一元，当时一元大洋可买 30 斤大米。回想起过去连船带人被国民党军队、伪乡丁抓劳役，不仅拿不到工钱还遭到拳打脚踢的情景，蓝星朗感慨地说："第一次见到纪律如此严明的军队，第一次见到这么和蔼可亲的长官，这一元大洋可买我一个月的口粮啊！"其他船工也都啧啧称赞不已。

渡过汀江的红四军指战员，似一支利箭，直插闽西腹地。随后，毛泽

"红旗跃过汀江"旧址——水口村汀江渡口

东、朱德率领红四军三打龙岩城，攻下上杭城，收拾了一片大好河山。闽西苏区人民跟着毛委员、朱军长高举长矛大刀，打土豪、分田地，到处都呈现出一片轰轰烈烈的革命景象。

这一年的秋天，毛泽东抑制不住喜悦的心情，写下光辉诗词《清平乐·蒋桂战争》。陈毅也豪情万丈，写下脍炙人口的著名诗词《反攻连下长汀龙岩》："闽赣路千里，春花笑吐红。红军是铁军，一鼓下汀龙。"

★第六节　汀州大地起风雷

霹雳一声震乾坤，打倒土豪和劣绅。

1929年3月14日，毛泽东率红四军入闽，解放汀州古城。犹如一声春雷响彻闽西大地，震撼人心。

同年5月，“红旗跃过汀江”，红四军转战闽西，创建革命根据地。祖祖辈辈受剥削、受压迫的劳苦大众迎来救星，看到希望，再一次激发汀江两岸劳苦百姓的澎湃激情，汇聚起跟党闹革命的磅礴力量。

同年7月，中共闽西一大在上杭蛟洋召开，毛泽东到会做了重要讲话。闽西一大制定了“深入进行土地革命；发动工农武装；建立政权”的三大方针。出席会议的长汀党代表张赤男、段奋夫、罗化成、王仰颜等深受鼓舞。他们明确了革命斗争的方向，坚定了决心，一致表示要在条件比较成熟的地区发动群众，举行农民武装暴动。

在中共闽西一大精神鼓舞下，从1929年7月至1930年3月，长汀县的南阳、涂坊、塘背、宣成、濯田、古城、四都等汀南、汀西的农民纷纷揭竿而起，举行声势浩大的农民武装暴动，汀江两岸燃起熊熊的革命烈火。

一、南阳农民举义旗

龙田书院缚恶龙，暴动旗帜映日红。

长汀南阳乡，位于长汀南部，距长汀县城135里。

1929年7月25日，农历六月十九日，这天是南阳墟。

罗化成领导300多人的暴动队，在红四军一纵队及上杭才溪乡暴动队的策应下举行武装暴动。他们以迅雷不及掩耳之势包围了龙田书院，把正在那里密谋策划镇压农民运动的反动头子黄霞余一伙全部抓获。黄霞余抗拒不服被当场击毙。不久，南阳暴动队又联络张赤男领导的暴动队伍，诱杀土匪曹发良等人。

暴动成功后，即开展打土豪、分田地的斗争，并将暴动队改为南阳赤卫队。南阳暴动的胜利，给周围村庄的贫苦农民以极大的鼓舞。在罗化成的领导下，南阳党支部及部分赤卫队员分片下到各村，配合各村举行武装暴动。

8月，为了更好地领导南阳农民斗争，南阳区革命委员会成立了。9月，中共南阳区委、南阳区苏维埃政府正式成立。从此，在中共区委、区苏维埃政府的领导下，南阳区各乡都呈现出“分田分地真忙”的大好形势。

二、丹溪农会举刀枪

烽火硝烟等闲看，丹溪暴动沥肝胆。

从长汀往南105里，是长汀县涂坊乡。

丹溪是涂坊的别名，好美的名字，好一个红光普照的地方！

1929年6月19日，在罗化成、张赤南、涂作义、张景威等人的领导下，涂坊乡以党小组和农会会员为骨干，组织起80多个农民，宣布举行农民暴动。

当天上午，他们拿起步枪、鸟枪，高举大刀、长矛，喊杀连天，迅速包围伪乡政府及团防局。伪乡政府及团防局的20多个乡丁、团丁，被突如

涂坊镇

其来的农民暴动吓得跪地缴枪投降。暴动队员立即收缴他们的枪支,迅速地占领了伪乡政府和团防局。接着,暴动队在涂坊竹头园召开群众大会。罗化成在群众大会上正式宣布涂坊乡农民协会成立,同时宣布成立涂坊乡农民赤卫队。

当天下午,就打土豪涂马头,没收他的粮食,杀了他的猪,将粮食和猪肉分给涂坊的贫困农户。21日,赤卫队在吴坑村,抓获逃到此躲避的河埔村罪大恶极的大土豪吴炳若,当场处决。

暴动的胜利,使涂坊广大贫苦农民扬眉吐气。土豪们则个个惊恐万分,逃跑在外的地主豪绅勾结国民党军队妄图卷土重来,扑灭涂坊农民的革命烈火。

在逃亡土豪劣绅的串通下,国民党军队于7月5日和8月初,两次对涂坊赤卫队进行突然袭击。敌人在涂坊搜捕自卫队员,大肆抢劫和烧毁民房。

敌人的两次进犯并未吓倒涂坊人民,反而激起涂坊人民对国民党反动派更大的仇恨。在党组织和农会的领导下,涂坊人民酝酿着一场更大规模的武装暴动。10月19日,党小组和农会领导赤卫队和800多名农民举行武装暴动,一连打击了好几家土豪,开仓分粮。12月3日,毛泽东、朱德率领红四军离汀赴连城新泉途经长汀涂坊,毛泽东住在涂坊街上的"恒兴店"旅馆。

第二天,红四军在涂坊赖屋塘召开了6,000余人的群众大会,毛泽东在会上讲了话。会后,毛泽东特地拨给涂坊乡苏维埃政府300银圆,用于购粮,平价卖给农民。同时,中共长汀县委、长汀县革命委员会从南阳迁到涂坊。从此,涂坊人民在县委的领导下,革命形势飞速发展,很快建立、健全了涂坊乡苏维埃政府。

三、塘背石灰粉不白

红灯一盏照路明,砸碎旧宇天地新。

汀南100里,塘背乡。

1929年11月4日(农历十月初四日),塘背农民在张赤男、罗铭等人的领导下,举行了震惊汀南的农民武装暴动。4日拂晓,塘背暴动的枪声打响了,罗铭带领暴动队及700多名穷苦农民,在张赤男派来的一个连红军的支援下,包围了地主豪绅的住宅和地主武装驻地,抓获土豪罗志老、罗昆扬等人。缴获步枪12支,子弹数百发。接着,暴动队没收了地主豪绅的房屋、财产200余件,还没收部分金银首饰,谷子10余万斤,米粉700余斤,耕牛30多头,肥猪17头。

当天下午,在塘背村的红石岗上,召开了有1,400余人参加的群众大会。大会由张赤男主持,庄严宣布正式成立塘背农民赤卫队,由罗铭任队长。同时宣判对罗志老、罗昆扬执行死刑,没收的财产全部分给穷苦农民。大会还宣布成立农会,开展分田分地工作,穷苦农民第一次有了自己土地,个个兴高采烈。从此,塘背人民在党组织和乡苏维埃政府的领导下,壮大了武装力量,积极参军参战,努力生产,支援前线。

塘背人民从1930年至1932年,先后与敌作战109次,取得了一个又一个的胜利,保卫了红色政权。

塘背暴动遗址

塘背人红心红骨，塘背村被称为“石灰粉不白”的红色村庄。

新中国成立后，“农历十月初四”被定为“塘背农民暴动节”，年年庆祝，这个纪念红色暴动的民俗节，在中国的乡村中应属唯一。

四、古城暴动惊闽赣

铿锵脚步夜奔袭，摧枯拉朽惊天地。

古城乡位于长汀西部闽赣交界处，距长汀县城 50 里，离瑞金县城 30 里，是闽赣两省交通要道，是长汀通往江西的咽喉。

古城暴动就是在中共长汀县委直接领导下，为配合红四军挺进汀州政治行动和军事行动而举行的一次有组织、有计划的大暴动。

1929 年 11 月间，朱德率领红四军出击东江后返回闽西经上杭向汀州挺进，在汀州迎接毛委员回来。消息传来，长汀城的国民党官吏、土豪劣绅如惊弓之鸟，惶惶不可终日，随时准备逃离汀州城，他们最有可能经过古城到瑞金。

11月上旬，段奋夫、黄继烈等从当时中共长汀县委所在地南阳，星夜赶到古城乡海螺岭村，召集有关负责人开会，讨论暴动事项。段奋夫在会上坚定地说："红军要来了，决不能让城里的豪绅恶霸溜走！"经过周密的讨论，一个诱敌出逃的计划形成了。

城区区委书记毛钟鸣，利用毛铭新印刷所翻印红四军驻汀期间留下的宣传单，把红军的宣传单当作从宁化、连城寄来的普通信件，分别投递到衙门和部分豪绅家里，造成沿途有红军活动的假象。

15日晚，毛钟鸣组织地下党同志，将红四军前委拨给的60支枪数千发子弹，从黄继烈家的谷仓里取出，趁着月色悄悄地运往古城。随后，汀东支部王仰颜也秘密送给古城20支枪，一张捕"鱼"的大网渐渐地张开了。

22日，传闻红四军已由上杭向长汀进军了，城内的豪绅官吏急忙带上家眷、细软，骑马乘轿，纷纷向古城、瑞金方向逃窜。

入夜，大地一片黑暗，在距古城5里的高岭坑，县委书记段奋夫、汀西区负责人李国玉正对200多名农民暴动队员做战斗动员。当场宣布成立汀西革命委员会，由刘刚毅任党代表，余志平任革委会主席，钟良任指挥部指挥，刘宜辉任参谋部参谋长，谢成任支队支队长。暴动队员高卷左袖，手执步枪、土铳、梭镖和大刀，趁着茫茫夜色，悄悄地向古城进发。

段奋夫带领暴动队员包围团防局，做内应的刘宜辉召集全体团丁说："今晚红军要来了，大家说怎么办？"团丁们平日受刘宜辉的宣传教育，早已倾向革命，有些还是地下党员，便答道："局座说怎么办就怎么办。"于是刘宜辉打开大门，40多名团丁都加入暴动队。

午夜零点，黑黑的天空只有几颗稀疏的星星发出微弱的光点。

"啪、啪、啪"，突然三声震耳的枪声划破长空。各暴动小组直奔指定房屋搜捕，枪声、人声、脚步声、四处的狗吠声混成一片。人们给惊醒了，大地骚动了。酒足饭饱后正在酣睡的豪绅官吏们，有的惊魂未定就被捆绑起来了，有的反动武装分子惊慌失措，开枪抵抗。军法官曾冠群被当场击毙。在一片"缴枪不杀"的喊声中，其余敌人见大势已去，乖乖举手缴械。

刘宜辉带领的暴动队伍赶到花桥、青山铺收缴了地主武装后，便埋

古城暴动遗址

伏在大路两边。果然不出所料，公安局局长郭锦屏(郭凤鸣的哥哥)化装成地理先生，趁黑逃往瑞金，被暴动队逮个正着。暴动队在梁坑捉拿大地主时，抓获县商会会长谢章侯、副会长丘海楼。

天刚蒙蒙亮，县长邱耀骊一行途经青山铺被暴动队截住。卫兵们没弄清怎么回事，就被缴械了，邱耀骊吓得两脚一软，瘫倒在地。“饶命啊饶命，要什么就给什么。”他拿出一袋子银圆哀求道。“今天要你的命！”刘宜辉大声一喝。“啪”的一枪，当场击毙了这个作恶多端的县长。

天亮了，初升的太阳照得古城格外亮堂，今天正好是墟天，人山人海。暴动队伍在会馆坪墟场召开群众大会。段奋夫、李国玉在会上讲了话，号召穷人起来革命，打土豪，分田地。大会公开宣判了国民党长汀县县长丘耀骊、公安局局长郭瑞屏、军法官曾冠群、教育局局长林永章、举人张选青、商会会长谢章侯、副会长丘海楼、税务局局长游南轩等 8 名抓捕的土豪官吏，除已击毙的县长邱耀骊、军法官曾冠群外，其余 6 人被押到大坝枪决。

大会结束后，暴动队带领农民冲进土豪劣绅家开仓分粮，一共打了

30 多家土豪劣绅，发放谷子 500 多担。古城暴动，缴获步枪百余支，捕获了计划逃往瑞金的长汀劣绅官吏反动武装分子 100 余人，取得辉煌战果。

这次暴动组织严密，战果辉煌，一举歼灭了驻古城的国民党武装及长汀县政府的主要头目，使闽赣边的国民党反动派极为惊慌，连当时的南京国民党反动统治高级人物也为之哀叹："民变蜂起，势将蔓延，不好收拾。"（摘自毛钟鸣：《走井冈山道路》，1979 年）

正当古城人民庆祝暴动胜利的当天，朱德率红四军进占长汀城。3 天后，毛泽东也从苏家坡到长汀。这天，段奋夫带领古城暴动队赤卫班班长胡海青等人前往汀州城向红四军报捷，毛泽东、朱德奖给古城暴动队 15 支日本造五响盖子枪和 1 匹黄鬃马。

在毛委员、朱军长的亲切关怀下，古城暴动队从 200 多人迅速发展到 1,000 多人，拥有 100 多支枪，成立汀西游击大队，刘宜辉任大队长，黄继烈兼党代表。他们斗志昂扬，满怀豪情地投入新的战斗。

五、四都燃起革命火

粗手推翻伪政府，一扫阴霾红日出。

汀西 75 里，是长汀四都镇。

这里是 1929 年 3 月上旬，毛泽东、朱德率红四军首次入闽驻扎过的地方。在共产党、红军的感召下，一年后，农民暴动的烈火在四都熊熊燃烧。

1930 年 3 月 18 日，在段奋夫、温必权、廖鸿林等人的领导下，四都集镇农民举行武装暴动。四都周围 10 个村的农会会员及青年农民聚集在四都，包围了国民党四都乡政府，10 多个乡丁吓得胆战心惊，跪地求饶，缴枪投降。暴动农民推翻了伪乡政府，枪决了外号叫西洋狗、老胡子的恶霸地主。

暴动成功后，随即成立 300 余人的四都赤卫队。而后，宣布成立四都乡苏维埃政府，由温必权任乡苏主席；同时成立四都第一个党支部，由温必权任支部书记。

四都镇

1930 年 5 月 4 日，宣布中共四都区委、四都区苏维埃政府成立。从此，四都人民在区委、区苏的领导下，开始轰轰烈烈的土地革命斗争。

六、濯田农会斗敌顽

妖魔乱舞路不平，农会出手玉宇清。

从长汀往南 85 里就是濯田镇水口村。

1929 年 5 月，毛泽东、朱德率领红四军从这里“红旗跃过汀江，直下龙岩上杭”，开辟闽西革命根据地。

1929 年 12 月间，以水口秘密农会会员为骨干的 60 多位农民，在蓝永昌、蓝勇等同志领导下，举行武装暴动，成立水口乡苏维埃政府。1930 年初春，水口乡苏维埃政府改称水口区苏维埃政府。

1930 年 3 月 27 日，张赤男率领农民武装队伍从宣成来到水口乡，同濯田农民赤卫队一起，在水口发动群众，打土豪，斗地主，积极做好消灭濯田敌人的准备。

3月30日，张赤男领导的农民武装暴动队伍在濯田的上湖、湖头两个村与武平伪民团发生激战，击毙伪团长蓝忠信，打死打伤敌人数十人，缴获枪支20余支。张赤男随即赶赴水口村，组织水口农民武装，准备攻打濯田。

驻守濯田的敌人武装得知张赤男准备攻打濯田，企图利用人多的优势先行向水口进攻，消灭张赤男农民武装。敌人威逼强迫几百名濯田老百姓走在队伍的前头，向水口进发，妄图阻击张赤男领导的农民武装。

敌人刚离开濯田不到5里，就与张赤男领导的农民暴动队接上火。张赤男远远地看见走在敌人队伍前面的都是濯田的父老乡亲，于是立即命令暴动队不许开枪，不能打伤老百姓。

张赤男和农民暴动队员朝着走在敌人前面的老百姓大声喊话，要他们见机赶快四散离开。被押解的群众听到喊话，知道前面是自己农民的武装，一哄而散，纷纷向两边奔跑。敌人霎时慌了，匆忙迎战。此时，从四都赶来支援的赤卫队，从敌人的后面发起进攻，敌人被前后夹攻，抵挡不住，被打得四散而逃。

这一仗击毙伪团长蓝忠信，打死打伤敌人数十人，缴获枪支20余支，赤卫队收复濯田。这次濯田农民武装暴动，威震汀南，给敌人以沉重打击。

★第七节　红色政权一枝花

在中共长汀县委、县革命委员会的领导下，从1929年3月至1930年5月，“普遍地起来暴动，除几个偏僻的小山村外，其他中心区域早已分光田地，建立苏维埃了，全县赤色区域约占十分之九，人口约有二十五万左右”。(见1930年7月8—20日《中共闽西特委第二次代表大会情况与各项文件》)根据中共闽西一大会议关于“一县中有三个区苏以上，即可成立县苏维埃”的指示精神，中共长汀县委于1930年5月18日在涂坊召开长汀县工农兵代表大会，宣布成立长汀县苏维埃政府。

1930年10月，遵照中共闽西特委和闽西苏维埃政府的指示，长汀县和连城县合并成立汀连县。两县在南阳召开多次筹备会，经协商在长汀赖坊村成立中共汀连县委、汀连县苏维埃政府，开始了汀连县革命斗争的新时期。

根据全国第一次工农兵代表大会通过的《中华苏维埃共和国划分行政区域暂行条例》的规定和上级的指示，在长汀范围内新设汀州市，成立了中共汀州市委、市苏维埃政府。

1930年6月，王仰颜领导的汀东游击队，联合宁化曹坊、治平等地的农民协会，举行汀东武装暴动，宣告成立汀东革命委员会，为建立中共汀东县委、汀东县苏维埃政府奠定了基础。

1933 年下半年，中央苏区军民在粉碎蒋介石发动的对苏区第四次“围剿”后，已进入艰苦卓绝的第五次反“围剿”时期。为了便于战争动员和经济文化等方面的建设，中共福建省委、福建省苏遵照 1933 年 7 月《中央执行委员会关于重新划分行政区域的决议》中的“……不论乡、区、县、省，区域都不应过大”指示精神，于 1933 年 9 月初，在长汀城关成立中共兆征县委、兆征县苏维埃政府。

一、工人农民掌大权

由于长汀党和群众的基础好，毛泽东同志随即决定在长汀设立红色政权机关。红四军政治部于 1929 年 3 月中旬组建长汀县临时革命委员会，负责发动群众，设立工会和农会组织。

1929 年 3 月中旬，长汀县临时革命委员会决定在云骧阁召开长汀县工农兵代表大会。云骧阁位于长汀城区汀江之畔的乌石山上，为方形木结构二层楼阁，占地面积 832 平方米。上对卧龙山，下临汀江龙潭，雕梁飞檐，古阁凌空，古樟拥衬，显得雄伟壮观。下面的龙潭碧波，不尽汀江之水沿着古城墙滚滚向南而去。楼阁两侧，古桥、流水、奇石、苍木、楼阁构成绝妙之景。入夜，万家灯火，两岸景色尽映水中，显得壮丽多姿，格外妩媚。景色如此秀丽的临江楼阁，过去是汀州城内的达官显要、文人骚客把酒临风、吟诗赏月的地方，平民百姓则无缘登临这风雅场所。

红军来了，世道变了。世世代代受剥削、受压迫的工农劳苦大众，今天要高昂着头颅，挺起胸膛，迈开大步，朗声说笑地登上这座楼阁，要在这儿堂堂正正地召开工农的大会，要理直气壮地做这座楼的主人。

1929 年 3 月中旬，长汀县工农兵代表大会在云骧阁胜利召开。会上正式宣告：闽西、赣南第一个县级红色政权——长汀县革命委员会诞生了！长汀县革命委员会机关就设在云骧阁。

长汀县革命委员会委员由 9 人组成，其中民众代表 6 人，红军代表

长汀县革命委员会旧址——云骧阁

3 人，邱潮保任主席，委员会下设军事、宣传、财政等部。长汀县革命委员会诞生后，虽然工作千头万绪，要为群众办的事情太多，但重点开展以下几项工作：一是地方武装的组建，动员青壮年参加红军；二是开展杀劣绅、打土豪活动，没收地主的财物；三是安定民心，维护城市社会秩序，保证汀州城的人民物质所需；四是帮助红军筹集军饷，尽力解决红军的给养；五是加快发展农协、工会，壮大工农力量。

长汀县革命委员会的成立，具有深远的历史意义。它是闽西第一个在共产党领导下由劳动人民当家做主的县级红色政权，对闽西革命起到了巨大的推动作用。从此，这座汀州著名楼阁，成为汀州劳苦大众的心脏，长汀革命政纲将从这里发布，长汀土地革命斗争将在这里决策和部署。

二、工农武装威名扬

长汀县革命委员会成立后，毛泽东、朱德又指示红四军军委帮助长汀建立地方武装，保卫地方政权。长汀县革命委员会招收了 60 名贫苦工农青年，设立了长汀赤卫队。

刚成立时赤卫队枪支少，有些队员仍用大刀、长矛。毛泽东、朱德知道后，特地从红四军中拨出 20 支枪武装长汀赤卫队。朱德军长还把长汀赤卫队带到长汀中山公园进行军事训练，选派红四军的优秀军士帮助组织训练赤卫队员。

原来，红四军解放长汀以后，朱德就部署红四军各团，要利用在长汀修整的时间，抓紧对部队进行军事训练，提高红军的军事技术水平。朱德将长汀赤卫队带到中山公园，亲自当教官；随后，让长汀赤卫队跟随红军

长汀赤卫队

一块操练，长汀自卫队的军事水平很快得到提高。

赤卫队成立才一个多星期，红四军便要回师赣南开辟新的革命根据地。长汀赤卫队也随军行动，培养锻炼作战能力。

毛泽东、朱德非常关心这支刚成立的地方武装。1929 年 4 月 10 日，红四军到达江西于都城时，毛泽东、朱德以红四军军部名义发出命令："该队队长林俊着调该队副党代表，遗缺另委王廷瑛充任。仰即遵照此令。"

从此，长汀赤卫队不断壮大发展。6 月，红四军二次入闽攻占永定、龙岩及上杭白砂等地，闽西革命根据地初步形成。红四军前委决定，以闽西地方武装为基础成立红四军第四纵队，长汀赤卫队编入第四纵队第七支队，为创建闽西革命根据地做出贡献。

三、长汀县苏维埃政府

1930 年 5 月 18 日，在中共长汀县委的领导下，长汀县第一次工农兵代表大会在长汀涂坊乡召开。会议宣布成立长汀县苏维埃政府，选举涂作义为县苏维埃政府主席。

长汀县苏维埃政府下设若干机构：肃反委员会，由曾炎任主席；内务部，由阙明松任部长；财政部，由曾日富任部长；粮食部，由刘德功任部长；裁判部，由刘在长任部长(后由赖兴周任)；妇女部，由廖履冰任部长。同时设立长汀县总工会和共青团长汀县委。

中共长汀县委、长汀县苏维埃政府下辖涂坊、宣成、水口、濯田、四都、河田、南阳七个区委和区苏维埃政府。

四、汀连县苏维埃政府

1930 年 10 月，长汀县部分乡村和连城县部分乡村合并，新设立汀连县。在长汀县赖坊村工农兵代表大会上，宣布成立中共汀连县委、汀连县苏维埃政府，驻地在赖坊村。

1931 年 12 月 14 日，根据闽西苏维埃政府第一二八号《划分行政区

长汀县苏维埃政府旧址——赖坊村春生公祠

域问题》的通知，撤销汀连县，设立长汀县和新汀县。同时设立中共长汀县委和中共新汀县委，设立长汀县苏维埃政府和新汀县苏维埃政府。

1932 年 3 月，撤销新汀县，合并设立长汀县。中共长汀县委改组，由李坚真任县委书记。在河田召开长汀县第一次工农兵代表大会，设立长汀县苏维埃政府，由蓝兴南任长汀县苏维埃政府主席。中共长汀县委、长汀县苏维埃政府驻地为河田镇。

五、汀东县苏维埃政府

1932 年 3 月中旬，中共福建省委、福建省苏维埃政府在汀州成立之后，为了加强对长汀东部与宁化西部地区革命斗争的领导，决定划小行政管理区划，批准划出长汀东部新桥、馆前、童坊、彭坊、张地等与宁化边界区域的治平、曹坊等乡，成立汀东县。汀东县驻地为馆前镇。

1932 年 10 月，在长汀馆前镇宣告设立汀东县，同时设立中共汀东县委和少共局，陈益深任中共汀东县委书记(后由余志平担任)，蓝昌甫任少共局书记。成立中共汀东县苏维埃政府，由王英元任主席，林拔翠任副主席。汀东县苏维埃政府设军事部、土地部、财政部、劳动部、工农检察部、教育部、政治保卫局、妇女部。设立汀东县总工会。

在中共汀东县委、汀东县苏维埃政府的领导下，全县人民在组织赤卫队、扩大红军、支援红军、拥军优属、垦荒生产等方面都取得很大成绩。

1934 年 10 月，中央主力红军长征后，汀东县的县、区、乡主要干部组成汀东游击队，坚持游击斗争。

六、兆征县苏维埃政府

1933 年下半年，中共福建省委、福建省苏维埃政府根据中央《关于重新划分行政区域的决议》，从长汀县、汀东县管辖的区域内，划出古城、德联、红鄞、东陂、张地、大埔六个区设立兆征县。

兆征县苏维埃政府旧址——刘氏家庙

1933年9月3日,兆征县第一次工农兵代表大会在长汀城关刘氏家庙召开,宣布中共兆征县委、兆征县苏维埃政府成立。

兆征县是为了纪念全国工人运动的杰出领导人苏兆征烈士而命名的。兆征县设财政部、裁判部、国民经济部、土地部、劳动部、内务部、妇女部、教育部、保卫局。

中共兆征县委、兆征县苏维埃政府设在汀城刘氏家庙内。

七、汀州市苏维埃政府

根据全国第一次工农兵代表大会通过的《中华苏维埃共和国划分行政区域暂行条例》的规定和上级的指示,在长汀范围内新设汀州市,为福建省苏维埃政府的直辖市,下辖原汀州城东郊、西郊、南郊、北郊、城中心5个区,总人口约3万人。

汀州市是当年中央苏区政府创设的第一个,也是唯一一个市级红色政权,被称为红色中华第一市。

1931年10月,经闽粤赣特委的批准,中共汀州市委成立,由王观澜任市委书记。同时,共青团汀州市委成立,由陈家钦任书记。经闽西苏维埃政府批准设立汀州市苏维埃政府,由饶根担任市苏主席,同时设立汀州市总工会,由黄玉书担任主席。

根据对城市管理的需要,汀州市苏维埃政府设有内务部、财政部、国民经济部、裁判部、妇女部、文化部、政治保卫局、红色民警局、对外贸易局、粮食调剂局、消费合作社、信用合作社等。

中共汀州市委加强自身建设和组织建设,注重党员质量,及时吸收新党员。至1933年5月,汀州市党员已发展到200余人。

中共汀州市委、市苏维埃政府把整顿街道和市容、维护市内的社会治安、关心市民的用电用水等当作首要任务。拨出部分资金维修营背街的火力发电厂,招回原来的电工,大量收购木炭发电,很快向市内居民和机关单位送电。设立了汀州市民警局,招收民警60余人,管理社会治安和户籍。清理了水井和排水沟。

福建省苏维埃政府内务部报告中指出:“只有汀州市已进行调查店铺,装置街灯,建立民警局,清查户口,调查没收来的房屋,编订门牌等,其他县大部分没有做。”

在汀州市创办有几十个中央、省、市办的工矿、企事业单位。同时,汀州市个体手工业工人自愿组织了20多种手工业生产合作社,许多手工工人有了出路。另有私营商店300多家。整个汀州市呈现出一派繁荣的景象,被人们誉为“红色小上海”。

国民党反动派对苏区不仅进行军事“围剿”,而且实行经济封锁,使得汀州市党政领导工作顾此失彼,未能满足群众生活所需要的物资供应,曾受到毛泽东的批评:“前一个时期,汀州市政府只管扩大红军和动员运输队,对于群众生活问题一点不理。”(参见毛泽东:《关心群众生活,注意工作方法》,1934年1月27日)

汀州市政府高度重视临时中央政府主席毛泽东的亲切关怀和诚恳批评,多次开会研究,听取各方面的意见,尽快解决群众生活问题。根据汀州手工业工人多的实际情况,首先把工人组织起来,在中共汀州市委、市苏维埃政府、市总工会的领导下,迅速设立基层工会,关心工人的生产生活,先后建立和巩固了京果、纸业等24个基层工会。因此,汀州市的工业、手工业生产得到发展,活跃了公营、私营商业,加紧开展对外贸易,尽力提供群众生活上所需的物资。

与此同时,中共汀州市委、市苏维埃政府着力解决红军家属的生活问题。为解决红军家属的生活困难,召开各行业代表大会。会议决定,各行业工人每个礼拜六的工资作为优红费,并征收油、盐、肉、纸(每担纸收一角)的优红费,整顿公卖所、优红商店,增加优红收入。经过整顿后共征得3,000余元,解决了在城市无土地的红军家属无钱买粮的困难。成立优红家属委员会,开展了深入细致的工作,凡红军家属逝世,都及时组织人力、物力为其料理丧事,真正做到生有所依,死有所归。

由于优待红军家属的工作做好了,解除了参军青年的后顾之忧,所以,扩大红军的工作也好做了,很快收到成效。广大青年把参军保卫苏区当作神圣职责,踊跃参军。中共汀州市委、市苏维埃政府、市模范少先队、市宣传队因在扩红工作中做出显著成绩，受到中央苏区机关报《红色中华》表扬："汀州市扩大红军工作的成绩是因为党能够响亮地提出'武装保卫汀州，不让敌人摧残汀州'的口号，在实际工作转变和改进我们对群众的领导的结果。"

★第八节　汀州整编垂军史

1930 年 6 月，红军在汀州进行整编，红一军团宣告成立，这就是红军历史上著名的汀州整编。

汀州整编是中国共产党领导的武装部队从游击战到运动战转变的重要标志，也是党领导下的人民军队走向成熟的重要标志。长汀也因此成为红军主力正规化的摇篮。

1930 年 6 月上旬，李立三领导的党中央专门委派中央特派员涂振农赴汀州，向红四军前委传达全国苏维埃代表大会和全国红军代表大会的会议精神。

此时，毛泽东正在长汀县南阳主持召开红四军前委、闽西特委联席会议，总结闽西的分田经验。为了听取涂振农传达全苏会议的精神，毛泽东与红四军前委委员、闽西特委的领导赶赴汀州。

6 月 13 日，毛泽东在汀州主持召开前委扩大会议，红四军一、二、三、四纵队负责人以及闽西特委的领导邓子恢等参加会议。会议听取了涂振农传达中央政治局会议通过的有关决议和文件精神。

会议根据中央关于当前形势和红军扩编的指示，进行了认真讨论。毛泽东、朱德认为，整编红军的目的是集中红军主力，由游击战转变为运动战，消灭大一些的敌人，夺取一些中小城镇，巩固和发展革命根据地。这与李立三冒险主义提出的整编红军是为了攻打大城市、夺取全国政权完全不一样。

会议对于红军的整编和扩大红军的部署是一致的，闽西、赣南的地方红军必须要有统一领导。会议决定将闽西的长汀、龙岩、上杭、永定、连城五县各有一团的兵力，编为闽西红军。后来闽西红军编为中国工农红军十二军，全军3,000余人。根据中央的指示，将赣西南由红军二、三、四、五团编成的红六军，改编为红三军，全军2,000余人。会议决定以红四军为基础，混合整编闽西的红十二军和赣西南的红三军。这次会议就是红军历史上的"汀州会议"。

1930年6月19日，红四军、红十二军、红三军正式整编为红军第一路军(不久后改为红一军团)。毛泽东任军团政治委员，朱德任军团长，朱云卿任参谋长，杨岳彬任政治部主任。三个军的组编情况是：原红四军的第一、二纵队，编为红四军的第一、第二纵队，由闽西红十二军的第二、三纵队编为红四军的第三纵队；原红四军的第三纵队扩编入红十二军，由三纵队抽出一个支队，编成红十二军的第一纵队；由三纵队另一支队加上赣南地方红军的一个支队，编为红十二军的第二纵队，原赣西南红军第三军编为红三军。各军的领导人员是：红四军军长林彪、政治委员彭清泉、参谋长陈奇涵、政治部主任李涛；红十二军军长伍中豪、政治委员谭震林、参谋长林楚、政治部主任谭政；红三军军长黄公略、政治委员蔡会文、参谋长周子昆、政治部主任毛泽覃。全军团约计一万人。这就是汀州整编的主要内容。

1930年6月下旬，长汀南寨广场。

丽日蓝天，万木葱茏。旌旗猎猎，军号嘹亮。

红四军、红三军、红十二军一万多名英雄的红军战士，精神抖擞，意气风发，排列着整齐的队伍，集合在长汀南寨广场。毛泽东和朱德在主席台上检阅了在战火中诞生的三支英雄部队。大会庄严宣告：红四军、红三军和红十二军合并整编，成立中国工农红军第一军团！

大会宣布毛泽东担任红一军团总政治委员，朱德担任军团长，朱云卿担任参谋长，杨岳彬担任政治部主任。在全军将士激情热烈的欢呼声中，毛泽东、朱德先后在成立大会上做了重要讲话。毛泽东分析了当前的革命形势，阐述了红军的性质和战斗任务，指出红军整编的目的和意义，鼓励全军指战员奋勇杀敌，争取更大胜利。

会上，毛泽东给军团及下辖三个军授旗。南寨广场红旗挥舞，群情激荡，士气高昂，军威大震。

会后，朱德还参加了红四军第三纵队的编队大会，他充满激情地对指战员们说："告知同志们，党的前委决定你们纵队正式编为红四军三纵队，我宣布萧克同志任你们纵队司令官，张赤男同志任纵队党代表，这是非常光荣的，但你们的任务加重了，你们要好好地向一、二纵队老大哥学习。同志们！我们大大消灭白军，大大扩大红军，发展革命根据地，巩固苏维埃政权。祝同志们努力学习，不断进步，奋勇前进！"

为了巩固和发展闽西革命根据地，闽西的主力红军即红四军的第四纵队和红十二军的第一纵队，并未编入红一军团，二者留在闽西，编为二十一军，军长胡少海，政委邓子恢，政治部主任陈正。全军 1,000 余人，辖 5 个纵队。这是毛泽东、朱德抵制李立三冒险主义错误的重要措施，是巩固工农武装割据思想的主要手段。

红一军团的成立，既符合中央的要求，又顾及闽西、赣南革命根据地巩固和发展。它是闽、赣两省人民英勇奋斗的结果，是共产党领导下苏区武装力量发展壮大的伟大标志。

汀州整编后，红一军团决定挥师北上。

6 月 21 日，长汀县苏维埃政府在南寨广场召开"欢送红一军团北上大会"。

1930 年《红旗日报》以《另一个世界的闽西》为题报道了欢送大会的盛况："到会的工农群众三四万人之多，多数从远隔数十里的乡村而来，有的持红旗，有的荷步枪，有的带梭镖，或鸟铳、刀棍，完全武装，红旗遍野，成为赤色世界。这天演说的有 20 余人，除了朱德、毛泽东和台湾共产党的代表外，其余都是工农分子。讲话的内容是围绕中国革命的任务：(一)打倒帝国主义，(二)推翻国民党政府，(三)消灭地主阶级及一切反革命

南寨广场

派。最后提出口号:‘完成土地革命!’‘打到南昌武汉去!’‘全世界无产阶级联合起来!’一呼万应,几乎要把天地颠覆了。农民送了许多东西,县苏维埃政府还送了许多面包慰劳红军。”

6月22日,红一军团发布《由闽西出发向广昌集中的命令》,对各军的行动路线、任务做了具体规定。

6月23日,毛泽东、朱德率红一军团从汀州向江西进军,拉开向南昌推进的序幕。1930年7月,毛泽东在新的征途中创作出《蝶恋花·从汀州向长沙》:

六月天兵征腐恶,
万丈长缨要把鲲鹏缚。
赣水那边红一角,
偏师借重黄公略。

百万工农齐踊跃，
席卷江西直捣湘和鄂。
国际悲歌歌一曲，
狂飙为我从天落。

在这首气吞山河的壮丽诗词中，毛泽东再次发出埋葬旧世界的誓言，“六月天兵征腐恶，万丈长缨要把鲲鹏缚”，预示着中国革命将迎来更加波澜壮阔的高潮。

自从红四军于1929年年初从井冈山挺进赣南、闽西以来，经过了一年三个多月的艰苦奋斗，终于建立纵横300里，人口超过百万的红色区域。在阴霾密布的神州大地，继井冈山之后，又多了一片红色的疆土。赣南闽西红色区域连成了一片，初步形成了全国最为巩固和坚强的中央革命根据地。

★第九节　福建苏区展宏图

在土地革命战争时期，长汀是中央苏区的重要组成部分，是福建政治、军事斗争的中心，是苏区时期福建红色区域的首府。1932年3月中旬，中共闽粤赣苏区第二次代表大会、福建省第一次工农兵代表大会在汀州先后召开，分别正式成立苏区中共福建省委、福建省苏维埃政府。中共福建省委、福建省苏维埃政府的成立，对统一福建红色区域革命斗争的领导和推动闽粤赣苏区的发展有着十分积极的意义。从此，福建苏区的革命斗争在中共福建省委领导下，取得一个又一个的胜利。1932年2月20日，福建军区在长汀正式成立。福建军区的成立，使福建军区下属组织得到完善，担负起了地方武装组织建立和军事训练的任务，有力地配合开展扩大红军，组织人民群众支援革命战争。1932年春，福建省职工联合会(福建省总工会)、共青团福建省委相继在长汀成立。闽西山城长汀，成为福建红色区域的首府。红色汀州，金瓯坚固，将才云集。在中国共产党和苏维埃政府领导下，长汀人民踊跃参加革命战争，倾其所有支援红军，毁家纾难投身革命，积极开展根据地建设，用鲜血和生命写就波澜壮阔的革命史诗。

一、福建省委党旗红

革命党旗势磅礴，照亮古城万里程。

在长汀县城繁华的水东街中部，有一条南北走向的人民巷。走进幽深的巷子数十米，往右一拐，又是一条古色古香的街巷。在这条街巷中，有一座建于明代的道观“仙隐观”，它有着青石板砌成的高大门楼，成为这条街的标志性建筑。这条街也被人们称为“仙隐观前街”。

在仙隐观前街，一座座古老的民居和鹅卵石铺砌的路面，使人犹如走进时光的隧道，感叹汀州古城历史的悠久。走不多远，一座教堂突现在眼前，圆拱门上方“中华基督教会”几个大字十分醒目，这就是建于民国初年的中华基督教堂。

中华基督教堂紧临客家母亲河汀江。江水清澈见底，江帆不时驶过。站在基督教堂后楼往汀江眺望，就会被眼前迷人的景致所吸引，不由得赞叹长汀这座福建西部小城独特的风韵。往东看，上游方向 50 余米是著名古桥泰安桥；往南看，下游几十步就是车水马龙的水东桥；江对面是汀州著名八景之一云骧阁。古树、石桥、苍岩、名楼环绕，风景格外秀丽。

这座矗立于汀江之滨的中华基督教堂，由大礼堂、教会工作房、厨房、膳厅以及后楼数间住房组成。整座教堂砖木结构，坐西北向东南，建筑面积近 400 平方米，大礼堂可容纳两三百人做礼拜。

1932 年 3 月中旬，中华基督教堂的礼堂内，坐得满满当当的。今天人们并不是来做礼拜，听讲布道，而是参加一个重要会议。遵照苏区中央局的指示，中共闽粤赣临时省委第二次代表大会在这里隆重召开，会期共四天。苏区中央局派任弼时出席大会并做政治报告。

大会主要议程是：总结第一次代表大会以来的工作；确定闽粤赣党目前的任务是“动员工农劳苦群众与红军积极向外发展，积极开展革命战争，发展扩大闽粤赣区域夺取中心城市，首先就要加强巩固闽西，完全贯通闽赣两省苏区，积极地向北发展。这样来响应和援助全国乃至福建潮梅的反日反帝反国民党的革命运动，来配合全国各苏区，特别是江西苏区向外开展的行动，以取得赣鄂湘几省的革命首先胜利”。

会议通过《目前政治形势与闽赣苏区党的任务》决议案，《党的建设问题决议》《苏维埃工作决议》《白区工作决议》等，选举省委新的领导成员。

这次代表大会将中共闽粤赣省委改称为中共福建省委，省委机关设在中华基督教堂。选举产生新的省委领导机构，选举罗明、张鼎丞、谭震林、李明光、郭滴人、李坚真、方方、萧向荣、范乐春、张思坦等为省委执行委员，选举罗明、张鼎丞、谭震林、李明光、郭滴人等5人为省委常委。后经苏区中央局请示上海党中央，决定罗明任中共福建省委代理书记，李明光任宣传部部长，萧向荣任秘书长。随后中央派刘晓任省委常委、组织部部长。

从此以后，福建苏区的革命斗争在中共福建省委领导下，取得一个又一个的胜利！

中共福建省委旧址——中华基督教堂

二、省苏旗帜耀八闽

工人农民掌大权，一派春色换人间。

汀州试院，古树蓊郁，古柏森森。

这是一座庞大的古代建筑，坐落于长汀县城卧龙山麓，占地面积11,370平方米，坐北朝南，规模宏大，是长汀县现存文物古建筑中规模最庞大的。

汀州试院始建于宋代，元代为汀州卫署址，明清时期辟为汀州试院，是古代汀州八县学子考秀才的地方。整个建筑由门厅、大堂、大院、住房、后厅、厢房、宿舍等土木平房相连接组成，清咸丰七年(1857年)改建。试院正中为大堂，两边为考试的号房，大堂后穿廊，旁边有宿舍。汀州府是八闽客家人的首府，是古代闽西客家地区的政治、经济、文化中心，汀州试院是汀州作为闽西文化中心的重要体现。

1931年11月25日，闽西第三次工农兵代表大会在汀州召开。张鼎丞、郭滴人等传达中华苏维埃第一次全国代表大会的精神，确定闽西苏区的任务是："把闽西和闽北联系起来，把闽北闽西造成一大块的红色区域，来建立福建全省苏维埃政权，造成中央苏区巩固的后方。"

为指导福建省第一次工农兵代表大会的召开，中华苏维埃共和国临时中央政府于1932年3月发出《苏维埃临时政府给福建省第一次工农兵苏维埃大会的指示》，提出福建省第一次工农兵代表大会的任务是："更努力地动员千百万的工农群众，来参加革命战争，来进行大大向外发展的革命战争去夺取临近的中心城市，夺取苏维埃首先在一省和几省的胜利。这个任务，也是你们这次大会所负的最主要的中心任务。"

1932年3月18日，经中华苏维埃共和国临时中央政府批准，福建省第一次工农兵代表大会在汀州试院召开。

汀州试院内红旗招展，大厅的主席台上贴着马克思、列宁的画像，主席台上方挂着大字楷书横联"福建省第一次工农兵代表大会"。

大厅的梁柱上贴着一张张醒目的标语：

福建省苏维埃政府旧址

“一切权利归工农！”

“打倒剥削阶级！”

“苏维埃万岁！红军万岁！中国共产党万岁！”

“马克思、列宁主义万岁！”

整个会场显得简朴、庄重。

大厅里气氛热烈，来自各界的100余名代表，精神抖擞地参加这次具有历史意义的盛会。中华苏维埃共和国临时中央政府派代表任弼时出席大会，中共福建省委、共青团福建省委和工农群众团体均派代表出席大会。

大会由闽西苏维埃政府主席张鼎丞致开幕词，任弼时做政治报告，宣读了中华苏维埃临时中央政府给大会的指示信，张鼎丞做闽西苏维埃政府一年来的工作报告，到会代表进行了两天的热烈讨论。

大会以发展革命战争的议题为中心，先后讨论和通过《土地问题》《军事问题》《实行劳动法令》《财政经济问题》《苏维埃建设问题》等重要决议。大会还通过了《拥护全国工农红军通电》《拥护中国共产党通电》《拥护苏联通电》《致上海罢工工友电》《通电拥护中华苏维埃共和国临时中央政府对日本作战的决议》。主要内容如下：

（一）大会确定福建省苏维埃政府最高权力机关为全省工农兵代表大会。大会闭幕期间，省苏执行委员会为最高权力机构。下设若干机构负责处理日常事务，同时建立各县、区、乡的代表会议制度。

（二）用最大的力量来巩固和扩大铁的红军，强大地方武装配合工农红军的力量，发展游击战争扩展革命战争，打击以至消灭国民党军阀团匪的进攻。

（三）深入开展土地革命，发展生产。“对一切森林，可分配给群众，改良灌溉器材，开辟荒田荒地”。

（四）搞好经济工作，建立产业银行，继续办好闽西工农银行。鼓励群众自办各种信用合作社，以支持生产的发展。

（五）加强苏维埃政权建设，克服过去存在的各种形式主义和官僚主义。与此相适应的，划小行政区，使苏维埃政府便于深入下层，密切和群众的联系。

（六）扫除日本帝国主义在福建的一切特殊势力。

3月21日，大会发布宣言和通电，庄严宣告福建省苏维埃政府（即福建省工农民主政府）成立。福建省苏维埃政府机关驻汀州试院。

大会一致选举张鼎丞、阙继明、张思坦、范乐春、蓝兴南、张仁标、郭滴人、傅源标、涂康元、李六如、钟显光、张必先、罗明、罗福娣、王锦标、陈特生、高元芳、刘祥文、李明生、李明光、程朝远、江鼎仁、赵发桂、张华先、刘永生、曾凡林、王海萍、傅才秀、游端轩、谭震林、罗炳辉、黄苏、赖芹香、郭玉扬、沈德昌等35人为福建省苏维埃政府执行委员会委员。

选举钟友勋、赖荣章、钟加瑞、魏荫华、张帮、丰富、马明亮、廖佩钦、张子卿、许应生、游荣长等11人为候补执行委员。

3月22日，福建省苏执委会召开第一次全体会议，选举福建省苏维埃政府组成人员。执委会选举张鼎丞、阙继明、张思坦、范乐春、李六如、郭滴人、钟显光、张华先、谭震林等9人为省苏执委会主席团。张鼎丞为主席，阙继明、张思坦为副主席，范乐春为土地部部长，张思垣为劳动部部长（兼），谭震林为军事部部长（兼），阙继明为工农检察部部长（兼），李六如为财政部部长兼内务部部长，郭滴人为文化部部长，钟显光为粮食部部长，张华先为裁判部部长。

福建省苏维埃政府成立之后，根据“一苏大”通过的《中华苏维埃共和国划分行政区域暂行条例》，划小行政区域，将闽西苏区统一划分为长汀、宁化、上杭、龙岩、永定、武平、兆征、汀东、连城、澎湃、泉上、代英、清流、归化、饶平、平和、大埔、诏安等县，漳平、宁洋、南靖县的部分乡村和汀州市。遵照临时中央政府的指示，确立城乡苏维埃代表会议制度。建立各县、区、乡的代表会议，建立了各级苏维埃政府的组织系统和工作制度，颁布了各项法令，确立司法制度。这些制度的建立，进一步稳定了闽西根据地的革命秩序。

1933年8月4日，省苏政府召开第四次执委扩大会议。会期三天，为省苏历史上的一次重要会议。会议检阅了1932年8月贯彻中华苏维埃共和国临时中央政府指示精神以来的基本工作，针对目前的政治形势和当前的任务进行讨论。

会议通过《福建省苏第四次执委扩大会议决议案》，明确提出福建苏区在取得第四次反“围剿”胜利后，为粉碎敌人即将发动的第五次“围剿”的根本任务，以确保中央革命根据地东方战线的巩固。这一根本任务主要是“巩固苏维埃，不许敌人蹂躏苏区的一寸土地”“争取清流、归化、连城新苏区的巩固和向外发展”“恢复岩永苏区”“保护土地革命的胜利与深入土地革命”“冲破敌人的经济封锁”“解决油、盐、布匹的问题，以及解决纸业失业群众日常生活的问题等”。大会还要求加强文化教育工作，提高工农的文化、政治水平，“有秩序地检查苏维埃的工作”，真正在斗争中实现工农群众利益，进一步发挥工农对革命的积极性。

福建省苏维埃政府旧址内厅

三、福建军区威名扬

革命征程千万里，血雨腥风军旗红。

从长汀县城往东十里，有一个由数百户农户、四五个自然村落组成的村庄，这里原先是古代传递公文和投递信件的驿站，称十里铺。汀江从十里铺村中流过，一座大石桥横跨汀江两岸。

从桥头往右一条小路不到200米，就可以看到一座典型的客家民居。这是赖姓的民宅，黑瓦土墙，坐北朝南，平房结构，由大门、上厅、下厅、厢房组成，占地面积700多平方米。大门外是宽大的空坪和一大片的农田，农田朝南不过二三十米便是著名的汀江。苏区时期，福建军区司令部就设在这座普通的民宅里。

1929年6月，闽西地方红军被改编为正规红四军第四纵队。1930年3月，闽西各县的赤卫团集中成立红军第九军，4月改为红十二军，5月正式编为中国工农红军第十二军。随后，闽西的地方武装又组织红二十军、红二十一军。不久，这两个军改编为新十二军，后来并入红一军团第十二军。因此，闽西的地方红军是正规红军发展壮大的基础。

为了使地方红军成为正规红军的左右手，加强对地方红军的领导，发挥地方红军在巩固革命根据地中的战斗作用，1932 年 2 月 1 日，中华苏维埃中央革命军事委员会电令，成立江西、福建两军区。

1932 年 2 月 20 日，福建军区在长汀县城正式成立，由罗炳辉任司令员，谭震林任政治委员，林野任参谋长，谭政任政治部主任。福建军区就设于长汀十里铺赖宅，军区内设司令部和政治部。

福建军区成立后，中共闽粤赣省委发出《告福建工农群众书》指出："福建军区指挥部已经成立了，它的任务就是要指挥红十二军和独立师及各县独立武装，配合工农群众的力量，巩固和发展福建全省的苏维埃政权！"

福建军区最初管辖闽西各县工农武装警卫连、游击队及中国工农红军独立第七师、第十二军。福建军区的主要工作任务是："第一步是以各县为单位，集中工农武装、组织独立团，加紧训练整理，以加强其战斗力，配合红军采用游击战术消灭傅伯翠、钟少奎、张贞、杨逢年，恢复龙岩、坎市、湖雷以及上杭之北四、北五区，争取武装进攻上杭，使闽西苏区能够顺利地打成一片，进一步巩固闽西苏区。"

随着革命斗争形势的发展，福建军区的下属组织得到进一步完善。

在上杭太拔成立杭永岩军分区（又称第一军分区），司令员为韩伟，后由郭清义担任；在连城的新泉成立汀清连军分区（又称第二军分区），司令员为霍步青，后由黄火星担任；在宁化县城成立宁清归军分区（又称第三军分区），司令员为杨春山，后由伍修权担任。

各县的独立团、独立营、游击队、赤卫队等地方武装统归军分区领导，后来又管辖了由闽西各县赤卫团编成的独立第七师、第八师、第九师、第十师，共 5,000 人。

1932 年 6 月，谭震林兼任福建军区司令员，李明光担任政治部主任。随后周子昆、叶剑英、龙腾云先后担任福建军区司令员，万永诚任政委，曾日三任政治部主任。

1933 年 3 月，根据中革军委决定，福建军区管辖的闽西红军独立第八、九、十师改编为中国工农红军第十九军，叶剑英兼任军长，杨尚昆兼任政委，杨英任政治部主任。6 月，红十九军改为红十二军第三十四师。

为了培训军事干部，福建军区先后开办随营学校，成立教导队和军士队，学员由各乡、各连队选送，每期三个月，毕业后回原地工作。

为了宣传红军的政策，交流各正规红军、地方武装部队的经验，刊载各战斗的胜利消息，军区政治部创办《军区通讯》杂志和《红色战线报》。

为了输送合格的地方赤少队到正规红军，军区在汀、杭、宁三县各设了一个新兵补充团，对新入伍的战士进行集中训练，提高正规官兵的身体素质。军区经常举行军事训练和体育比赛。

1933 年 6 月，为了欢庆上杭永平寨战役的胜利，军区在旧县举行了为期四天的运动大会，比赛和表演项目有政治演讲、政治测验，一百米、二百米、四百米赛跑，跳越障碍、跳高、跳远，蓝球、足球，刺枪、实弹射击等。比赛激发了全体红军战士的学习精神，提高了地方武装对学习军事技术的认识。

为了保证红军战士的身体健康，更好地医治伤病员，福建军区创办军区后方医院，总院设在长汀四都，院长由罗化成担任。下设 3 个分院，第一分院在南阳茶树下，第二分院在上杭水头，后迁长汀修坊，第三分院在宁化县城，共有医生 50 余人，护士 300 多人。四都总院下设重伤所、轻伤所、病兵所、花挤所。总院和分院的医生、护士们不仅及时医治部队伤病员，而且为当地群众治病，深得广大群众的好评。

福建军区最根本的任务是鼓励青壮年参军参战，广泛扩大红军，指挥各独立师、团以及地方赤卫队，肃清反动势力，巩固革命根据地。

在扩大红军方面，坚决贯彻《中国工农红军优待条例》，深入发动群众，宣传群众，把扩大红军的意义讲深讲透。努力照顾好红军家属，发放红军家属光荣牌、红军战士光荣匾，增发红军奖章，在闽西苏区掀起扩红热潮。据有关史料记载，“仅 1932 年 5 月，全省扩大红军四千余人，超过原定三千人的计划，六、七两个月扩大红军两千余人，八、九两个月扩大

福建军区司令部旧址——赖宅

红军九千余人”,“宁化县在一个月扩红二千余人”,“长汀南阳区一次自动报名当红军的就有六十一人”。许多县、区、乡的赤卫队整连整营加入红军,有的党、团支部全体人员加入红军。(参见中共长汀县委党史工作委员会编:《长汀人民革命史》,第125页)

在指挥战斗、肃清反动势力方面,1932年3月,军区司令员罗炳辉指挥红十二军及杭永岩军分区部分红军进攻武平县象洞,打开敌炮楼,俘敌70余人,缴获重机枪1挺,轻机枪4挺,步枪200余支。而后又围攻岩前钟绍葵地主武装,俘敌百余人,缴获轻机枪5挺,驳壳枪40余支,步枪300余支,子弹3万余发。6月,在上杭水西渡,消灭黄任寰敌1个营。9月,宁清归军分区所属部队在宁化县安远击溃周志群部,俘获人枪各50余。1933年春,军区政委谭震林指挥汀清连军分区及地方武装在长汀南阳马洋洞伏击十九路军,激战五天,打死打伤敌人1,000余人,缴枪800余支。8月,军区司令员周子昆指挥杭永岩军分区,在永定击溃张贞部2个营,俘敌200余人,缴获机枪1挺,步枪200余支。

福建军区所属部队,在各场战斗中英勇顽强,战胜了数倍于红军的敌人,为保卫苏区人民的安全,巩固革命根据地立下不朽的功勋。

四、工人阶级有力量

高举斧头兴伟业，敢教日月换新天。

在汀州城水东街的中段，有一座传统的客家宗祠，青石的牌楼门上方刻着四个楷书大字“张氏宗祠”。由于它坐落于繁华的商业街上，在寸土寸金的水东街，这一座有着高大门楼、宽大厅堂的祠堂，显得格外引人注目。

张氏宗祠始建于明代，为府第式祠堂建筑，四周为封火墙，硬山顶式样。由天井、前厅、后天井、后厅及后楼组成，土木结构，建筑面积达500多平方米。整个建筑庄严、古朴，具有典型的客家祠堂风格。特别是宽大的厅堂可容纳一二百人，非常适合举行大型祭祀活动和姓氏宗亲的聚会。

大厅后面则是自成一体的小院落，有天井、小厅堂，两边是厢房。厅

福建省总工会旧址内厅

堂屏风后面有木楼梯可上二楼，楼上是木板的小楼厅和厢房。这是供看守祠堂的人食宿、生活的地方。虽然张氏宗祠地处繁华热闹的商业大街，这个小院落却闹中取静，远离尘嚣。

1932 年春，福建省职工联合会(福建省总工会)机关就设在张氏宗祠里，下设组织、宣传、交通、妇女等部。

时任中华全国总工会委员长刘少奇和副委员长陈云，经常到张氏宗祠指导福建省总工会和汀州市工会的工作。刘少奇来汀时就住在张氏宗祠的后楼上。在刘少奇的指导下，省总工会和汀州市的工会工作开展得如火如荼，空前高涨，工人建立了自己的武装，成立了工人俱乐部，推动了全苏区工人运动的发展。

共青团福建省委旧址

五、革命青年打先锋

红旗已指先锋路，青史永留正气歌。

长汀县城水东街人民巷有座私宅，为二层楼房。该宅背临汀江，前为街巷，坐北朝南，土木结构，由大门、空坪、厅堂及楼房组成。

1932 年春，共青团福建省委在汀州成立，团省委的办公地点就设在这座私宅里。团省委书记由陈荣当任，继任书记的分别有冯文彬、刘英、赖如昌。团省委的主要任务是动员和组织青少年积极参军参战，组织青少年站岗放哨，积极动员青少年参加支前工作。团省委在中央苏区时期为支援革命战争、支前扩红等工作发挥了重要的作用。

★第十节　东征漳州显神威

漳州战役是土地革命战争时期，毛泽东、周恩来等领导的中央红军东路军对驻守福建省龙岩、漳州地区的国民党反动派进行的一次城市进攻作战。这场大胜仗极大地鼓舞了中央红军和苏区人民的斗志，有力地打击了国民党反动派的嚣张气焰。

毛泽东在总揽全局的基础上，实事求是、审时度势，正确选择战役进攻方向，于被动战局中争取主动并取得胜利。漳州战役成为杰出典范。

1932 年 2 月，红军进攻江西赣州，历时数月未破。于是红军在赣县的江口召开会议，研究下一步的对敌斗争计划。毛泽东在江口会议上指出，红军不能再打赣州，这样只会加剧消耗战斗力。由于福建漳州敌人力量较为薄弱，应该组建起东路军，挥师东征漳州。毛泽东的这一建议得到军委副主席周恩来的大力支持。经过周密的研究部署，红一方面军组建了以毛泽东、周恩来为领导的红军东路军和由朱德率领的西路军。西路军在赣江周围发动群众，筹款诱敌；东路军东征福建，一个红军东征福建攻打漳州的战略计划酝酿成熟了。

3 月 29 日，毛泽东从瑞金赶到长汀，向先期到达的红一军团主要指挥员传达会议精神，并向团以上干部做东征动员。毛泽东指出："只有向东发展最有利，一来有闽西老根据地作依托，二来闽南尚有广阔的发展余地，是一个最好的发展方向。”毛泽东指出：“闽南逼近厦门，当前日寇的势力已到达厦门，我进军闽南，对日寇侵略阴谋是一个打击。我军以实际行动贯彻我党抗日主张，无论对国内、国外，都将产生极大的政治影响。”接着，毛泽东对攻打漳州做了周密部署。

3 月 30 日，毛泽东在长汀电告苏区中央局书记周恩来，指出：“据调查，漳州易守难攻，故我一军团及七师不论在龙岩打得着张贞与否，切拟直下漳州”，“政治上必须直下漳(州)泉(州)，方能调动敌人，求得战争，展开时局”。毛泽东攻打漳州的建议得到周恩来和中革军委的同意。

3 月 31 日，在毛泽东、聂荣臻等率领下，红一军团离开长汀，奔赴上杭。

4 月 1 日，周恩来也从瑞金赶到长汀召开作战会议，并留驻长汀，负责调动兵力，筹集给养和保障前线的需要，并于 10 日将中央局、中革军委移到长汀。

红军攻打漳州，古城汀州沸腾了。在周恩来和福建省苏维埃政府的领

红军攻打漳州会议旧址——中华基督教堂二楼厅

导下，汀州成为红军东路军攻打漳州的战略后方和坚强后盾。长汀既是中央苏区的腹地，又是中央苏区的经济中心，做好红军的后勤保障，保证红军东征攻打漳州取得胜利，是长汀苏区人民义不容辞的光荣责任。

1932年3月28日，中共长汀县委召开第二次执委会做出决议，决定“动员群众组织各种特别队，如担架队、运输队、慰劳队、洗衣队等，帮助红军作战”。4月5日，福建省苏维埃政府发出《为打破广东军阀进攻和消灭张贞宣言》，号召各地苏维埃政府和广大革命群众“立即动员地方武装到前线参加作战”，“组织游击大队赶快向外游击”，开展支前总动员。

4月6日晚上，长汀南寨广场。暮色笼罩大地，宽阔的广场上燃起了一堆堆的篝火，熊熊火光映红天空。在周恩来等人的倡导组织下，特意在南寨广场举行一场别具一格的盛大的篝火动员会，目的在于通过篝火晚会动员长汀人民踊跃支前，用实际行动支持红军攻打漳州。汀州老百姓以前从未见过篝火晚会，许多人不约而同地来到南寨广场见识一下这个新鲜事儿。就连南寨广场边上汀江对岸的许多群众，看见火光，也满怀兴致地赶来参加。在篝火晚会上，周恩来和中共长汀县委书记李坚真号召长汀人民立即动员起来，投入攻打漳州的支前工作中来。李坚真还在晚会上唱起支持红军东征打漳州的山歌。长汀群众纷纷表示，一定要做好支前工作，确保红军东征漳州取得胜利。在场的许多群众，受到革命气氛的感染，唱起客家山歌，把篝火动员晚会推向高潮。周恩来倡导的新颖的宣传动员晚会，取得圆满成功。

周恩来与中共福建省委书记罗明还深入长汀的河田、濯田、涂坊、宣成、长桥等区、乡召开会议，宣传群众、组织群众，以实际行动配合红军攻打漳州，援助闽南人民的革命斗争。

与此同时，福建苏区各县积极行动，发动群众，组织游击队与地方红军参战。长汀县苏维埃政府依照周恩来的指示，三天之内就组织了2,000余人的运输队、担架队，随军出发到前线配合作战。在通往漳州的交通要道古城、新桥、河田、涂坊、濯田、三洲、畲心等地设立粮站，保障东征红军的粮食供给。红军被服厂工人夜以继日地赶制一批又一批的服装、消毒纱布送到前线。

在福建省苏维埃政府的领导下，中央红色医院（汀州福音医院）有丰富医务经验的医生陈炳辉带领100余人的医疗救护队随军前往龙岩、漳州进行战地救护。

一时间，从闽西到闽南，从长汀到漳州，由成千上万长汀苏区群众和赤卫队、少先队组成的支前大军，紧随东征的红军，浩浩荡荡向龙岩、漳州进发。他们不怕山高路远，风雨无阻，自带粮食，源源不断地把支前物资运到前方。

为了保证攻打漳州的红军部队有充足的粮食供应，周恩来要求后方的部队和干部群众开展节约粮食的运动，每个干部群众每人节约三升米，全力保障前方的供应。福建省苏维埃政府要求汀州市、长汀县、兆征县、汀东县每位干部群众都要完成任务。

苏区的妇女和男子一样勇敢，组织担架队、运输队、看护队、慰问队、洗衣队，跟随红军翻山越岭，出生入死。不少妇女甚至剪掉髻子扎上皮带，参加赤卫队、游击队。在苏区妇女的动员和支持下，成千上万的男子加入红军队伍。

韭菜开花一杆心，剪掉髻子当红军。

保护红军万万岁，剪掉髻子也甘心。

这支歌曲形象地唱出当年闽西妇女踊跃支前的动人情景。母送子、妻送夫上前线的动人情景随处可见。毛泽东高度称赞闽西苏区这场空前的支前活动："妇女在革命战争中的伟大力量，在苏区是明显地表现出来了。"

4月19日，红军攻克漳州。捷报传到长汀，人们奔走相告。

5月28日，中央红军东路军回师闽西地区。此役红军攻占城镇10余座，歼灭国民党军第49师大部，俘副旅长以下2,300余人，缴获长短枪5,000余支、火炮8门、飞机2架和其他军用物资，同时筹款百万（银圆）。这一胜利巩固和扩大了闽西苏区，发展了闽西地区的游击战争，支援了东江地区人民的斗争。

汀州支前民兵、赤卫队又把红军在漳州战役中缴获的2,000多支枪支、9挺机枪、6门大炮、3万多发子弹、5,000余发炮弹、2架飞机和大批布匹、药品、食盐以及印刷、兵工等器材，100万银圆运回长汀、瑞金。

油画《周恩来在汀州领导支前东征漳州》

中共福建省委、省苏维埃政府还组织大批干部和赤卫队、少先队员前往漳州参观学习。与此同时,漳州组织工人参观团来到汀州苏区,受到周恩来等人的热烈欢迎。许多漳州工人目睹闽西苏区工农当家做主人,苏区到处是一片欣欣向荣的大好形势,深受感动,纷纷要求留在长汀,参加红军,跟共产党、毛委员干革命。红军队伍得到迅速发展壮大。

★第十一节 红色医院美名扬

在汀州城的卧龙山麓，有一座带有西式风格的院落。它依山麓的缓坡而建，一共有4个院落，由台阶相连，一个院落比一个院落高，错落有致。周围高墙相连，使这4个院落形成一个统一体，占地面积近2000平方米。除了正面有一个圆穹形的大门外，在院落的右墙和后墙分别开了一个小门，可以通往外面。这座别具一格的院落，就是当年在闽西规模最大、闻名遐迩的汀州福音医院。

福音医院地处汀州城东门后街。这儿行人稀少，远离尘嚣，显得格外静谧，的确是病人治病、休养的理想地点。

汀州福音医院创办于1904年，是由英国基督教会所建。医院设有内科、外科、骨科、五官科、妇产科、皮肤科等，既有门诊也有住院部。医院有铁架木板病床30余张，病房10多间。医生、护士共20余人，他们主要来自英国，医疗技术和设备在当时的汀州八县中首屈一指。

1925年“五卅”运动后，福音医院的英籍院长、医生、护士慑于反帝运动的日益高涨，匆忙离汀回国。于是，全院推举傅连暲医生为院长。

傅连暲1911年考入福音医院附属亚盛顿医馆，成为该校第二期学员，学制5年。毕业后，随即受聘于福音医院，当了巡回医生，出诊于汀州所属八县。傅连暲聪慧好学，医术医德兼优，在汀州颇有声誉。1918 年被推举为汀州红十字会主任医师。翌年，受聘为亚盛顿医馆教员和福音医院医生，兼汀州省立七中(长汀一中)及汀州女子师范学校校医。

傅连暲担任福音医院的院长后，福音医院在他的严格管理和他本人以身作则的带领下，不仅医生们的医疗水平得到迅速提高，而且在治病救人、服务民众方面也得到汀州百姓们的交口称赞。

就是这样一座地方医院，在土地革命战争的疾风暴雨中，成为中国

中央红军医院旧址——汀州福音医院

共产党领导的伟大斗争的同盟军，最后成为中国工农红军的中央红色医院。傅连暲也从信仰基督教，转而坚定地跟着共产党、毛泽东走革命的道路，把自己全部的资产捐献给红军和苏维埃政府，成为一名优秀的中国共产党员和无产阶级革命战士。傅连暲和他领导的福音医院，在纷乱世局中，同情革命，不畏强势；对革命队伍的伤病员，救死扶伤，施以大爱，展现出傅连暲令人钦佩的博爱风骨。

1927 年 9 月上旬，南昌起义军在周恩来、贺龙、朱德、叶挺等的率领下来到汀州。由于南昌起义军在江西壬田和会昌与国民党反动派军队进行了两次激烈战斗，部队中有 300 多名伤员。

傅连暲闻讯后，立即联合汀州的医务人员，在福音医院设立临时“合组医院”，免费医治起义军的伤病员。看护人员不够，傅连暲便发动汀州中学的男女学生担任看护。傅连暲对这些学生进行了清洗、换药、包扎等简单看护技术培训，使 300 多名伤病员都得到及时护理。

起义军从南昌一路行军打仗，带的钱粮已消耗殆尽，面临很大困难。傅连暲得知这一情况后，以博爱和人道主义之心，以他在汀州城的良好声望，向汀城的商人募捐钱款，解决了起义军士兵在汀州的生活费用。

南昌起义军三师政治部主任徐特立患急性肠胃炎，又吐又泻，还发高烧。起义军到汀州时，徐特立已陷入昏迷，不省人事。傅连暲为他精心治疗，终于转危为安。

在傅连暲的医治下，起义军中的 300 多名伤病员陆续好转归队。起义军离开汀州时，傅连暲不顾个人安危，把部分重伤病员留下治疗，千方百计地保护他们，直到痊愈重新走上革命征途。

1929 年 3 月 14 日，毛泽东、朱德率领红四军首次入闽解放汀州古城。傅连暲和福音医院又像当年接待南昌起义军伤员一样热情地为红四军伤病员治疗。

当时，汀州城正流行天花。福音医院组织医务人员为汀州百姓接种牛痘，防止天花的蔓延。如果天花在红四军中蔓延，将导致十分可怕的后果。为了防止天花在红军中传播，傅连暲建议全体红军将士都来福音医院接种牛痘，毛泽东和朱德很高兴地接受了这一建议。但是，红军战士们从未种过牛痘，听说要种牛痘都面面相觑，因此没有人敢来接种。毛泽东听后，望着朱德说："你是一军之长，看来要你带个头啰！"朱德二话没说，立即带头种了牛痘。第二天，红四军指战员们排着整齐的队伍来到福音医院，傅连暲动员全体医务人员为红四军全体指战员都接种了牛痘。

4月初，红四军回师赣南离开汀州，为了保证红四军指战员能够及时得到基本的医疗，傅连暲特地派了医院里的两名医科学生参加红军。这两位医生很快成为红军中优秀的卫生工作领导者。

1929—1930年，汀州时"红"时"白"，斗争相当复杂激烈。当时，反动派层层封锁消息，报纸成为了解敌情的重要辅助手段，但红四军很难及时得到各种报纸。傅连暲就以福音医院的名义，订购了上海的《申报》《新闻日报》和广州的《超然报》《工商日报》等国内著名大报。每次报纸到了，都由傅连暲亲自包封，通过秘密交通送给毛泽东。

毛泽东如获至宝，非常高兴，有了这些报纸，他对国际国内形势有了进一步的了解。毛泽东在给党中央的信中写道："三年以来中央的刊物，我们一本没有收到，后到汀州才看到《少年先锋》第三、四期，《中国工人》第三期，北京出版的《人言》第二期……(现在)天天可以看到南京、上海、福州……的报纸，真是拨云雾见青天，快乐真不可言状。"

国民党军队对红军的"围剿"接连不断，红军伤病员日益增多，加之南方气候炎热多雨，疟疾、痢疾、脚部溃疡成为部队最常见的疾病。红军部队医务人员严重不足，迫切需要充实医护人员。

1932年1月，傅连暲遵照毛泽东为红军培养医务人员的指示，经中华苏维埃政府内务人民委员会批准，决定在汀州城万寿宫开设看护学校，招收学生60人，闽西、赣南各30人。

1932年2月，中国工农红军中央看护学校正式开学，由傅连暲任校长，红军总部派来了一位政委。医务课由傅连暲和其他医生担任，每期为6个月。第一期招收学员60名，学员都是从赣南、闽西苏区选送来的。傅连暲采取互帮互学的教学方法，传授文化和医学知识，用部队中的常见疾病、常用药物为例来讲解医术。一段时间的基础课程学习后，学校组织学员分别到医院门诊部、住院部实习，到野外去演习急救操作技术。

1932 年秋，经过半年的培训学习，中央看护学校第一期 60 名学员终于学成毕业。毛泽东、朱德非常高兴，举行毕业典礼那天，朱德特地挤出时间参加，在毕业典礼上发表了热情洋溢的讲话。

这是傅连暲为红军培养的第一批经过较系统培训的医务人员，毕业生大部分被分配到前线部队或后方医院。由于工作需要，傅连暲选留了 8 位成绩较好的学员组成医训班，在福音医院继续深造。

1932 年秋，毛泽东因病从江西瑞金来到福音医院休养所养病。在养病期间，毛泽东了解到福音医院只有 6 名医生，便对傅连暲说："现在环境比以前稳定了，应该多训练些军医，我们很需要医生。"傅连暲说："训练一个医生不容易，起码得好几年时间。""几年太长了，一二年就够了吧！"毛泽东说。毛泽东又对傅连暲分析当前的战争环境和革命工作需要，特别嘱托傅连暲注意培养医务干部，以适应革命战争的需要。毛泽东

中央红军医院旧址——汀州福音医院亚盛顿医馆

的讲话对傅连暲触动很大，他决心打破常规，尽快在短时间内采用速成班的方式训练一批红色医生。

不久傅连暲便在福音医院内开办中央红色医务学校，自己兼任校长，除吸收原中央看护学校毕业留下来继续深造的几个医训学员外，新招收20名学员。傅连暲白天给伤病员治病，给学员讲课，晚上则编写讲义。他一共编了药物学、内科、外科、急救、处方、绷带学等6种讲义，印发给学员。后来，红一、红三军团还把讲义翻印出来发到部队去，成为当时各军团、军区卫生机关开办的看护学校和医务训练的重要教材。这些讲义至今还保存在中国革命博物馆里。

在福音医院治病期间，毛泽东就改编福音医院的问题多次和傅连暲交谈。此时的福音医院，实际上早已是为红军服务的红色医院，只是为了到白区购买药品和订购报纸，才保留教会医院的名称。毛泽东对傅连暲说："我们要有个自己的医院，不要再叫福音医院了。福音医院是个基督教教会医院的名字，我们要把它改成中央红色医院，你看怎么样？"

傅连暲很高兴地表示同意。毛泽东又问："蒋介石的军队打来了，你怎么办？"傅连暲毫不犹豫地回答："我们把医院搬到瑞金去，我们全家人也一起搬去！"

1933年2月中旬，中央工农民主政府接受毛泽东的建议，将福音医院迁往瑞金叶坪杨岗下，正式命名为中央红色医院，傅连暲为院长，兼任中央红色医务学校校长。这是中央苏区唯一一所设备较为齐全的红色医院。

傅连暲放弃了每月400大洋的优厚收入，全家迁到瑞金。医院里的工作人员，从医生到护士，全都愿到瑞金去。医院里的东西，从仪器到药柜，从床铺到桌椅，全部捐献给红军，运送到瑞金。仅傅连暲自家诊所捐献的药品器械就价值2,000多银圆。

长汀和瑞金相距40多公里，170个运输员整整搬了两个星期，才把医院设备搬完。1933年4月26日，中央政府机关报《红色中华》专门为此发表题为《红匾送给捐助巨产的傅院长》的文章，称赞他是"苏区第一个模范"。

中央红色医院成立后，不断扩大和发展，不仅有西医部，还设立中医部。开设中医部后，第一批就接受了 80 多个伤病员住院治疗，其中有红军总政治部主任王稼祥。

中央看护学校和中央红色医务学校，为红军培养和造就了一批医务工作者，这些医务人员在红军中发挥了巨大的作用。

傅连暲的无私奉献精神和在医术上的精益求精，使他得到了许多红军领导和战士的爱戴，他也和许多无产阶级革命家成为终生的好朋友。

★第十二节 中央苏区经济中心

1931年10月，在闽西、赣南中央革命根据地，一红色政权“汀州市苏维埃政府”诞生了。汀州市是以古汀州城(长汀老城区)为主要辖区的红色苏维埃市级政权，其设立凸显了汀州经济中心的地位。汀州市是福建省苏维埃政府的直辖市，是中央苏区时期由中国共产党创立的唯一市级红色政权，被称为“红色中华第一市”，可见其在中央苏区有着非同一般的经济实力。

毛泽东十分重视中央苏区的经济建设，他指出：“革命战争的激烈发展，要求我们动员群众，立即开展经济战线上的运动，进行各项必要和可能的经济建设事业。”(参见毛泽东：《必须注意经济工作》，1933年8月12日)

为了打破国民党反动派的经济封锁，支持革命战争，保障军需民用，党和苏维埃政府凭借汀州古城优越的经济文化条件和较为发达的工商业基础，领导广大人民群众开展了轰轰烈烈的根据地经济建设运动，使千年古城汀州出现前所未有的繁荣景象，成为中央苏区的中心城市和经济中心。

在那艰苦卓绝的战争岁月里，汀州人民在党的领导下，顾大局识大体，舍小家为大家。在踊跃扩红，参军参战，支援前线反“围剿”的全民运动中，充分发挥中心城市的作用，千方百计增加粮食生产，创办国家工厂和国有商业，大力发展商业经济。军民融合，组织生产各类军需民用物资，源源不断支援中央苏区。为中央革命根据地提供了强大的经济支持，成为当年中央苏区军民交口称颂的“红色小上海”。朱德曾形象地说：“我们手里拿的，嘴里吃的，身上穿的都来自长汀。”

1931 年 12 月，周恩来从上海来到汀州，他在给中共临时中央政治局的汇报信中写道：“汀州的繁盛，简直为全国苏区之冠。”

苏区时期的汀州，在毛泽东、刘少奇、陈云、毛泽民等无产阶级革命家的指导下，依托汀江水路运输的优势和历史上汀州府城的经济基础，成为闽西赣南中央革命根据地的物资集散中心和经济中心。其国有工商业和对外贸易占整个中央苏区的半壁江山。

汀州是中国共产党和苏维埃政府早期兴办国家工厂的试验田，是国有商业的发祥地，同时也是我党早期领导人探索经济建设、国有工厂管理的实践基地。这块经济建设蓬勃发展的红土地上，出现了一大批治党、治国的栋梁之材。

苏区时期的汀州，私营企业、合作商业、小手工业等依然十分发达，汀州古城商店林立，市场繁荣。千年古城汀州，曾几何时有如此的荣耀和辉煌？只有在中国共产党的领导下，在土地革命血与火的斗争中才铸造了中央苏区令人瞩目的红色的、英雄的汀州！

中央苏区经济中心“红色小上海”是一部英勇悲壮、可歌可泣的英雄史诗，在中国革命斗争的史册上记载着不可磨灭的功绩！现在，让我们通过翔实的历史资料，领略当年中央经济中心“红色小上海”的风采吧。

一、国家工厂试验田

汀州是早期国家工厂试验田。

革命根据地的巩固和发展，离不开经济建设。中央苏区时期，党和苏维埃政府一手抓革命战争，一手抓经济建设。特别值得一提的是，中国共

汀州老街——水东街

产党人以大无畏的气魄，在还未取得全国政权的情况下，就高瞻远瞩地在苏区兴办国家工厂和国有商业。

汀州这座千年古城，依仗人杰之功、地灵之利，凭借得天独厚的转口贸易的枢纽地位，成为党和中华苏维埃政府不可多得的创办国家工厂的试验田。长汀也从传统手工业、私营经济城市，一跃成为中华苏维埃共和国的主要国有工业城市。这一华丽转身，是中华苏维埃共和国给这座古老城市注入的强大力量。

在组织发展手工业生产合作社的基础上，党和临时中央政府以及各级地方政府，在汀州迅速创办了一批具有鲜明的社会主义成分的国有工业即公营工业。这些工业企业逐步成为中央苏区的骨干工业。

四都兵工厂，原称闽西红军兵工厂，1931 年春，迁长汀四都村，改为福建兵工厂，也称四都兵工厂。全厂有工人 140 余人，主要制造子弹、三刃刺刀、枪托、毛瑟枪、马尾手榴弹、地雷。

濯田炼铁厂,1932 年创建,厂址在长汀县濯田镇,共有职工 100 余人,每天生产土铁 1.5 吨。该厂既为军事工业提供了原料,又能加工农业生产用具,促进农业生产发展。

熔银厂,1932 年 3 月,由中华苏维埃银行福建省分行负责组成,将收购、缴获来的金银首饰熔化,铸成金条或银块。金条带往国民党统治区购买货物,银块送中央造币厂铸造苏区银币。

造船厂,1932 年春成立,设于长汀县水口区。全厂有工人 100 余人,厂长黄兴发,工人主要是来自乡村的木匠。主要砍伐大松树锯成板制成原料,日产一条船,有力地发展了汀江的水运事业。

此外,还开办了熬盐厂、樟脑厂、砖瓦厂、石灰厂、造纸厂等。

总之,汀州市的国有工业,占整个苏区工业的二分之一,汀州市成为苏区主要的手工业、国有工业城市。它为根据地的巩固、发展,保证军需民用物资的供给,支援革命战争等都做出巨大贡献。

据刘少奇 1934 年 3 月《论国家工厂的管理》一文所统计,当时中央苏区有国家工厂 32 个,在长汀的占半壁江山。

1933 年《红色中华》以《猛烈开拓国家企业》为题,报道了当时苏维埃共和国在长汀投资建设国家企业的盛况:“国民经济人民委员部最近在汀州筹设的中华织布厂大体都已布置好了,共有布机三十余架,不日即可开工。又该部设立的中华樟脑厂也早已开始工作,产量极为丰富。船业和纸业则正在积极进行, 在纸业方面投资达二十万元, 已建设了中华纸业公司,大规模进行纸的生产。这些军需民用工业,为根据地的经济建设做出了重大贡献,成为苏维埃中央政府财政的重要支撑。”

二、国家商贸发祥地

汀州是商业与对外贸易的重镇,连接着中央苏区经济活动的毛细血管,有力地支撑着苏区的经济。1929 年 3 月 14 日,红四军解放汀州城,发布《告商人及知识分子书》,明确指出:“保护中小工商业者,保护私营经济。”在党和苏维埃政府的政策感召下,汀州城部分私营商店关闭后又开业，还新开业部分私人商店，从而使汀州的私人商业发展很快。从1932年开始，汀州市粮食调剂局、中华纸业公司、中华贸易公司、中华商业公司汀州分公司纷纷成立。在它们的带动下，红色旅馆、红色饭店、红色商店（小小商店）、红色米市场也成为经济活动的主体，商业门类和规模在中央苏区都是模范，在苏区各县门类最全、总量最大，成为中央苏区的经济支撑。

汀州市粮食调剂局，开办于1932年春，由省苏维埃政府粮食调剂局管辖，主要经营粮、油、豆，共有资金15万元。通过购、销、调、存业务，严厉打击了奸商，平抑粮价，保证了红军及城市居民的给养。

中华纸业公司，1932年冬，由汀州市纸业合作社和纸行老板凑股成立，发行纸业合作社股票，共有资金20万元。公司每年春天将生产资金发放给纸业合作社，由合作社转贷款给纸农或槽户，与其订购土纸。夏季

长汀老街——店头街

后就可以大量收购土纸。公司把购来的土纸，一部分卖给各印刷厂，刊印各类图书、报纸、杂志；其余突破国民党的封锁线，外运到广东潮汕一带销售。据统计，年销量达8,570担。当时，仅四都区就有纸槽60余个，年产纸1万余担，造纸工人的工资由革命前每月最低工资3元提高到30元。因此，中华纸业公司购销土纸盈利成为汀州市的主要财政收入。

三、我党早期领导实践地

汀州也是我党早期领导人探索经济建设、国有工厂管理的实践地。

1932年年底，刘少奇来到中央苏区，任中华全国总工会中央执行局委员长。1933年1月和8月，他两次深入汀州市的各家国有工厂进行调查研究，发现了国有工厂在组织管理方面存在的许多问题。

1934年年初，刘少奇在苏区中央局机关刊物《斗争》上发表了《论国家工厂的管理》一文，严厉痛斥兵工厂工作人员对工作极不负责，偷工减料，工厂管理松散，产品质量达不到标准要求的现象，强调了加强劳动纪律，严格管理企业，狠抓产品质量的重要性。文章首先指出，苏维埃区域虽然是经济比较落后的地方，虽然有帝国主义国民党不断的"围剿"与经济封锁，但苏维埃形式的新式工业已经出现并有所发展。明确提出苏区国有工业必须建立"完全的厂长负责制"的重要主

汀州老街——五通街

张，正确处理了企业内部的党政关系和各种组织的主次关系。

陈云于1933年1月进入中央苏区，任全总党团书记、副委员长。他于当年3—7月深入汀州各基层工会调查，了解到当时汀州市的私营商业状况和工人的经济斗争情况，先后发表《关于苏区工人的经济斗争》《怎样订立劳动合同》等文章，对过左劳动政策进行批评和纠正，有力地保护和发展了苏区私营经济。

四、私营经济星罗棋布

1934年1月23日，毛泽东在《我们的经济政策》中强调："我们对于私人经济，只要不出于政府法律范围之外，不但不加以阻止，而且加以提倡和奖励。因为目前私人经济的发展，是国家的利益和人民的利益所需要的。"

私营经济是苏区经济的基础。一千多年的历史，汀州作为闽西八县的政治、经济、文化中心，聚集了深厚的经济底蕴，商品流通全靠私营商业，商业基础比较雄厚。

1929年3月14日，红军首次入闽解放汀州后，就在汀州颁发了毛泽东起草的《告商人及知识分子书》，指出："共产党对城市的政策是取消苛捐杂税，保护商人贸易。"

7月，中共闽西一大通过的《政治决议案》规定："对大小商店应采取一般的保护政策（即不没收）。"

1930年3月，闽西第一次工农兵代表大会通过的《商人条例》也明确规定"商人遵照政府决议案及一切法令，照章缴纳所得税者，政府予以保护，不准任何人侵害"，允许"商人自由贸易"。

由于党和苏维埃政府保护和鼓励发展私营经济，私营经济得到健康的发展。在汀州，私营经济星罗棋布，遍布城乡。在苏区时期，汀州的私营经济不仅没有减少，而且还新开业许多私人商店。据1933年冬的有关资料统计，汀州市（即长汀县城）共有361家私营商店。其中：京果店117家，洋货店（百货店）28家，布店20家，油盐店20家，药店17家，纸行32

家，酱果店 9 家，锡纸店 27 家，金银首饰店 14 家，小酒店 46 家，饭店 11 家，客栈 20 家。规模最大的私营商店王俊丰京果店，资金 3,000 元以上，经营品种多，每天营业时间长达 15 小时。

汀州私营经济的蓬勃发展，对稳定苏区经济，改善民生，起到了十分重要的作用，成为苏区经济的重要基础。

五、合作社商业异军突起

合作社商业（即股份制商业），是党和苏维埃政府根据苏区商业的实际情况，大胆推行的股份制经济。这种“抱团取暖”的经济模式，对苏区经济的发展起到极大的推动作用。合作社商业是我国集体经济的雏形，对我国以后的经济发展起到借鉴作用。

1930 年 3 月，闽西工农兵第一次代表大会就制定和通过了《合作社条例》。1931 年 11 月，第一次全国工农兵代表大会通过《关于经济政策的决议》，提出：“苏维埃政府必须极力帮助合作社的组织与发展。”1932 年 4 月，临时中央政府发布《关于合作社暂行组织条例》，要求合作社商业必须坚持自愿与民主办社的原则，提出社员对合作社有“加入或退出的绝对自由”，“凡交足股金之社员，均有选举权、被选举权、表决

惠吉门及其城楼

权”。于是,汀州市掀起大办合作社商业的高潮。

苏区合作社商业异军突起,成为苏区经济的有生力量。为了打破敌人封锁,改善人民生活,把个体手工业者组织起来,大力创办生产合作社,是苏区经济建设的重要任务。汀州市合作社发展尤为突出,从无到有,逐渐壮大,成为汀州经济建设的重要力量。

汀州市的合作社商业以粮食合作社、消费合作社和贩卖合作社为主,是由群众集资兴办的具有社会主义因素的集体所有制经济组织。

粮食合作社,大规模地兴办于1932年春,汀州市五个区(中心区、东郊、南郊、西郊、北郊)都办有粮食合作社,是由经营粮食的个体户入股组成。业务上归粮食调剂局领导,行政上区苏维埃政府派干部指导,其任务是调剂粮食,稳定粮价。在新谷登场时以高于市价的价格向社员籴谷,在青黄不接时又以比市价低的价格粜给社员,收购多余的粮食运往粮价高的地方卖,或组织出口国民党统治区,收取盈利给社员分红。到1933年秋,汀州市、长汀县、汀东县、兆征县几乎每个乡都设有一个粮食合作社。

消费合作社,普遍出现于1932年夏,主要设立在汀州市及各区所在地的集镇上。汀州市区每条主要街道都办有一个消费合作社,一般资金在3,000元以上。为了管好消费合作社,中央国民经济部制定《消费合作社简章》。福建省成立消费合作总社,县、市也成立总社。其任务是帮助、指导各社的业务工作,为各社提供购货信息,设法解决各社的银行贷款。汀州市的消费合作社办得很活,购进的货较多,组织销售的土特产也多,基本满足社员和周围群众日常必需品的需求。其价格比市价低些(一般比市场价减5%),规定红军家属凭优待证、社员凭购买证购货。

这一时期,各种类型的合作社在苏区内迅速组建,先后开设农具购买合作社、石灰购买合作社、纸业贩卖合作社、茶油豆油贩卖合作社、中药材贩卖合作社等。

六、对外贸易一枝独秀

为了突破敌人封锁,按照临时中央政府统一部署,汀州成立各级对外贸易分局，开办贸易、纸业、商业等公司，大力从事“赤白贸易”，为缓解苏区的经济困难做出重要贡献。

苏区的对外贸易，主要是对国民党统治区的贸易。汀州市是苏区发展对外贸易的重镇，在这里设立了福建省对外贸易局、汀州市对外贸易分局。随后，福建苏区各县也设立对外贸易分局。同时，选调了一批精通业务、长期从事商业工作的骨干担任各级外贸局的干部。早在 1930 年 6 月，毛泽东曾派卢肇西到上海等地联系，为苏区购买紧缺物资。1931 年春后，开辟了红色交通线，解决了大批急需物资。

1933 年 2 月，汀州市各级对外贸易局成立后，认真贯彻执行临时中央政府制定的《国民经济部暂行组织纲要》《领取出境护照手续的规定》《现金出口登记条例》《为几种商业品减税问题的命令》等对外贸易的有关政策，采取严格控制现金出口，加强现金管理，简化出境手续，提高外贸工作效率，进出口商品一律减税一半等方法，来加快进出口商品的流通。大宗的粮食、土纸、大豆及杉木、竹、烟叶、香菇、樟脑、红糖等土特产，通过白区商人打通关系，可大量组织出口。同时进口苏区急需的食盐、煤油、西药、棉花、棉布、印刷油墨、电话电报材料、手电筒、电池等。

1933 年春，对外贸易总局在瑞金成立，下设赣县江口、汀州、会昌筠门岭、罗塘 4 个外贸分局，长汀是其中之一。其枢纽作用在吴亮平的《经济建设的初步总结》中得到充分说明：“福建的对外贸易工作也得到相当的成绩，如宁化、新泉、上杭分局进口食盐、洋油，出口纸(三百余担)及莲子，使苏区特别是汀州市的经济比以前活跃。”1933 年 11 月 20 日，国民党第十九路军发动“福建事变”，成立“中华共和国人民革命政府”。11 月 27 日，中央苏区政府派代表在长汀与十九路军签订《闽西边界及交通条约》，由此打通中央苏区经闽西到达福建沿海的通路。中央苏区政府迅速以长汀为核心，建立了一条“江西—福建长汀—第十九路军—潮汕、漳厦”的钨砂出口线，停滞销售一段时期的钨砂源源不断地从长汀运出，换回大量苏区急需的物资。史料记载，通过汀江航运到达长汀码头的物资，有价值 900 多万光洋的食盐、600 多万光洋的布匹，以及 300 多吨的药品等。汀江，也因此被誉为“苏维埃共和国的血脉”。

七、摧不垮的“红色交通线”

1930年,中共中央为了沟通上海与中央苏区的联系,打破国民党反动派对中央苏区的反革命“围剿”及经济封锁,在以周恩来为首的中共中央交通委员会直接领导下,开设了一条由上海中共中央机关经香港,广东汕头、大埔,福建永定、汀州(长汀)到江西瑞金的秘密交通线。它不仅传送党中央与苏区的往来文件,运送苏区急需的物资和经费,而且党的中央机关也由这条秘密交通线完成从上海到中央苏区的重大转移,一批党中央领导和党、政、军负责同志被安全护送到达闽西赣南中央苏区。这条秘密交通线被誉为“中央红色交通线”。

这条通向中央苏区的秘密交通线活跃于国民党统治区,战斗在白色恐怖之中,却自始至终未受破坏,成为摧不垮、打不掉的地下航线,为中国革命事业做出卓越贡献。

为了支持中央苏区的创建,中央红色交通线沿线各地党组织和人民承担着中转站的任务。各中转站人员冒着生命危险护送周恩来、刘少奇、陈云、博古、聂荣臻、刘伯承、左权、李富春、林伯渠、董必武、谢觉哉、徐特立、张闻天、王稼祥、李维汉、邓颖超、蔡畅、邓小平、杨尚昆、陆定一、王首道、瞿秋白等中央领导人与国际人士(李德等人)安全到达闽西赣南中央苏区。

中央红色交通线还护送过许多无线电设备、技术人员和著名文艺工作者,以及苏区300万人民每年需要的价值900万元的食盐、价值600万元的布和其他紧缺物资到中央苏区。

中央红色交通线护送干部到中央苏区规模比较大的有三次。第一次是1930年冬至1931年春夏间,当时革命形势较好,为了发展扩大苏区和红军,打破国民党对中央苏区的“围剿”,党中央决定抽调一批干部到中央苏区去加强领导。这时,经这条交通线进入中央苏区的有100多人,其中有任弼时、刘伯承、徐特立、张爱萍、左权、项英、邓发等中央领导人,还有从苏联受训和旅欧学习回国的萧劲光、伍修权等几十人。叶剑英是

1931 年年初由香港经汕头到中央苏区的。

第二次是 1931 年 4 月顾顺章叛变，因顾的职务与地位，对上海党中央内部情况熟悉，他的叛变严重威胁着上海中央直属机关和高级干部的安全。在周恩来、陈云等同志果断机智的指挥下，中央直属机关干部得到及时转移。一部分疏散到外地，一部分撤到中央苏区，如周恩来、聂荣臻、邓小平、李富春、董必武、邓颖超等领导人。邓小平于 1931 年春夏之交来到长汀，周恩来则于 1931 年 12 月再次来到长汀。他们都先后在汀州进行调查研究，实地考察中央苏区的经济状况，及时纠正“肃社党”扩大化的“左”倾错误。

第三次是 1933 年 1 月前后，由于中共临时中央政治局在上海难以立足，被迫迁入中央苏区。经此线进入苏区的有博古、刘少奇、陈云、李维汉、林伯渠、谢觉哉、瞿秋白等领导人以及共产国际的军事顾问李德(即奥托·布劳恩，Otto Braun)等人。除这三次较大规模的护送外，中央红色交通线还担负着经常性的护送任务，从 1930 年到长征前夕，由这条交通线进入中央苏区的干部有 200 多人。

在这条红色交通线上，汀州承担着十分重要的接送任务。汀州是闽西赣南中央苏区的中心城市和经济中心，也是中央苏区的核心城市。为了安全接送重要领导同志，汀州市苏维埃政府于 1932 年年初开设红色旅馆，派专门干部负责对旅馆进行管理。红色旅馆的主要任务是，接待从上海进入苏区的中央领导人和其他各类人员，同时接待中央苏区内部往来的干部。

中央红色交通线运送了大批苏区军民紧缺的各类物资，极大地缓解了中央苏区物资紧缺的困境。以药品为例，由于国民党对中央革命根据地进行经济封锁，中央苏区药品十分紧缺。不仅苏区几十万红军队伍需要大批药品，苏区广大老百姓也药品奇缺，医疗器械严重不足，这成为当时中央苏区面临的极大困难。汀州福音医院院长傅连暲，根据中央的要求，想尽一切办法采购急需的药品和医疗器械。傅连暲以福音医院的公开身份为掩护，在中央红色交通线沿线的上海、汕头、峰市、上杭等地设立药房，派人到上海采购药品，同时收购医疗器械。这些药品和医疗器械，从上海运抵汕头后，通过中央红色交通线秘密转运至汀州福音医院，极大地缓解了中央苏区药品的困难。

为了保证中央红色交通线汀江段的水路畅通，福建省苏维埃政府非常重视汀江航运工作。福建省苏内务部主持召开县、市、区交通科科长联席会议，指出："现在革命飞快向前发展当儿，革命战争空前紧张的时候，为着要使红军行动敏捷，转运军需品及胜利品的便利以及发展苏区经济等，对于河道的崩坏、桥梁的颓朽须有组织、有计划的迅速进行修理好。"

为了发展汀江航运事业，在长汀城区、长汀濯田水口乡开办修船厂和造船厂，共有工人 100 余人，平均每天可以造一只木船。这些木船不仅解决了长汀船只缺少的问题，多余的木船还可以卖给武平、上杭等县。吴亮平在《对于经济建设中的几点意见》一文中指出："只有运输事业的发展，运费的减轻，才能有力地流通苏区内的商品，调剂物价，发展苏区的经济，更进一步改善工农群众的生活。"

在福建省苏维埃政府和苏区人民的齐心努力下，闽西苏区长汀、上杭、武平、永定的船运物资的流通极有保证，汀江航运还负责中央红色交通线福建境内的运输，使其成为摧不垮、打不掉的地下航线，为中国革命做出卓越的贡献。

八、邮电事业快速发展

苏区的邮电事业是根据地建设的命脉，是人民生活中不可缺少的部分，是对外联系的总枢纽。毛泽东非常重视邮电工作，红军入闽期间，通过福音医院傅连暲与国民党地方邮局的关系征订了大量的报纸，也与上海中央保持信函联系。朱德也指示红军要保护地方邮局，保证信件畅通。

1932 年 3 月，福建省苏维埃政府邮务管理局在汀州设立，赖荣庭任局长，共有干部职工 90 余人。随后，在长汀河田镇设立长汀县邮务管理局，在长汀馆前镇设立汀东县邮务管理局，在长汀城关设立兆征县邮务管理局和省局合署办公与办理业务。邮务管理局开办的主要邮政业务有信函(平信、普遍快信、挂号和特快信)汇款和包裹，发行报纸杂志。使用的邮票是中央苏区邮政总局统一印发的苏区邮票，有半分、一分、二分、三分、一角、三角、五角等14种和欠资票2种。

在省邮务管理局的领导下，长汀县局开辟了三条邮路：河田—南山—钟屋村；河田—水口—濯田；河田—汀州。汀东县局开辟了三条邮路：馆前—童坊；馆前—曹坊—宁化；馆前—新桥—汀州。兆征县局与省局一样，主要是保证省苏政府至苏区各县，至瑞金中央机关的邮路畅通无阻。从而，以汀州为中心的红色邮路网基本形成。

1932年2月，长汀至瑞金、长汀至河田的电话线开始架设。同年3月，电话开通，中共福建省委、省苏政府、省保卫局、省军区，中共汀州市委、市苏政府，兆征县委、县苏政府，中共长汀县委、县苏政府都安装了电话。

1932年6月，《福建省苏维埃政府训令第九号》指出："对于电话柱，过去很多随便使用一根竹子架造的，要统计起来，并另找三寸直径的尾一丈长的树木，准备在该地苏维埃政府，以便电话兵前来修理，如果发现电话断了，要马上派人驳好。"1933年11月，福建省苏维埃政府又做出关于电话问题的决议："现在架有电话线的地方，各级政府经常要发动群众保护电线和准备电柱，并要监视反动派豪绅地主的破坏……有邮局的地方，要各级邮局递信员经常侦查反动派破坏电话，如有破坏立即报告政府。各级政府经常要利用各方的商人向外办电话材料，来供给我们苏区的电话之需用，以免电话材料之缺乏。政府要加紧对电话队员的政治训练来培养我们的电话队里的干部，以免发生不好的现象。"省邮务管理局根据省苏政府的要求，每年办一期电话队员训练班，学习架线技术、维护线路的办法、修理电话的技术等。红军总部在长汀城水东街屙尿巷开设了无线电学校，为军队和地方培养无线电技术人才。1932年4月，红军攻打漳州时，缴获了国民党大量的无线电通信器材，促进了红军无线电事业的发展。

1933年1月，在汀州召开福建省邮务工人代表大会。大会提出加强对邮务职工的政治教育，坚决领导全省邮务工人为苏维埃政权而奋斗。会后，与江西省邮务管理局开展革命竞赛，签订了邮务工作6—10月的5个月竞赛条约。加快了邮务工作的建设，推动了在新苏区建立邮务管理局的工作,广泛宣传邮政章程及赤色邮政与战争的重要关系。

九、苏区金融事业

1931 年 9 月,闽西工农银行随同闽西苏维埃政府迁设汀州。这对于稳定汀州市的金融,促进汀州市的经济发展起到非常重要的作用。

闽西工农银行的任务是调剂金融,保存现金,发展社会经济,实行低利借贷。其组织结构简单,成立银行委员会,主任(行长)由阮山担任,营业科科长为赖祖烈,会计科科长为曹菊如,出纳科科长兼司库为陈寄今,共有工作人员 10 余人。

闽西工农银行的业务主要是存款、放款、汇兑、买期票、买卖金银、发行纸币、铸铜片,兼营储蓄业务。发行在苏区内流通的兑现纸币 3 万张(称苏币),有 1 角、5 角、1 元 3 种。

闽西工农银行的资本来源是组织募股委员会,向苏区广大人民群众募集。设 20 万股,募集 20 万元。股票用无记名式,分 1 股 1 张、5 股 1 张、10 股 1 张 3 种。

闽西工农银行的利息和分配为:放款月利 0.6%,定期存款半年以上者,月利 0.45%,活期存取 0.3%,每一周年复利一次。红利分配上,20%做公积金,20%奖励工作人员,60%归股东照股摊分。

为纪念闽西工农银行成立一周年,汀州市举办了为期一周的“金塔”“银塔”展览会。所谓“金塔”“银塔”,即用金条摆放成金塔状,用银圆摆放成银塔状。群众参观后,纷纷称赞说:从来没有见过这样多的金银财宝,苏区的银行也是有雄厚资本的。行长阮山特撰写民歌纪念:

银行出世在龙岩,全县工农尽欢迎。
现在汀州开纪念,欢迎群众来参观。
银行纪念一周年,群众参观几万千。
银塔金塔真好看,人人都说是空前。

1931 年冬,闽西工农银行为了扩大经营进出口贸易,在汀州市最繁华的水东街增设营业部,办理进出口贸易,对经营进口布、棉、盐、煤油,出口粮食、土特产品的公营或私营商店给予优先贷款。红军攻打龙岩、漳州时所需的军粮，大部分都用闽西工农银行贷款购买。1932 年夏，中华苏维埃临时中央政府负责贸易工作的钱之光来到汀州市，开设中华商业股份有限公司，开展对外贸易，经营木材、土纸、钨砂。汀州的包装纸在当时很有名，用汀州包装纸包装食品，不走味，受到南洋客户的欢迎。这些出口商品所需的贷款也由闽西工农银行营业部组织。

1932 年 3 月，中华苏维埃国家银行行长毛泽民前来汀州，帮助组建福建省分行，行址设在水东街屙尿巷黄宅。福建省苏维埃政府内务部部长李六如兼任行长。下设会计、出纳、营业、总务等科，主要业务是办理金银兑换，组织存放款，建立金融制度，发行兑汇苏维埃纸币，推销公债等。

福建省分行成立后，与闽西工农银行各自办理业务，为发展苏区金融事业服务。这两个银行在苏区群众中信誉很好。资金运用比例适当，库存现金占 30%，投入政府使用的占 10%，投入各种合作社资金占 25%，投入社会流动的占 13%，投入社会保险的占 7%，投入公营商业和农业费的 15%。

1932 年 4 月底，红军东路军攻克漳州后，缴获大批军需民用物资和金银财宝，胜利运回苏区，存放在汀州福建省分行。为了

闽西工农银行旧址

欢庆胜利，扩大苏区银行在人民群众中的影响，特地举办“金山”“银山”展览会，展出金砖、金条、金链、金戒指、金耳环，银镯、银链、银环、银锭、银圆等。“金山”“银山”的展出，坚定了苏区人民对苏区银行的信任，促进了银行发行纸币的兑换，掀起认购经济建设公债的热潮，银行存放款工作进一步开展，货币的流通加快了。

福建省苏维埃政府还及时地对银行发出支持手工业生产的指示：“对手工业生产要大力发展积极支持，给资金困难的手工业予以低息贷款。大力扶持纸业生产，要给造纸业小生产者低利贷款，推动造纸业的发展。”

福建省分行还在南大街镇龙宫前周宅附设熔银厂，把银行收兑来的金银进行熔铸，把银器熔成银饼后，送往江西瑞金中央造币厂铸银圆、银角（银毫），把金器熔成一两、二两、三两、五两、十两的金条，秘密带往国民党统治区开展贸易，购回苏区军民迫切需要的食盐、棉花、布匹、西药、印刷用品等，有力地打破了国民党对苏区的经济封锁。

十、文教卫体全面推进

为了创造革命的新一代，活跃苏区的文化生活，增进人民的身体健康，在福建省苏维埃政府文化部的领导下，在汀州市苏维埃政府的具体安排下，文教卫体事业出现前所未有的繁荣景象。

（一）苏区文化事业

在苏区初创时期，无论在部队还是地方，都没有专门的文艺工作机构和人员。群众中则有喜闻乐见的歌谣、民间小调等大众文艺。被解放了的人民通过歌谣，以真挚深厚的感情，热情奔放地歌唱苏区的新生活，确有“汀江河水波连波，革命山歌箩打箩。这山唱来那山应，一人唱起万人和”的动人场面。所以，苏维埃政府常用开纪念会、代表会、茶话会等形式，组织民间歌手大唱红色民歌，以唤起工农群众的革命热情。如赞扬红军首次入闽的客家山歌《井冈来了铁红军》：“三月汀江水流金，井冈来了铁红军。长岭寨上打胜仗，千秋万代留佳音。”又如送郎当红军的客家山歌《归来两人结同心》:“新做布鞋千万针,送给涯哥当红军。保佑红军得天下,归来两人结同心。”这些都是脍炙人口的红色歌谣。

1931 年 11 月,临时中央政府成立后,革命根据地得到巩固和扩大,给苏区的文化事业发展创造了有利条件。12 月,中央苏区第一个剧团——八一剧团成立了,赵品三为团长。

1932 年 5 月 16 日,党团苏区中央局在汀州水东街中共福建省委驻地,举行招待漳州工人参观团的茶话会,周恩来、罗明、陈荣等出席。八一剧团在茶话会上进行了非常精彩而又具有强烈战斗性的文艺节目演出。在八一剧团的影响下,福建省苏维埃政府决定,组建福建省苏维埃剧团。福建省苏维埃剧团设在汀州市水东街龙岩会馆, 由詹孝忠担任团长,林元娣担任教导长,林梅桥任导演。演员从各县招收,从20 余人发展到 40 余人。福建省苏维埃剧团经常跋山涉水,深入各县乡村演出《工人舞》《农民舞》《红军舞》以及活报剧《粉碎敌人乌龟壳》《反对开小差》《反对拖尾巴》等,所到之处深受广大群众欢迎。通过演出,对广大工农群众、红军指战员、苏区干部起到很大的鼓舞作用。

1932 年 9 月,临时中央政府成立工农剧社总社,广泛开展戏剧运动。1933 年 3 月,工农剧社总社召开大会,要求各地都要成立工农剧社。5 月,汀州市工农剧社成立,剧社努力培养戏剧人才,通过戏剧来加强宣传工作。8 月,福建省苏维埃第四次执委扩大会议强调指出:“必须加强宣传鼓动工作,对俱乐部、工农剧社,已建立的要立刻健全,未建立的要迅速建立。”福建各县、汀州市的文化事业进入崭新的阶段。

(二)苏区教育事业

在废除旧教育,实施以共产主义为内容,为阶级斗争和革命战争服务的新教育中,汀州市苏维埃政府着重抓儿童教育和社会教育,努力提高广大群众的文化水平和阶级觉悟。

在儿童教育方面,汀州市各区、各街道委员会都设立列宁小学,在县文庙设立列宁中心小学。列宁小学分有初、高级二种。列宁初级小学由校长和教务主任负责，列宁高级小学由3~5人组成校务委员会，下设教务、训练、事务3个科，领导学校的全部工作，校务委员会主任由校长担任。对于符合入学年龄的儿童，凡是工农子弟，不分男女一概实行免费教育。学制为初小3年，高小2年，以8~12岁为学龄。但失学儿童在15岁以内的，仍施以学龄儿童教育。当年75%的学龄儿童都上了学。列宁小学的课程，初小设有国语、算术、游艺(唱歌、图画、游戏体育)，高小有国语、算术、社会常识、科学常识、游艺等。教材采用中央教育人民委员部编写的共产儿童读物，也自编一些乡土教材，由市苏教育部油印发到各列宁小学。长汀县的河田、蔡坊、四都、水口、红坊、濯田、策田等区，都创办了1所规模较大的列宁小学。在汀州市实现了500个居民建立1所小学，100个居民建立1所夜校。同时，只要服从苏维埃法律和遵守苏维埃教育制度，也允许私人办学校，据统计汀州市有私办学校31所，学生373人。

列宁小学的教育总方针是："在于以共产主义的精神来教育广大劳苦大众，在于使文化教育为革命战争与阶级斗争服务，在于使教育与劳动联系起来。"其教育的特点是：重视教育与政治的联系。其教育的方法是：完全用引导、劝告和帮助的方法，绝对禁止强迫威吓，甚至敲打的手段。其教育的目的在于：培养阶级立场坚定，有文化知识、有生产劳动技能，能为共产主义事业奋斗，踊跃参加革命斗争和苏区建设的新后代。

在社会教育方面，汀州市普遍举办夜校、识字组、俱乐部等。

夜校：汀州市的工人、学徒、店员较多，由工厂的工会、合作社工会组织开办工人业余补习学校，采取夜学的形式来提高工人的文化、政治水平，扫除工人中的文盲，促进工业技术的进步。招生对象以工人、店员、学徒为主，也吸收周围16岁以上的青年或成年人参加。教员由列宁小学教员或有文化的工会干部兼任。教材根据行业的需要选编，除上文化政治课外，还上技术课，如合作社知识、造纸知识等。学习期限随学生原有的文化程度来决定，主要以识字数达到扫除文盲为标准，能看普通文件和《红色中华》就给予毕业。

识字组：一般由各基层苏维埃政府主办，主要是方便一些因小孩拖累，年纪较大，家里人少要看家的，离夜校又远的人的读书识字。在他们所住的庭院组成识字组，利用夜间一小时认新字。每组有组长负责，把所学的新字写在本子上，十天一次交夜校老师评阅，定期公布学员的识字成绩。

俱乐部(列宁室)：每条街道最少办一个，主要活动内容是政治讲演、读报、办墙报、唱民歌、演文明戏、开展体育活动等。最使群众感兴趣的是举行晚会、唱小调、踩船灯、打马灯等，大大丰富了汀州市人民的政治文化生活。

(三)苏区体育事业

汀州市的体育工作是在苏维埃政府文化部领导下进行的，各列宁小学都有开设体育课，各级俱乐部也有开展体育比赛。省、市苏维埃政府，每逢重大节日和纪念日都有开展体育比赛活动，使苏区的体育运动迅速发展，确实是“偏僻乡村中也有了田径赛，而运动场则在许多地方都设备了”，使广大青年能够在体格上得到锻炼，促进了群众性体育运动的开展。当时，发展体育的方针是为军事训练服务，为革命战争服务。

红军体育场

1932 年 5 月 1—4 日，福建省第一次游艺体育运动大会在南寨广场召开。会前的半个多月，中共汀州市委书记罗炘然在市委会议室召开筹备会，省委宣传部部长李明光、省苏维埃政府民政局局长刘德三、省职工联合会主席陈日升等出席了会议，对会议经费、代表人数、比赛项目、评比方法、奖品等做了周密安排。运动大会比赛项目主要有篮球、刺刀、掷弹、舞马刀、徒手操、跳高、跳远、短跑、长跑。省保卫局第一任局长邓发代表省直机关参加田径比赛，荣获长跑第一名。

1934 年 1 月，福建省第二次游艺体育运动大会在南寨广场召开，省委、省苏的领导都出席了开幕式。这次比赛项目多，规模大，运动健儿的技术有了惊人的进步。

此外，较大规模的比赛活动还有：1933 年 5 月，汀州市组织代表队参加中华苏维埃共和国第一次体育运动大会。8 月 2 日，福建省纪念“八一”赤色体育运动大会在汀州市列宁公园召开。12 月 27 日，福建省苏教育部在列宁公园举行全省教育游艺大会。

汀州市的体育事业是在革命战争的艰苦环境中，依靠群众因陋就简、因地制宜、自力更生发展起来的，对增强苏区军民的体质，发展生产和支援革命战争，都起到积极作用。

十一、保卫战线的秘密堡垒

苏区时期，在党的领导下，汀州有一个坚强的红色秘密堡垒，为保护党的干部，传递党的秘密文件，宣传党的政策主张做出了突出的贡献。这个红色秘密堡垒就是由毛钟鸣等人领导的一批地下党员及其秘密据点“毛铭新印刷所”。

1926 年，汀州进步青年毛钟鸣参加北伐，任中央联席会议秘书处干事，是吴玉章的部下。后来，毛钟鸣回汀，在其兄毛焕章创办的毛铭新印刷所工作。毛铭新印刷所创办于 1921 年，初名毛铭新印务局，设在汀州十字街“铭新店”(今兆征路 156 号)。早期以石板印刷为主，由于业务扩展，印刷所将活版铅印部分生产车间设于县前街“丁公祠”，丁公祠与毛屋仅一墙之隔,1923 年改名毛铭新印刷所。印刷所有员工 30 余人,为闽西数一数二的印刷企业,印刷产品销往赣南闽西各地。

1927 年 9 月上旬,南昌起义部队南下途经长汀时,时任起义军革命委员会秘书长的吴玉章特地到毛铭新印刷所,看望老部下毛钟鸣。吴玉章鼓励毛钟鸣及印刷工人,说:"印刷所对革命很重要,列宁当年在国外进行革命斗争时,常因没有印刷所而苦恼。你们要想方设法把印刷所办下去,以应将来革命的需要。"印刷所为起义部队印制大量传单、标语。毛钟鸣、毛如山、毛旭初三兄弟及部分工人先后加入中国共产党,把毛铭新印刷所建为党的秘密据点。

1929 年 3 月,在红四军前委帮助下,正式成立中共长汀县委。毛钟鸣任城区区委书记,区委下设缝衣支部、刨烟支部、码头支部、印刷支部、苦力和城郊支部,有党员 30 余人,其中包括毛钟鸣(印刷支部书记)、梁国斌(城郊支部书记)、马炳章、范为民、谢代盛、兰奎光(刨烟支部书记)、李英(缝衣支部书记)、罗炳庸、罗旭东、梁咸德(苦力支部书记)、梁友三、毛旭初、郑仰三、黄树庭、赖长才、赖石春、游施民、邓仕诚、梁达上和张必发等。他们大多是来自社会底层的劳苦工人,对党忠诚可靠,理想坚定,纪律严明。支部发展党员,有较严密的考查和审批手续,注意身份掩护和保密。在党组织处于地下活动时期,长汀地方党组织的主要负责人大都在文化教育界谋事,与印刷行业来往密切,常在毛铭新印刷所秘密聚会联络,从事党的地下活动。1929 年 4 月 5 日《前委致中央的信》和4 月 20 日《中共福建省委报告》对长汀的党组织地下活动给予高度肯定,称"长汀县城及新桥、河田等地工作时夺取土劣谷子的群众,一聚就有几千,在汀州组成了二十个秘密农协、五个秘密工会,总工会也成立了。党的组织比前发展二倍","除共同努力做好群众工作外,侦探与交通工作做得很好"。

(一)建立秘密堡垒,保卫苏区安全

1930 年 3 月 18 日闽西苏维埃政府的成立,标志着闽西苏区正式形成。1932 年 3 月 21 日,福建省苏维埃政府在汀州成立,苏区地域进一步

扩展。为应对蒋介石的"围剿",保护和巩固刚刚建立起来的苏区政权,中共长汀县委根据中央指示,积极开展以下几方面工作:

一是组建国家政治保卫局白区工作部秘密据点——长汀城区地下党支部。1931年春,闽西苏区发生"社党"肃反扩大化错案,一批党政军的领导干部和战士遭杀害和株连。中共长汀县委书记兼苏维埃主席段奋夫、中共长汀县委组织部部长王仰颜、汀州市苏维埃政府裁判部部长兼肃反委员会主任毛如山等也未能幸免,危害极大。

1931年12月底,周恩来经中央红色交通线赴瑞金,途经长汀时,召集闽粤赣边区临时省委领导罗明、李明光、李沛群和毛钟鸣等人开会。周恩来指出:"宁可放弃苏区一个县,也要办好交通线,粉碎敌人的'围剿'和封锁。"并要求省委迅速设立闽西交通大站,同时叮嘱毛钟鸣要充分发挥地下党支部的特殊作用。

1932年春,根据周恩来的指示,国家政治保卫局局长邓发、白区工作部部长张然和来到长汀。邓发对毛钟鸣说,苏区反"围剿"斗争形势和任务极其繁重尖锐,地下党支部的作用必须马上恢复,要以地下党支部和主要骨干为主,组建国家政治保卫局白区工作部秘密工作办事处。起初由张然和负责,后由毛钟鸣领导。毛钟鸣接到任务后立刻行动,从汀州城区各支部未暴露身份的党员中挑选党性强,能保守秘密,有公开的身份做掩护的党员,组建秘密工作办事处。同时,把毛铭新印刷所作为秘密联络站,采用单线联系的方式,毛钟鸣和地下支部成员一道,与敌人斗智斗勇,构筑起红色秘密堡垒。

二是设立秘密交通站点,为中央红军反"围剿"作战提供情报信息。他们利用汀州便利的汀江交通水道,开辟长汀—上杭—永定峰市—大埔—潮州—汕头的秘密交通线。地下支部党员梁咸德、张必发、谢代盛、邓仕诚、赖石春等交通员以小商人、搬运挑夫、船工身份为掩护,设立秘密联络点,搜集输送敌占区情报。

传递情报的方式多种多样,有的把情报藏在猪肠里;有的藏在挑货箩筐的夹层中;有的用米汤碘酒做书写液,把密写情报夹在书报中;有的通过贴邮票、盖邮戳的不同位置,暗示收件人注意,做到巧妙安全不留痕迹。

与此同时，还开通长汀—瑞金—赣州，长汀—清流—宁化—连城—永安的秘密交通线，与上杭、永定、潮州、汕头、揭阳等地下秘密交通站建立密切联系。配合完成苏区中央红色交通线上的多项任务，打破敌人的军事“围剿”和经济封锁。

1931 年 11 月底，毛钟鸣、邓仕诚、赖石春和李英缜密部署，夜行昼宿，水陆并用，巧妙化装，前后接应，安全护送两名从上海前往瑞金参加“一苏大”的代表返程。梁咸德、张必发、谢代盛组织搬运挑夫，视地形地貌，路况好坏，敌人哨卡把守的疏密，分长途组和短途组，不分昼夜，翻山越岭，机智躲开敌人的盘查，越过关卡，把紧缺物资运回苏区。预备党员谢步云兄弟备办油墨、蜡纸、钢板等油印用品在白区落脚时，被人告密，他们坚贞不屈，惨遭敌人杀害。

（二）制造“精神炮弹”，甘当无名英雄

在毛钟鸣领导的地下党支部秘密堡垒中，毛铭新印刷所扮演着制造“精神炮弹”加工厂的重要角色。

1929 年 3 月，毛泽东在长汀辛耕别墅对毛钟鸣说：“当年吴玉章同志叮嘱你要保护好印刷所，为革命发挥作用，是非常有远见的。我们部队为传播党的方针政策，深入发动群众，有很多宣传品需要利用这里较为有利的印刷条件。你今后就专门负责这项任务，随时前来联系。”同年 11 月，红四军再次来到长汀县城，毛泽东了解到长汀革命斗争形势蓬勃发展，部分地下党员公开革命，便关切地对毛钟鸣说：“我们的革命宣传好比是向敌人发射的精神炮弹，印刷所好比是制造这种精神炮弹的兵工厂。这个印刷所是革命活动的一个据点，我们不可随便丢失，要设法掩护它。”为此，县苏维埃政府以印刷所里大部分设备资金是豪绅地主提供为由，查封和拆卸了部分设备，为印刷所涂上“保护色”。

印刷所为红军先后印制了《告绿林弟兄书》《告商人书》《红四军布告》等文件、宣传品。1929 年 7 月 27 日，印制红军第一张铅印军报《浪花》。12 月底古田会议召开后，我党我军建设的纲领性文献《古田会议决议案》于 1930 年 4 月由毛铭新印刷所印出第一个版本。印刷所还长期为

苏区地方党政军群等机关团体印刷大量文件、宣传品及儿童识字课本等。毛铭新印刷所作为苏区最早的红色印刷厂,被誉为“红军印刷厂”。

1931年春,闽西苏维埃政府以毛铭新印刷所部分设备和人员为基础,在长汀创办中央苏区第一家红色出版发行机构——闽西列宁书局。毛铭新印刷所承担书局主要的印刷任务,印制马克思、列宁等革命导师像。为把印刷马列导师像的光荣任务完成好,在党员毛旭初、韩启祥二位师傅的带领下,工人们千方百计提高印刷质量和速度,以百倍的革命热情工作着,终于提前完成印刷任务。

1931年11月,毛钟鸣组织印刷所技术骨干和设备,前往瑞金为“一苏大”印制各种会议材料。为了“一苏大”的顺利召开,印刷所还在长汀印刷《选民登记表》等文件材料。1931年起,长期承印少共中央(团中央前身)机关报《青年实话》及丛书等。

1933年冬,毛家捐献印刷所全部设备,将印刷所更名为“青年实话印刷厂”。1934年秋,该厂并入瑞金中央政府印刷厂。毛铭新印刷所作为中央苏区最早的红色印刷所,先后为闽西列宁书局、中央财政部(国家银行)印刷厂、中央政府印刷厂和中央革命军事委员会印刷厂的筹建,提供技术骨干、机器设备的支持和保障,为苏区革命斗争和经济文化事业建设做出重要贡献,毛钟鸣被誉为“红色苏区出版印刷开拓者之一”。

当年,毛泽东、周恩来、刘少奇、邓发、毛泽民等领导人,对毛钟鸣和印刷所都十分关心。张鼎丞、邓子恢等苏区领导人曾多次在这一秘密联络点里研究部署工作。邓颖超、魏挺群、罗明、冯文彬、张人亚等领导人经常到闽西列宁书局和毛铭新印刷所指导工作,并亲自校对文稿,给工人们巨大鼓舞。革命前辈的贡献,书写了中央苏区红色印刷、党的隐蔽战线和红色交通线的光荣革命斗争史。

1936年夏,毛家复设印刷厂,改名“毛铭新印务局”,仍为党组织的秘密据点,坚持至长汀解放。在三年游击战争、全面抗日战争、解放战争期间,为配合汀瑞游击队牵制和打击敌人,巩固苏区政权,毛铭新印务局在长汀城区地下党支部的领导下,秘密翻印红军主力部队留下的布告,不时派人张贴在城区和郊区一带,迷惑骚扰敌人;派遣谢代盛、邓仕诚和赖石春等人根据张鼎丞等新四军二支队领导人的指示，前往古城、瑞金等地侦查敌情；秘密印刷出版物《抗战》《唯力》《庆祝中国人民政治协商会议成功召开和中华人民共和国中央人民政府成立特刊》等，在极其艰难的条件下，坚持斗争，传递党中央的声音，宣传党的抗日主张，抵制国民党反共高潮，为推翻蒋家王朝，迎接新中国的成立，长期坚持制造“精神炮弹”。

在党的培养教育和革命斗争的锻炼下，地下党支部和印刷所党员素质和工作能力得到提高，一些党员脱颖而出，被选拔到领导岗位。如，毛如山任汀州市裁判部部长、总工会主席；马炳章任长汀县苏维埃政府内务部部长，后任国家政治保卫局预审科科长；游施民任国家政治保卫局执行科科长；赖长材任长汀县政治保卫局侦察科科长；梁国斌任福建省政治保卫局侦察部部长等职；毛钟鸣调到国家政治保卫局白区工作部后负责支部的领导工作，同时还承担其他工作。新中国成立后，梁国斌、毛钟鸣成为党的高级干部，继续奋斗在党的保卫工作第一线，毛如山、马炳章、游施民、赖长材、戴桂秋、谢步云兄弟等则在革命战争年代英勇牺牲，献出生命。由于保卫工作的特殊性，严守“上不传父母，下不传妻儿”的纪律，许许多多革命前辈出生入死的英勇事迹和非凡经历还有待我们深入调查了解，他们的英名和坚守信仰的事迹犹如一座丰碑，永远矗立在人们心中。

★第十三节 革命战略大转移

1931年1月,中共中央在上海召开六届四中全会,王明等人在共产国际的支持下,夺取了党中央的领导权,从而开始了王明"左"倾路线在党内长达四年之久的统治。

在政治和组织上,1931年年初,"左"倾机会主义者在闽西苏区掀起大规模的"肃清社会民主党"运动,错杀和牵连了一大批地方党、政、军干部和革命群众。据统计,长汀籍党员、干部在"肃社党"事件中被错害的达270余人。1933年2月,"左"倾路线的领导人还在闽西苏区开展了所谓反"罗明机会主义路线"的斗争,对"左"倾错误路线有抵触的党内干部、群众实行"残酷斗争"和"无情打击"。这些运动和斗争造成了极为严重的后果,严重影响到苏区的巩固和发展。在经济政策上,推行王明"左"倾土地政策的"查田运动"和工商业政策,造成社会群众惶然不安和经济萧条,削弱了苏区赖以生存的群众基础和经济基础。

1933年9月,蒋介石调集100万军队,发动了第五次反革命"围剿"。由于"左"倾路线领导人战略指挥的错误,中央苏区红军连连失利,根据地日益缩小。1934年2月,蒋介石特别加强了东线闽西战场的攻势,任命蒋鼎文为东路军总司令。设司令部于漳州，辖 10 个师。由于主力红军集中于北线战场，闽西苏区只能依靠极为有限的地方红军抗御蒋军 6 个正规师的强大军事力量。至 1931 年 8 月，闽西苏区各县大部分为敌人侵占，只剩下长汀、兆征、宁化、武平等接近江西边境的狭长地区，局势极为严峻。

由于王明"左"倾错误路线，导致第五次反"围剿"失利。1934 年 9 月，朱德指挥的温坊战斗大捷有力地打击了企图进攻苏区东大门之敌。此后为保证主力红军顺利转移，红九军团喋血松毛岭，与敌人 6 个师激战，战事惨烈。1934 年 9 月下旬，红九军团告别乡亲实行战略转移，踏上长征之路。

一、温坊大捷扬军威

1933 年 9 月，蒋介石调集 100 万军队、200 架飞机攻打苏区。其中 50 万军队包围中央苏区，发动了空前的第五次反革命"围剿"。

此时，国民党东路军总司令蒋鼎文派遣 6 个师和 1 个炮兵团集结于连城朋口、永安一带，逐渐向松毛岭逼近。担任主攻的李延年纵队第三师、第九师抵朋口后构筑碉堡，准备攻占松毛岭的前沿阵地温坊村。

松毛岭下的温坊，距汀州仅 120 华里，是长汀(今属连城)松毛岭南面山下的一个大村庄，与松毛岭主峰白叶洋岭遥遥相望，是敌人进攻松毛岭的前哨阵地。

守卫松毛岭南大门，保卫瑞金党中央。1934 年 8 月，中央红军红一军团、红九军团和二十四师在朱德的指挥下，一改过去"短促出击"的打法，采取灵活的运动战战术，在松毛岭西面的钟屋村一带集结。三支部队由红一军团司令林彪、政委聂荣臻统一指挥。根据中革军委的部署，红一军团第一师驻守营浚为右翼，第二师驻守八前科与上葛浚之间；罗炳辉、蔡树藩率红九军团集结于连屋岗、邓坊、肖坊一线为左翼；周建屏、杨英率红二十四师集结于桥下。各部队迅速构筑工事，准备阻击来犯之敌。

9 月 1 日晚，红一军团侦察到国民党第八旅旅长许永相率3 个团，离开朋口碉堡区，进驻温坊，作为主攻松毛岭的先头部队。敌人进驻温坊后，没有发现红军行动，以为红军离他们还很远，于是许永相命令部队原地休息。

朱德得知这个情报，当机立断，亲自指挥，采用灵活的运动战战术，调集优势兵力主动出击，趁着夜色，奇袭温坊。红军打到温坊村时，国民党第八旅三个团的官兵都还在睡大觉，他们匆忙应战，想负隅顽抗，但是为时已晚。红军战士如神兵天降，战斗不到三个小时，全歼国民党军第八旅三个团。许永相在梦中惊醒，趁着夜黑只身逃脱。

9 月 3 日，蒋鼎文亲自到朋口前线督战，又派第三师、第九师抽调 3 个团开赴温坊与红军决战，结果被红军全歼 1 个团，重创 2 个团。温坊战斗共打死打伤敌人 2,000 多人，俘虏敌人 2,400 多人，缴枪 1,600 余支，轻重机枪 100 余挺，迫击炮 6 门，子弹 44 万多发，东线阻击战初战胜利。

9 月 9 日，红一军团奉命回师增援兴国战场。红军撤离温坊，红九军团和二十四师共 6,000 余兵力守卫松毛岭一线。这场由朱德亲自指挥的温坊战役，取得重大胜利，挫败了敌人的嚣张气焰。

二、军民喋血松毛岭

松毛岭是长汀东南面与连城交界的一座大山。南北横贯 80 多里，东西蜿蜒 30 余里。山高岭峻，松林茂密，浓荫蔽日，漫山遍野覆盖着厚厚的松针，松毛岭由此得名。松毛岭高耸入云，山路崎岖，森林茂密，地势险峻，是中央苏区南大门的天然屏障，越过这座大山，就可以长驱直入，直通汀州城，威胁中央苏维埃政府所在地——瑞金。

松毛岭以东是连城、上杭、龙岩等县，以西是长汀、瑞金等县。这些地方的往来，松毛岭是必经之地，且仅有白叶洋岭和刘坑口两条山道。因而，松毛岭历来是兵家必争的军事要冲。

蒋介石在南昌获悉东路军在温坊损兵折将，派北路军总司令顾祝同于 9 月中旬飞抵龙岩，协助蒋鼎文重新布置进攻松毛岭的战斗。敌人气急败坏，集结大量兵力再次向松毛岭进攻，由宋希濂的三十六师担任主攻；第十师推进到新泉一线；第九师集结于朋口以西地区，以一部分在第

松毛岭大山

三十六师右翼协助进攻；第八十三师集结于连城、朋口之间，担任左翼警戒，派一部分向连城以西地区活动。

留守在松毛岭的红九军团和红二十四师，任务就是把守松毛岭，牵制敌人，保证主力红军实行战略大转移。在当地赤卫队员配合下，他们在主要通道上布下重兵，构筑起坚固的工事碉堡。在红军战士心目中，保住松毛岭，就是保住汀州，保住瑞金，保住整个中央苏区。

国民党东路军于9月24日下达向松毛岭至长汀一线的总攻击令，松毛岭战斗打响了。十几架战机和大炮对红军阵地轮番轰炸，碗口粗的松树被拦腰炸断，地面的松针、茅草燃起片片火焰，连松树盖的防空洞穴上一米来厚的掩土也被掀翻。硝烟未散，国民党三十六师、十师、八十五师分头向松毛岭发起全面进攻。主攻白叶洋岭的三十六师，以整连整排轮番向红军阵地冲锋。

红九军团、红二十四师和数以万计的地方武装与敌人展开了空前激烈的战斗，枪声、爆炸声震耳欲聋，喊杀声、厮杀声响彻云霄，敌我双方伤亡都很大。为了支援松毛岭战斗，中共福建省委书记刘少奇与省苏、省军区的其他领导同志齐心协力，运筹帷幄，领导苏区人民积极投入支前工作。

福建军区从上杭、长汀抽调了2,000名补充团新战士投入战斗，增援红九军团。他们还动员各县组织运输队、担架队和慰劳队支援前线。松毛岭下的钟屋村、蔡屋、官坊、塘背、黄家庄等村的群众，更是全力以赴支援红军。塘背乡全乡只剩两个成年男子，其余全部参加武装支前工作。男子修工事、抬担架，妇女做草鞋、送饭菜，连儿童也用竹筒送水到战场。钟屋村的赤卫连、少年队都组织起来抬伤员、送茶水。家家户户都住满伤员，许多重伤员来不及抢救，就牺牲在担架上。

国民党出动大批飞机轮番轰炸，敌人在炮火的掩护下一批又一批地向红军阵地冲锋。松毛岭左侧高地失守，红九军团七、八两团奉命投入战斗夺回阵地。此时，红军各处阵地工事大多被摧毁，焦土一片，树枝上都

松毛岭战斗烈士纪念碑

挂有残肢断腿。

由于敌我力量过于悬殊，9 月 25 日朱德致电红九军团团长罗炳辉、政委蔡树藩：一方面予敌以打击，“另方面很爱惜地使用自己的兵力，并且坚决避免重大的损失，特别是干部”；在战斗失利时，“应有组织地退出战斗的计划”。松毛岭战役，经历了一场血战之后，终因敌强我弱，弹尽援绝，红军撤离阵地，向长汀河田方向转移。

这场战争究竟牺牲了多少将士和支前民工，当时没有详细统计，但先烈们的鲜血浸透松毛岭的沙土，染红满山的杜鹃。红九军团、红二十四师和闽西赤卫队、长汀支前民工等牺牲的英烈们，用鲜血谱写了一曲悲壮的英雄赞歌。

三、红军长征第一村

建于清代的观寿公祠，是钟屋村钟姓人的祖祠，红九军团松毛岭战

红九军团松毛岭战斗指挥部——观寿公祠

斗指挥部就设在这里。

听说红九军团要撤离钟屋村,钟屋村的乡亲们纷纷来到观寿公祠。由于青壮年都参加红军和赤卫队了,来的都是妇孺和老人,上到七八十岁的爷爷、娭毑,下到几岁的孩童都有。得到消息的蔡屋、塘背、长窠头、官坊、黄家庄等村庄的乡亲们也赶来了。

黑压压的人群把祠堂前的空坪挤得水泄不通,连整条墟街也全部挤满了人。有些人则站在接龙桥上,等待红军从这里经过时,与红军告别。许多群众拿着地瓜干、捧着煮熟的番薯芋仔、包着熟鸡蛋,前来表示一点心意,送给红军战士们在路上填填肚子。

红九军团首长挥泪向大家告别:“父老乡亲们,我们接到上级的通知要撤离松毛岭,去接受新的任务,今天就要和乡亲们告别了。乡亲们,大家不要难过,我们一定会打回来的,苏维埃政权永远打不垮!”

钟屋村区苏维埃政府主席含着泪说:“我们是为苏维埃而战,松毛岭不会倒!松毛岭上的杜鹃花今年谢了,明年春天还会再开。我们向观寿公起誓,我们一定会回来的!”

红九军团出发了,钟屋村的乡亲们含着热泪,依依不舍地送别了自己的子弟兵。

别了,接龙桥!别了,观寿公祠!

别了,钟屋村!别了,苏区乡亲!

红九军团踏上了二万五千里长征,钟屋村成为红军长征第一村,长汀县成为红军长征出发地之一。

★第十四节 红旗不倒老区魂

由于“左”倾冒险主义的领导者不从中央革命根据地的实际出发，错误地估计了形势，推行了一整套错误的军事方针，终于把第五次反“围剿”战争引向失败。

中共福建省委、福建省苏维埃政府，为了做好退却的准备，计划以四都为中心建立游击根据地，决定从原长汀、兆征两县划出部分区域组成汀西县，并组建了中共汀西县委、汀西县苏维埃政府，管辖濯田、四都、红山、横田岗、东陂岗等五个区。省委派曾洪飞任县委书记，赖兴银任县苏维埃政府主席。中共汀西县委、县苏维埃政府驻四都。

汀西与武平县接壤，与江西省瑞金、会昌两县毗邻。广大乡村散落在归龙山脉，山高林密、物产丰富、粮食自给有余，是一个退守两宜的地方。

中共汀西县委成立后，立即动员广大劳苦大众为保卫革命根据地而战，坚壁清野，收藏粮食，支援红军，支援游击队。县委根据濯田、南安、东山、水口等村撑船工人多的特点，组建了一支河流游击队，共有80余人，40多支枪，由黄兴发任队长。他们昼夜活跃在汀江、濯田河上，把汀南一带的粮食及其他物资抢运到濯田，再肩挑到四都。仅2个多月的时间，就储囤粮食20多万斤。

中共汀西县委还根据省委的指示精神，派出干部深入各区领导秋收，要求广大群众用武装保卫秋收，尽快把一切粮食作物都收起来，储藏好。同时，在各区组织游击队，并在此基础上成立县游击队司令部，由卢凤鸣任司令员，曾洪飞任政委。游击队一方面保卫秋收，另一方面配合红军作战。在各区还成立了支援红军委员会，不仅为红军准备好吃的、用的，而且为红军解决好住的，使四都山区成为红军坚持游击战争的大本营。

1934年10月上旬，主力红军准备撤离中央苏区，进行战略转移时，中共福建省委、省苏维埃政府、省军区等有关单位，以及福建省银行、闽西工农银行、各主要工厂、医院等共计三四千人，先后迁驻梁屋头、陂溪、元口、四都。

1934年10月，中央红军战略转移离开根据地，踏上二万五千里长征。福建省委书记刘少奇也随中央红军长征，设在汀州城的中共福建省委、省苏维埃政府、省军区等有关单位精减人员合并办公，与福建省银行、闽西工农银行、各主要工厂、医院等共计三四千人，转移到了汀州城西南15里的梁屋头。后来，省委、省苏、省军区的机关又转移至陂溪、元口、四都。

1934年11月1日，敌李延年部占领汀州。

汀城上空，乌云翻滚。汀江两岸，山河呜咽。

国民党对长汀这块红色的土地进行大规模的“清剿”，他们同地方复辟的反对势力相勾结，实行灭绝人性的“三光”政策。

卷土重来的地主豪绅、流氓、地痞等封建势力，叫嚣要挖地三尺，将共产党人和革命群众斩尽杀绝，以“根除后患”。他们在“茅草过火，石头过刀，人要换种”的凶残口号下，烧杀淫掠，无恶不作。当年在长汀苏区，就流传着一首客家山歌：

白匪复辟心好恶，石头过刀草过火。
百姓房屋被烧光，多少无辜受折磨。

1935年二三月间，国民党对红军、游击队发动第二次全面“清剿”。敌人严密封锁，中共福建省委、省苏维埃政府机关和部队的同志缺衣少食，只能靠山上的竹笋、野菜、野果充饥。省级机关无法继续驻扎四都，先后搬迁到谢坊、琉璃、汤屋、乌泥等小村庄。

到4月10日，省级机关干部及红军游击队伍驻存五六千人，在最后一次突围中，省委书记万永诚、省军区司令员龙腾云及大部分红军游击队员壮烈牺牲。福建省苏维埃政府主席吴必先不幸被捕，被押往江西九江后，惨遭国民党杀害。毛泽覃率领部分游击队员转移到瑞金红林山区时，被敌人包围，壮烈牺牲。中央卫生材料厂厂长、陆定一的爱人、年仅25岁的唐义贞，在四都被反动民团抓住，毫无人性的反动派用刺刀剖开她的肚子，硬是让她活活痛死。红军军团政治部主任刘伯坚的妻子、中央政府机要秘书王淑振，闽西工农银行行长阮山，都在四都被国民党杀害。至此，福建军区领导的十九、二十团及地方游击队已全部损失，中共福建省委、省苏维埃政府、省军区也停止活动。

与此同时，苏区人民也蒙受史无前例的劫难：

竹马岗1000多名群众一夜间全被国民党屠杀光，惨无人道的国民党连收尸的亲属也一起抓住填进死人坑。昔日欢歌笑语的乡村，变成死寂的“无人村”“血洗村”。

长汀县四都楼子坝岐岭下自然村除了一个80多岁的老人张雪妹幸免于难外，其他男女老少全被杀害。

长汀县四都中璜村全村被杀得一个不留，成为无人村。

令人发指的是，1935年3月，原长汀县苏维埃政府财政部部长、河田修坊乡党支部书记刘恩德一家不幸被俘。全家七口，妻子怀孕，全被还乡团活埋，造成骇人听闻的“七尸八命”惨案。

长汀县三洲丘坊的共产党员、老接头户戴五嫂，被国民党抓捕。她宁死也不交代红军和苏区组织的下落，被国民党活活凌迟至死。

这是一场惨无人道的杀戮，以下是一组令人发指的数字：从1934年冬至1935年春，在短短的3个月时间里，长汀受摧残的村庄145个，受毁坏的房屋43,933间，被灭绝的人家6,383户，流离失所的群众4,026人，被卖的妇女儿童2,428人。

但是，长汀苏区人民是打不垮、压不倒的。他们坚信，有中国共产党的领导，武装斗争一定能够取得胜利，无产阶级革命一定能够成功！乌云一定会散去，红军一定能够回来！

“打起红旗呼啦啦，有了革命才有家。今朝舍得一身剐，明天遍开自由花。”留在长汀苏区的共产党员和红军战士，拿起刀枪，组织游击队，与敌人继续开展顽强的斗争。他们隐蔽在深山老林，出其不意攻其不备，与敌人进行顽强斗争。他们唱着自己编的客家山歌，洋溢着革命的乐观主义精神：“脚踩青山头顶天，打起游击志更坚。杀头好比风吹帽，坐牢好比聊花园。”“山当床来树当被，缺衣少食志不移。舍得一死跟党走，拿起刀枪打游击。”

1934年11月，根据福建军区的指示，瑞金县陶阳区和兆征县古城区合并为陶古区，组建陶古区游击队。彭胜标任区委书记兼游击队政委，胡荣佳任区委副书记兼游击队队长。活动在陶阳、古城、四都一带，朱子岽是活动中心。

在党的领导下，这支游击队开辟了闽赣边游击根据地，坚持艰苦卓绝的三年游击战争。这是闻名全国的南方八省15块游击区之一。

1934年冬至1935年上半年，是游击队活动最艰苦困难的时期。国民党军天天“清剿”，还组织民团、还乡团、铲共团、义勇队、挨户团、暗杀团配合，实行保甲制，制订“十杀条例”“一口通匪十户问罪”。保甲长每天早晚领着民团挨家挨户点名，深更半夜突击检查，点名不到者，安上“通匪”罪，轻则毒打、罚款，重则连累十户，鸡犬不留。凡为苏维埃做过事，入过工会、农会的，都得办“自新”手续，受到严密监视。敌人还实行所谓“车干池塘水，捉尽水底鱼”的毒辣手段，“移民并村”，把分散居住的群众全部逼进大村庄去，周围筑碉堡，派兵看守，妄图切断游击队与群众的一切联系，把游击队饿死、困死在山上。

面对极端恶劣的情况，陶古游击队并不被敌人所征服、所吓倒。他们英勇顽强，团结战斗，战胜了敌人的阴谋诡计，保存有生力量。

1934年12月，陶古游击队先后三次攻打兰田联保办事处，打死保长曾昭波、曾广辉、邱达等人，缴获20余支枪和弹药、现钞、食物等。游击队还夜袭了苦竹村联保办事处，活捉联保主任、师爷、秘书、壮丁队长等

30 多人，处决了联保主任等几名罪大恶极的分子。

陶古游击队的军事行动极大地鼓舞当地的群众。"红军又回来了"的消息在敌占区传开。敌人闻讯后，又调遣几个正规团，对游击队进行"合围""梳篦"。但是，经过长期战争锻炼的游击队，掌握了对付敌人的办法。他们时而集中，时而分散。游击队利用福建与江西的敌人划分地盘各管各的空子，采取"跳圈子"的办法对付敌人，福建的敌人来"围剿"时，游击队转移到江西管辖的大山中去；江西的敌人来"围剿"时，又转移到福建管辖的大山中去。因而，敌人的"围剿"每次都扑空。

1936 年，为了统一领导，更好地开展游击战争，以陶古游击队的领导人为主，设立中共汀瑞县委，由胡荣佳任县委书记，彭胜标任副书记，领导成员有张悌、张开荆、曾玉成等。至 1936 年下半年，汀瑞边地下党支部增加为 30 多个。陶古游击队的活动范围，北面扩大到上稳地、下稳地、梁坑附近，南面发展到楼子坝、荣坑、武阳围、白竹寨、蓝田一带，东面可以化装进长汀城，西面可以攀上笔架山，俯视瑞金。

1937 年元月，瑞金游击队在钟德胜带领下，在朱子岽与陶古游击队会合。瑞金游击队是以瑞金游击司令部和瑞金保卫队为基础组建而成，有 1,100 多人。他们与敌人经过两年多的艰苦战斗，多次冲破敌人的包围，最后队伍剩下 20 余人上了朱子岽，和陶古游击队会合。后来，活跃在闽赣边(即汀瑞边)的陶古游击队、瑞金游击队、武阳游击队和兆征游击队，合编组成汀瑞游击队，总人数有 80 多人。

汀瑞游击队，队伍精悍，人人有枪，个个能打善战。到 1937 年 9 月止，汀瑞游击队共进行大小战斗 10 多次，其中影响较大的战斗除智取青山铺外，还有攻打武阳区公所和三箭脑伏击战。

1938 年 1 月下旬，汀瑞游击队奉命开往龙岩整编，队伍分别撤出瑞金，往长汀四都荣坑会合，共有 300 多人。由彭胜标、周桂生、张开荆、杨洪才带领，经长汀水口、连城新泉、上杭古田等地，于 1938 年 2 月初到达龙岩白土，正式编为新四军二支队三团二营，杨洪才任营长，另 80 余人编入二团一营。

1938 年 3 月初，新四军二支队 2000 多人在张鼎丞、邓子恢、谭震林等率领下，浩浩荡荡北上抗日。汀瑞游击队改编成的三团二营也随队伍从龙岩白土出发，一路翻山越岭，风餐露宿，一星期后，到达汀州城。

当穿着崭新的新四军军装、踏着整齐步伐的大批队伍出现在他们面前时，人群沸腾。从南熏亭到城里的路上，口号声、掌声、鞭炮声和嘹亮的欢呼声响成一片。城里所有店铺里的人都涌上街头，热烈欢迎自己的子弟兵。一路上，梁国斌向欢迎的人们介绍张鼎丞、邓子恢、谭震林等领导人。还有许多人都认识张司令员，争着上前同他握手。部队在热烈的欢迎中，沿着营背街、府前街，到了南门火草巷驻扎下来。汀州城各商号及社会团体，扛着宰好的猪羊，敲锣打鼓前来犒劳部队。

七天后，二支队离开汀州城到达古城，经过一个多月的长途跋涉，到达安徽岩寺扒塘，与新四军一、三支队胜利大会合。从此，他们战斗在大江南北，成为抗击日军的重要军事力量。

汀瑞游击队改编为新四军二支队三团二营北上抗日后，1938 年 3 月，根据张鼎丞的指示，汀瑞游击队留下刘国兴、严炳成(后叛变)、曾玉成、邹道隆、胡贵香、王玉兰等游击队员继续坚持斗争。

游击队恢复初期，群众见游击队重新出现，非常高兴，纷纷献刀献枪。群众还配合游击队打土豪，缴获敌人枪支。游击队有了武器，又开始在汀瑞边界与国民党顽固派、豪绅地主进行斗争。

抗日战争时期，长汀是抗战的大后方。厦门大学、省立福州工业职业学校以及福建省的部分机关、部队、银行和商店都先后内迁长汀。长汀的抗日救亡运动在厦门大学进步师生的支持、帮助和指导之下，紧密团结，密切配合，共同掀起了长汀抗日救亡运动的高潮。

1937 年 7、8 月间，长汀成立了抗敌后援会，同时还成立了“抗敌剧团”，在厦门大学师生的配合、指导下，演出了大量抗日救国的歌剧、话剧、独幕剧等。他们还组织教唱救亡歌曲、搞漫画展览等多种形式，宣传抗战救国意义，广泛地发动群众，激发民众的抗战热情。

长汀的抗日救亡运动，除了大力运用文艺宣传抗日之外，还出版报纸、刊物，做抗日宣传的喉舌，号召和鼓动人民团结起来一致抗日。

抗战时期长汀和厦门大学的抗日救亡运动，无论是戏剧演出，还是报刊宣传，都紧密围绕着“团结起来，抗战救国”这一伟大的民族重任，起到了宣传教育民众、团结民众、鼓舞斗志、一致抗日的重大作用。

解放战争时期，在中共汀瑞县委的领导下，长汀乡村的6个支部和城区支部转入地下进行革命活动，坚持长期斗争。中共汀瑞县委和游击队在极其艰难困苦的条件下，坚持斗争，二十年红旗不倒，犹如不息的火种，终于迎来了全国的解放、新中国的诞生。

1949年10月17日，中国人民解放军接管长汀县。18日，长汀县人民政府宣告成立。从此，长汀人民继承和发扬无数革命先辈用鲜血和生命铸就的坚定信念、求真务实、一心为民、清正廉洁、艰苦奋斗、争创一流、无私奉献的苏区精神，谱写更加绚丽多彩的新篇章！

第三章 红土英雄耀中华

“风吹竹叶响叮当，参加红军上前方。打倒军阀国民党，工农翻身有保障。”土地革命战争时期，汀江儿女拿起刀枪，参加红军，跟党闹革命。无论在前方，还是在后方，长汀人民在党的领导下，以大无畏的英雄气魄，前赴后继，英勇奋斗，做出了卓越的贡献，忍受了巨大的牺牲。

在那如火如荼的战争岁月里，长汀数万名青壮年告别家乡，拿起刀枪参加红军。他们抱着“要为穷人谋利益，冲锋陷阵在前方”的信念，以“砍头好比风吹帽，坐牢好比游花园”的大无畏精神，与国民党反动派军队展开殊死搏斗，在五次反“围剿”的战场上，建功立业！

“将军百战死，壮士十年归。”在革命老区长汀，一批批具有崇高信仰、对党无限忠诚的共产党人，坚持“红旗不倒”，谱写了一曲感天动地的宏伟乐章！

汀江之畔，群星璀璨。壮哉英雄，红土儿郎。革命前辈留下的宝贵精神财富，必将转化为推动改革发展的强大动力，我们要不忘初心，砥砺奋进，为长汀革命老区经济建设和社会发展，为实现“两个一百年”的宏伟目标，为实现中华民族伟大复兴的中国梦而努力奋斗！

★第一节 百战将星杨成武

矢志革命投军戎，飞夺泸定斩要冲。
雁宿险仗扼要塞，平型大捷打先锋。
逐鹿华北多有捷，驰骋南北建奇功。
将军挥旗披靡处，白马啸啸裂长风。

杨成武(1914—2004)，原名杨能俊，长汀县宣成乡下畲村人，民国三年(1914年)10月27日出生于贫苦农民家庭。幼年读过私塾和教会小学，后经亲友帮助，入读县城省立第七中学，开始接触革命思想，参加革命活动。民国十七年(1928年)，加入中国共产主义青年团。翌年1月，参加古城、四都农民暴动，任少年武装先锋队大队长。3月，配合红四军入汀，参加组织汀江两岸农民暴动。随后参加暴动的农民赤卫队改编为闽西红军第三路军，杨成武任第三路军指挥部秘书、宣传队中队长，先后参加攻打龙岩、永定和上杭白砂镇等战斗。民国十九年(1930年)初，加入中国共产党。闽西红军编入红四军后，他参加了上杭、吉水、樟树、文家市等战斗，初显军事指挥才能，由干事、连政治指导员升任大队长(营长)。

在第一至第五次反"围剿"战斗中，杨成武历任红十二师教导大队政委、师政委办公厅秘书长兼直属党委书记，红十一师第三十二团政委兼中共江西广昌县委书记，红二师第四团政委，率部转战中央苏区，腿部两次负伤，被红一军团政委聂荣臻誉为“模范团政治委员”，荣获红星勋章一枚，属部红四团也被授予“英勇冲锋的红四团”锦旗。

红军长征期间，杨成武与团长耿飚（后为黄开湘）率红四团多次作为先头团，逢山开路，遇水搭桥，经历了血战湘江、强渡乌江、抢占娄山关、保卫遵义会议、四渡赤水、智取三县、抢渡金沙江、跨越大凉山、飞夺泸定桥、开辟雪山草地通道、抢占天险腊子口等战斗，屡立战功，多次受到中国革命军事委员会嘉奖和毛泽东表扬。民国二十四年（1935 年）9 月，红四团改编为红军陕甘支队第一纵队第四大队，杨成武任大队政委，率部参加了青石嘴、六盘山和吴起镇等战斗，取得红军战略转移的最后胜利。翌年 1 月，任红一方面军第一军团第一师政委，与师长陈赓率部参加东征战役。6 月，入抗日红军军政大学第一期第一科学习。年底，改任红一师师长。

抗日战争时期，杨成武历任八路军一一五师独立团团长、八路军独立第一师师长、晋察冀军区第一军分区司令员兼政委、晋察冀边区第一地委书记、冀中军区司令员、冀中纵队司令员等职，参加了平型关、冯家沟战斗和著名的百团大战。在平型关战斗腰站地区作战中，率部歼灭增援日军 300 余人，有力地配合了主战场。随后在不到 20 天的时间里连续收复 7 座县城，建立了以涞县、蔚县为中心的敌后根据地，为创建晋察冀抗日根据地奠定了基础。在雁宿崖、黄土岭战斗中，指挥歼灭日军 1,500 余人，击毙日军“名将之花”阿部规秀，受到中共中央和毛泽东驰电褒奖。所率部队在狼牙山战斗中涌现出“狼牙山五壮士”英雄群体，成为中华民族抗击日军侵略的精神象征。在冀中人民的配合下，杨成武与将士们创造性地运用地道战、地雷战、水上游击战等多种人民战争战术，开创了平原游击战争新局面，为大反攻作战建立起战略基地。抗日战争最后阶段，他率部进行大围攻，直指天津、保定、石家庄、张家口，收复 16 座县城，扫除了察南地区残敌，为抗日战争胜利做出重要贡献。

抗日战争胜利后，杨成武先后任晋察冀野战军第三纵队司令员、晋察冀野战军第二政委、中共晋察冀中央局委员、第三兵团司令员，率部转战华北，指挥或参与指挥大同集宁、平汉线北段、易(县)满(城)、保(定)北、正(定)太(原)、青(县)沧(州)、大清河北、清风店、石家庄、津水、察(哈尔)绥(远)、平津、太原等战役，为创建中华人民共和国立下不朽功勋。

中华人民共和国成立前夕，杨成武受命担任开国大典阅兵指挥部副总指挥兼指挥所主任。中华人民共和国成立后，先后八次担任国庆阅兵指挥部或指挥所总指挥，历任第二十兵团司令员兼天津警备区司令员、中共华北军区委员代理书记、京津卫戍区防空司令部司令员、华北军区防空司令部司令员。1951 年参加抗美援朝，担任中国人民志愿军第二十兵团司令员，完成毛泽东关于把战线稳定在“三八”线附近的任务，创造了朝鲜战场上日歼敌最高纪录，荣获朝鲜民主主义人民共和国一级自由独立功勋章两枚。1952 年回国后，历任中共中央华北局委员、中共华北军区委员会书记、华北区军参谋长、华北军区副司令员兼参谋长，京津卫戍区司令员、人民解放军副总参谋长兼北京军区司令员、人民解放军防空司令员、中共防空军委员会书记、人民解放军常务副总参谋长、人民解放军第一副总参谋长、中共中央军委副秘书长兼中共中央军委办公厅主任，人民解放军代总参谋长、中共总参谋部委员会书记、中共中央军委常委、中共中央军委办事组组长。其间，被选为中共第八届中央委员会候补委员，还担任第一、二、三届国防委员会委员。

“文化大革命”初期，杨成武陪同毛泽东视察大江南北，为保护老帅和大批高级干部、专家学者做了许多工作。1968 年 3 月始，林彪、江青炮制所谓“杨、余、傅事件”，杨成武及其家人被关押、监禁长达六年半之久。但杨成武始终坚信党，坚信共产主义，同林彪、江青反革命集团进行坚决斗争。1974 年 7 月，中共中央和毛泽东为杨成武等人平反恢复名誉，杨成武重新走上工作岗位，担任人民解放军副总参谋长、人民解放军三总部召集人。1976 年，参与粉碎江青反革命集团的斗争，为保持军队稳定做出重大贡献。后担任人民解放军副总参谋长兼福州军区司令员，当选中共总参谋部委员会第二书记，中共第十一、十二届中央委员会委员，中共中央军委委员，第六届全国政协副主席兼全国政协文史资料委员会主任等，出版有《杨成武回忆录》(上、下卷)、《杨成武军事文选》(两卷)和

《杨成武将军自述》等书。

1988年离休后,杨成武继续关心国家的改革开放和人民解放军的建设,出席或列席了中共第十二至十六届全国代表大会,担任中国老区建设促进会会长的十余年间,时时关心老区建设,念念不忘老区人民,为促进革命老区建设、造福老区人民,做了大量好事、实事,做出了卓越贡献,受到了党和政府以及社会各界的好评。1988年2月,杨成武回到家乡长汀县,视察了河田治理水土流失示范山,肯定了河田治理水土流失的经验,指示县委、县政府领导一定要一直抓下去。在他的关心下,家乡重点工程赣龙铁路投入建设,宣成乡兴建了川龙水库、橘子坑水库、岭背迳水库,使八千亩良田旱涝保收,结束了上畲、下畲村民饮水困难的历史。经他牵线搭桥,下畲村于1994年兴建起全县第一所希望小学和第一个山区电教化学校。

2004年2月14日17时35分,杨成武因病医治无效,在北京逝世,享年90岁。2月22日,杨成武遗体在北京八宝山革命公墓火化。党和国家领导人胡锦涛、江泽民、吴邦国、贾庆林、曾庆红等到八宝山革命公墓做最后送别。新华社播发《杨成武同志生平》一稿,称赞他一生襟怀坦荡,谦虚谨慎,清正廉洁,是中国共产党的优秀党员,久经考验的忠诚的共产主义战士,无产阶级革命家、军事家。

杨成武素有"白袍将军"之称,以"忠诚、勇敢、智慧"而闻名,同杨得志、杨勇一道被毛泽东赞为"三杨(阳)开泰"。1955年,获中国人民解放军上将军衔,荣获一级八一勋章、一级独立自由勋章、一级解放勋章。1988年,获一级红星功勋荣誉章。

★第二节　医国丰碑傅连暲

汀州名流傅连暲，医术高超孚众望。
投身革命终无悔，长征路遥志顽强。
呕心沥血为军务，唯图将士保安康。
白衣春晖肝胆照，将军功名人颂扬。

傅连暲(1894—1968)，字日新，祖籍福建省长汀县河田镇伯公岭村，清光绪二十年(1894年)农历八月十五日生于长汀城关南门街。他父亲是码头工人，母亲以打零工为生，从小随父母成了基督教徒，12岁崇正小学毕业，18岁汀州中西中学(基督教会办)毕业。

宣统三年(1911年)，傅连暲考入福音医院附属的亚盛顿医馆，为该校第二期学员，学制五年。毕业后，随即受聘于福音医院，充任巡回医生，出诊于汀州所属八县。他聪慧好学，医术医德兼优，在汀州颇有声誉。民国七年(1918年)，被推举为汀州红十字会主任医师。翌年，受聘为亚盛顿医馆教员和福音医院医生，兼任汀州省立七中(今长汀一中)及汀州女子师范学校校医。1925年，“五卅”事件发生后，福音医院院长赖查理(英国人)慑于长汀人民反帝爱国运动日益高涨而逃离长汀，傅连暲被推举为福音医院院长。

1927年8月下旬，南昌起义军路过长汀。傅连暲收留起义军300多名伤病员在福音医院治疗，其中有共产党人陈赓、徐特立等。他通过徐特立认识南昌起义主要领导人周恩来，周恩来与他交谈人道主义和宗教信仰等问题，使他深受启发。翌年，即利用给郭凤鸣（国民党福建省防军第二混成旅旅长）治病的机会，打通其关系，为中共长汀特支开办“训政人员养成所”，培训农运骨干取得合法手续。同年11月，在傅连暲给郭凤鸣治病时，郭凤鸣一时高兴，透露搜捕15名汀州中共党员的名单。傅连暲赶忙将此情秘密报告当地中共党组织，使15名党员全部转移脱险。

1929年3月，红四军首次入汀。时值天花流行，傅连暲组织医务人员为红四军全体指战员普种牛痘，以防天花蔓延。1932年1月，他创办中国工农红军中央看护学校，培训了60多名红军医务人员。不久，又创办中央红色医务学校，为红军培养医生。傅连暲兼任该校校长，主授药物学、内科学、外科学等6门课程。同年秋，毛泽东在福音医院疗养3个多月，得到他的精心治疗。毛泽东离开福音医院前，建议将福音医院改建成为中央红色医院，傅连暲表示同意。翌年初，福音医院迁往瑞金叶坪，正式转为中央红色医院，傅连暲任院长，并将自己价值2,000多银圆的药品器械捐献给医院。中共中央机关报《红色中华》表彰他是“苏区第一模范”。

1934年春，傅连暲受王明“左”倾错误打击迫害，被诬陷为“AB团分子”，几乎被杀，幸得中央人民委员会主席张闻天出面营救，免遭一死。同年9月，毛泽东突然患恶性疟疾，党中央派傅连暲星夜赶往于都抢救，经治疗，转危为安，不久康复。

同年10月，傅连暲参加长征。途中，他办起医疗训练班，白天行军，晚上授课，为红军培训医务人员。到达延安后，历任中央总卫生处处长兼中央医院院长、中央军委总卫生部副部长，负责中央领导人的保健工作。1938年，加入中国共产党。

新中国成立后，傅连暲历任中央卫生部副部长、中央军委总后卫生部第一副部长、中华医学会理事长、全国政协第二和第三届常务委员。1955年，被授予中将军衔。他在抗美援朝粉碎美帝细菌战、发展中西医、普及祖国医学、培训医学人才等方面做了大量工作和卓越贡献，主要著述有《我热爱自己的医生职业》《在毛主席的教导下》《养身之道》。

“文化大革命”中，傅连暲被林彪、江青反革命集团诬陷为“三反分子”“特务”等，遭到残酷的打击迫害。1968 年 3 月 29 日，在北京秦城监狱被迫害致死，终年 74 岁。

1973 年 11 月 12 日，解放军总政治部追认傅连暲为革命烈士。1975 年 7 月 17 日，中央军委为他恢复名誉。同年 9 月 20 日，解放军总后勤部为他举行安灵仪式，党和国家领导人陈云、聂荣臻、徐向前、谭震林、王震、余秋里等 1,000 多人前往参加。1978 年 11 月 22 日，总后勤部在首都体育馆召开万人大会，公开为他平反昭雪，恢复名誉。

★第三节　救死扶伤叶青山

行军打仗多伤病，白衣战士责不轻。
红军队伍万余众，看病抓药到“福音”。
中原抗战呕心血，救死扶伤实可亲。
书香弟子将军路，毕生拳拳赤子心。

叶青山(1905—1987)，原名志泉，又名水长，长汀河田镇人，清光绪三十一年(1905年)农历五月初五日出生于贫农家庭，年轻时由亲友介绍进福音医院学医。民国十八年(1929年)3月，红四军入汀，正值天花流行，他与同事给红军指战员接种牛痘。毛泽东、朱德觉得他年青且有医术，便动员他参军，他欣然报告，担任军医。朱德高兴地说：“从此以后，我们有了自己的医官了。”同年，他加入中国共产党。他参加了历次反“围剿”战斗和二万五千里长征，亲手医救了上万名红军指战员。

1931年5月，在观音岩战斗中，罗瑞卿政委左侧颞动脉受伤，血流不止，生命垂危。他深夜赶去抢救，使其脱险。罗瑞卿称他为“救命恩人”。1933年11月，在江西壳口战斗中，师政委胡亚林腹部负伤，他立即抢救，和民工一起抬着担架，长途跋涉570余里，历时一个多月，安全送达瑞金牛坊后方医院。长征途中，他把战马让给伤病员，自己步行。到达陕北后，他参加直罗镇战役和东征。

抗日战争时期，叶青山历任八路军一一五师军医处处长，亲临战场，身先士卒，带头输血，抢救伤员，冒着生命危险赴敌占区购运药材、器械，受到毛泽东、萧克、罗瑞卿等赞扬。1938年，他与白求恩(Henry Norman Bethune)大夫共同创建晋察冀军区模范医院(今白求恩国际和平医院)。叶青山善于团结知识分子，留学日本的殷希彭教授、河北医学院微生物学教授刘璞、小儿科专家陈淇园、眼科专家张文奇等，均在叶青山的关怀培养下，担任重要职务，发挥专长。1941年，叶青山进延安中国医科大学研究班学习4年。毕业后，先后在国际和平医院等处工作。1945年，当选中国共产党第七次全国代表大会代表。

解放战争时期，叶青山曾任张家口市附属医院副院长、华北军区卫生部副部长。参加过解放北平、天津等重大战役。

新中国成立后，叶青山历任华北军区后勤部卫生部部长、中央卫生部部长助理兼中央保健局局长、北京军区后勤部副部长等职。抗美援朝期间，他参与领导和组建医院，在鸭绿江北岸的丰盛、宽甸等沿线收治从朝鲜前线运回的伤病员。1952年3月，赴苏联访问考察。1953年9月，参加赴朝慰问团。1955年，被授予中国人民解放军少将军衔，荣获二级八一勋章、一级独立自由勋章、一级解放勋章。1978年，当选第五届全国政协委员。

1987年7月11日，叶青山在北京病逝，终年83岁。

★第四节　百战不殆彭胜标

都说长江是天险，万里江防固金汤。
英武之师千帆过，天堑也作坦途当。
短兵相接下关巷，尖刀直插紫金坊。
将军之勇多有见，百战不殆非寻常。

彭胜标(1909—2003)，原名彭佑先，长汀县古城镇梁坑村人，清宣统元年(1909年)农历二月十七日生。1929年3月参加农民协会，11月带领梁坑农协会员参加古城暴动，随后编入汀西游击队，任排长，同时加入中国共产党。1930年，编入红十二军，先后任排长、特务连连长兼政委。次年8月，在反"围剿"战斗中负伤。伤愈后，任中共古城区区委书记、兆征县监察委员会主席兼县保卫局局长。红军长征后，留守闽赣边坚持游击战争，先后任中共陶古区区委书记兼兆征县苏维埃政府主席、游击队政委，中共汀瑞县委副书记兼汀瑞游击队副政委。

第二次国共合作后，彭胜标率汀瑞游击队前往龙岩编入新四军二支队，任第三团一营政委，于1938年3月开赴抗日前线。后任新四军挺进团政委，率团渡江深入大别山开辟抗日根据地。新四军七师成立后，先后任五十八团政委、沿江支队副政委、师组织部部长，为皖江抗日根据地的建立、巩固和发展做出贡献。

抗日战争胜利后,彭胜标任鲁南曲阜军分区副政委。1947年8月,任华东野战军四十七师政委,参加济南战役、淮海战役。1949年2月,任解放军第三野战军第三十五军一〇三师政委,率部参加渡江战役,解放南京。

1949年6月至1951年2月,彭胜标率一〇三师在浙西剿匪,兼任浙江三分区政委、中共衢州地委书记。后任苏南军区政治部副主任、主任。1956年以后,彭胜标先后任安徽省军区政治部主任、副政委,淮南、淮北铁路建设总指挥。"文化大革命"期间,彭胜标坚持原则,实事求是,为谭震林、陈丕显等人作证。离休后,积极撰写革命回忆录,为党史、军史部门提供许多翔实史料。2003年3月,彭胜标在合肥逝世,享年94岁。

1955年,彭胜标被授予少将军衔,荣获二级八一勋章、二级独立自由勋章、一级解放勋章。1988年,被授予一级红星功勋荣誉章。曾当选中共安徽省委第三届委员、安徽省第四和第五届政协常委。

★第五节　“尖刀师长”涂则生

尖刀之师善拼杀，勇中求稳总不差。
临汾攻坚颇费事，巧施妙计把壕挖。
进逼太原震一域，西北痛击打“两马”。
将军南征北战中，斩关夺隘功到家。

涂则生(1912—1971)，长汀涂坊镇人，民国元年(1912年)出生于贫农家庭。1929年3月，红四军入汀，他参加赤卫队。同年8月，加入中国工农红军，历任战士、班长、排长、连长、营长。次年，由肖华介绍加入共产主义青年团，1932年5月，转为中共党员。曾参加中共苏区五次反“围剿”作战和二万五千里长征。

抗日战争时期，担任过八路军营长、团长、游击大队长、旅参谋长、军分区副司令员等职。参加过平型关战斗，长期坚持晋南和汾河两岸的武装斗争。

解放战争时期，涂则生先后参加过上党、临汾、太原、平津等战役，在临汾战役中，指挥十九分区部队反复争夺外围据点，组织坑道作业，为解放临汾立下大功。攻打太原的战役中，为尖刀师师长，指挥攻打淖马，首战告捷。总攻太原时，和师政委孔骏彪领突击部队攻占太原城，占领阎锡山绥靖公署。1949年5月，和孔骏彪率一八五师进军西北、西南，为中国人民的解放事业做出重大贡献。

1952 年，涂则生进中国人民解放军军事学院学习，毕业后历任西康军区参谋长、副司令，福州军区炮兵司令，福建省军区副司令。1955 年，被授予少将军衔，荣获二级八一勋章、二级独立自由勋章、二级解放勋章。

涂则生一生兢兢业业为党工作，从不计较个人得失。他常说："我的一切是党给的，我们应把一切献给党。"他由福州军区炮兵司令调任福建省军区副司令，有堂妹问他是否降级了，他反问道："你知道什么级，同我一起入伍的，现在只剩下几个人了。那些牺牲的同志，难道也是为了什么级吗？"他掌握政策，坚持原则，"文化大革命"期间，去建瓯处理武斗事件，虽遭围攻、批斗，仍耐心细致地做好两派思想工作，妥善解决矛盾。他处处关心体贴别人，他的夫人生孩子时，从未在家照料一次；可是，干部家属生孩子，他总要亲自去看望慰问。涂则生生活俭朴，不搞特殊，夫人上班，虽然同路却从未同乘小车。生病期间，女儿要求调回福州，他耐心说服女儿："高干子弟不能搞特殊，一人调动会影响大家情绪。"涂则生家住房拥挤，准备让他搬进较宽敞的独院，他婉言谢绝。对子女教育严格，孩子上学后，一不准买零食吃；二不准讲穿戴，一套衣服老大穿了老二老三接着穿；三要自己洗衣服，打扫整理自己的房间，使子女从小养成热爱劳动、勤俭节约的习惯。

1971 年 7 月 19 日，涂则生在北京病逝，终年 60 岁。

★第六节　大漠铁骑刘昌

金戈铁马草莽莽，挺进漠北驰疆场。
旌旗猎猎过热察，挟电裹风威名扬。
力挫顽敌绥蒙庆，决胜辽沈群情昂。
将军虽为大山子，铁骑纵横也风光。

刘昌（1913—1992），男，长汀县四都镇荣坑村人，民国二年（1913年）出生。土地革命战争时期，参加四都区农民暴动和古城游击队，任过少先队长。1931年，编入闽西红十二军，任一〇二团通讯员。次年加入中国共产主义青年团，担任宁化少共县委巡视员。1933年进彭杨学校政治营学习，并转为中国共产党员。毕业后，历任江西军区第三作战分区警卫连政治指导员、独立二营政委、红八军团第二十一师六十三团连指导员、第二十三师六十八团二营政治指导员，参加了中共苏区第四、五次反“围剿”作战和二万五千里长征。到达陕北后，任陕北直罗镇独立营政委。1936年2月，率部攻打陕北鄜县黎石寨，指挥有方，俘虏国民党东北军营长和民团团长，被提拔为红二十九军第二五七团政委。同年9月，东渡黄河，西进与二、四方面军会师，参加了环县、曲子县战斗。

抗日战争时期，任陕甘宁边区独立第五营政委、陇东军分区政治部主任，参加了陕甘宁边区保卫战和大生产运动。1943 年,入延安中共中央党校学习。第三次国内革命战争时期,历任热河军区热北军分区政治部副主任,蒙骑第四师政治部主任、第十师副政委、第三师政委,参加了保卫天山战役、解放多伦外围作战和剿灭叛匪等 30 余次战斗。

中华人民共和国成立后,先后任中国人民解放军内蒙古军区政治部副主任、主任。1956 年,入中共中央党校研究班学习。学习毕业后,先后任内蒙古军区副政委、政委。“文化大革命”中,遭受无端陷害和残酷打击。1978 年,当选内蒙古自治区第五届人大常委会副主任。1982 年 7 月离休,享受正兵团待遇。1992 年 10 月 19 日,因病在呼和浩特逝世,享年 79 岁。

刘昌戎马生涯 60 余年,为中华人民共和国的建立,为军队革命化、正规化、现代化建设以及国防后备力量、民兵预备役工作的开展做出重要贡献。1955 年,被授予中国人民解放军少将军衔,荣获二级八一勋章、二级独立自由勋章、二级解放勋章。1988 年,获一级红星功勋荣誉章。

★第七节　威武之师林接标

抗大结业方出炉，坚步五台踏征途。
柏兰一役抗日倭，半道拦截打掩护。
抓住时机猛出击，威武之师挡不住。
光辉战绩入军史，将军此仗功卓著。

林接标（1914—1989），原名林接义，长汀濯田镇龙归寨（今龙田村）人，民国三年（1914 年）出生于贫苦农民家庭。小时念过两年私塾，12 岁到濯田镇理发店当学徒。父亲林耀攀早年参加秘密农会和赤卫队，常带着他给武平山区游击队送情报和物资。1928 年 11 月，林接标随父参加武北游击队领导的龙归寨农民武装暴动。次年夏，加入中国共产主义青年团。

1932 年 5 月，林接标入瑞金红军学校军事团政治营学习。翌年，转为中国共产党正式党员，进入国家政治保卫局特派员训练班学习。结业后，先后任瑞金红军学校团特派员、红军大学和中央干部团特派员。长征时期，任军委纵队兼警卫营特派员，红军总供给部、军委卫生部等机关单位特派员。到达陕北后，进入中国人民抗日军政大学学习。学习结束后，历任晋察冀军区锄奸部部长，晋东北军分区除奸科科长、组织科科长、团政治委员兼军政委员会书记，教导一旅教导大队政委等职,被选为中共七大代表。

解放战争时期,历任晋察冀军区政治部干部科科长,组织部副部长、部长,华北军区政治部组织部副部长、军区补训兵团党委书记兼政治部主任、军区政治部组织部部长等职。

中华人民共和国成立后,历任中国人民解放军华北军区政治部干部部部长,华北军区防空军政委、党委第一书记、军委防空军党委常委,解放军空军政治部副主任兼直属机关部队政治部主任、空政党委副书记、空军党委纪委副书记、直属党委书记等职。1955 年,被中央军委授予少将军衔,荣获二级八一勋章、二级独立自由勋章、一级解放勋章。1988 年,获一级红星功勋荣誉章。

1989 年 5 月 6 日,林接标在北京病逝,享年 75 岁。

★第八节 医学博士涂通今

扩红参军早离家，新兵状元众人夸。
长征遇险重己任，医科大学绩不差。
身为部长临一线，手术刀把手中抓。
赴苏深造将领少，医学博士顶呱呱。

涂通今(1914—)，长汀县涂坊镇涂坊村人，民国三年(1914年)9月11日生。1929年7月参加少先队，翌年参加县苏维埃政府宣传队。1932年2月参加红军，分配到福建军区后方总医院学习看护，同年10月被选送到江西兴国红军卫生学校学习。次年卫校毕业后，分配到红三师八团卫生部任医生。同年5月1日加入中国共产主义青年团，10月转为中国共产党员，不久任红九军团八团卫生队医生。1934年夏，奉命护送抗日先遣队北上抗日。同年9月，调红九军团兵站医院一所当主治医生。参加了中央苏区一至五次反“围剿”战争和二万五千里长征。长征中，先后任红九军团司令部卫生所所长、红三十二军九十六师卫生部医务主任等职。1936年10月任中央教导师医院一所所长兼主治医生，后任师卫生处医务主任。

抗日战争初期，历任八路军第四后方医院医务科科长、延安小砭沟结核病干部疗养所副所长兼主治医生、八路军第二后方医院医务科科长、甘谷驿八路军第二兵站医院医务科科长等职。1938 年年底，进入八路军卫生学校特训班学习。1942 年，分配到延安和平医院任主治医生。1944 年，进延安中央党校学习。

第三次国内革命战争时期，历任松江军区卫生部部长、东北民主联军东线后勤卫生部部长、东北野战军后勤部卫生部副部长、第四野战军后勤部卫生部副部长，参加了辽沈、平津等战役。

中华人民共和国成立初，任中南军区卫生部副部长兼华中医学院院长、党委书记等职，奉命往江西南昌接收华中医学院。1950 年始兼任《中华医学杂志》编委，1951 年 8 月被派往莫斯科苏联医学科学院神经外科研究所攻读研究生，1955 年 7 月获神经外科医学副博士学位，1956 年 6 月任第四军医大学副校长，1957 年兼任《人民军医》杂志编委，1958 年 5 月成为国际外科学会会员。1964 年，任第四军医大学校长兼党委书记，被选为陕西省科协副主席和西安市人民代表。1971 年起，先后主持解放军总医院和总后卫生部工作。1975 年任总后卫生部副部长、党委副书记，1978 年任解放军军事医学科学院院长。1983 年 12 月任军事医学科学院副兵团顾问后，曾担任《中国医学百科全书》副主编、中华医学会常务理事和全军医学科学技术委员会名誉委员、军事医学科学院名誉教授、康复协会顾问组组长、《创伤》杂志高级顾问以及《新中国预防医学历史经验》副主编等。曾翻译出版《苏联神经外科手术学》，参加《沈克非氏外科学》有关颅神经疾病外科治疗部分的编写工作，以及负责组织编写并审订《实用神经外科学》《野战外科学》等专著。

1955 年，涂通今被授予大校军衔，荣获三级八一勋章、三级独立自由勋章，二级解放勋章。1964 年，晋升为少将。1988 年，获一级红星功勋荣誉章。

★第九节　铁骑剿匪何廷一

挥别延水渡黄河，挺进东北路坎坷。
热中分区履新务，赤峰剿匪战绩多。
步兵借得骑兵速，尖刀犀利捣匪窝。
将军铁骑所到处，战地无不奏凯歌。

何廷一(1915—2007)，原名何廷英，又名何俊卿，长汀县城关人，民国四年(1915年)生。1929年3月加入中国共产主义青年团，同年6月参加红军，任红四军第四纵队政治部秘书兼做青年工作。1931年秋转入地方工作，任福建汀州职工联合会秘书长、共青团汀州市委书记等职。翌年5月参加中国共产党。1933年，率汀州市工人模范少先队参加少共国际师(红十五师)，任师司令部作战参谋，参加了中央苏区第五次反"围剿"作战。长征中，历任红一军团司令部教育科参谋、中央军委第二局参谋，参加了四渡赤水、二渡乌江、抢渡金沙江和大渡河战斗。1937年2月，进入中国人民抗日军政大学学习。

抗日战争期间，何廷一历任中央军委第二局参谋，陕甘宁边区保安处警卫队指导员，八路军前总作战科参谋、副科长。1941年至次年，先后参加延安军政学院、军事学院和中央党校学习。不久，任前总作战科科长、中央军委第一局作战科科长。

抗战胜利后,历任热河军区热中军分区(第十九军分区)副司令员兼参谋长、分区干校校长、赤峰市警备区司令员、乌丹警备区司令员、乌丹军分区副司令员、冀察热辽军区独立三师副师长兼参谋长、东北野战军第十一纵队三十三师副师长、第十一纵队参谋长、第四野战军四十八军参谋长、第四野战军十四兵团司令部参谋处处长,参加赤峰、隆化、北票战斗和辽沈、平津战役,受到冀察热辽军区和第十三兵团通令嘉奖,并参与空军司令部的组建工作。

中华人民共和国成立后,历任空军司令部计划处处长、空军副参谋长兼空军检察院检察长。1956—1966 年,先后负责毛泽东、周恩来、刘少奇等党和国家领导人的专机保障工作。“文化大革命”期间曾被停职“监护”,1975 年 10 月任空军副司令员,1998 年 7 月离休。

1955 年,何廷一获少将军衔,获二级八一勋章、二级独立勋章和一级解放勋章。1988 年,获一级红星功勋荣誉章。曾当选中共十二大代表,第五届全国人大代表,中纪委委员,第六、七届全国政协委员。

★第十节　平叛英雄钟池

鸭绿江边洗尘时，西藏叛乱有所知。
高原战云风突起，大军入藏不疑迟。
挺进昌都围拉萨，残匪不灭心不死。
战将为国身有责，统一大业不容辞。

钟池(1915—1978)，长汀县宣成乡人，民国四年(1915年)生于贫农家庭。1929年参加中国工农红军，担任司号员。1931年11月，入中央红军学校学习5个月，后任红四军通讯员、排长、连指导员，参加过第五次反“围剿”斗争和二万五千里长征。1935年11月，加入中国共产党。到达陕北后，参加直罗镇、吴起镇、东渡黄河等战役。1936年9月至翌年3月在抗日红军大学学习，后任八路军一二九师团政治处及后方留守兵团政治部干事、军法处审判长、旅军法处裁判长等职。解放战争时期，历任旅、师政治部副主任，参加过辽沈、平津、衡宝和广西等战役。

新中国成立后，钟池历任中南军区师副政治委员、军干部管理部部长。1953年参加抗美援朝战争，任中国人民志愿军军干部部长。1955年被授予大校军衔，荣获三级八一勋章、二级独立自由勋章、二级解放勋章。1957年进解放军政治学院学习。1959年结业后，历任五十四军一三〇师政治委员、军副政治委员。同年参加平定西藏叛乱。1962 年参加中印边境自卫反击战。1964 年晋升为少将。1967 年 7 月任成都军区政治部副主任。他忠心耿耿，为军队现代化建设呕心沥血，做出重大贡献。

1978 年 3 月，钟池在北京病逝，终年 63 岁。1978 年 10 月，成都军区政治部在长汀西门罗汉岭山麓建钟池将军墓，并篆刻了碑文。

★第十一节　游击英雄张日清

主力北上战未酣，长岭挥师向三南。
挺进青龙打土围，锄霸镇豪不畏难。
叛徒泄密多有变，顽军围剿作死缠。
将军三年游击战，威震赣南敌胆寒。

张日清(1916—2005)，原名张家珍，长汀县涂坊镇红坊村人，民国五年(1916年)生。1930年参加红军，次年加入中国共产主义青年团，不久转为中共党员。曾任瑞金红军学校政治干事、指导员，参加中央苏区一至五次反“围剿”战斗。中央红军长征后，在赣南地区坚持三年游击战争，历任信康赣雄游击司令部信康游击队副政委，连山游击队副政委，全南、龙南、定南游击支队政委。

抗日战争初期，历任新四军教导总队中队长、大队长、教员主任，新四军二支队三团参谋长。皖南事变后，任新四军一师二旅六团团长。后进入中共华中党校学习，结业后任抗大九分校大队长、教育长，新四军第一师司令部作战教育科科长兼特务团副团长，苏浙公学副教育长、苏浙军区第三纵队七支队政委。

第三次国内革命战争时期，历任华中野战军第八纵队六十四团团长、第一师一旅政治部主任、华东野战军第四纵队十师政治部主任、华东军区随营学校副校长、解放军第三野战军军政干部学校政治部主任、华东军政大学第二总队政治部主任,参加了苏中、孟良崮和淮海等战役。

中华人民共和国成立后,任华东军政大学福建分校政委、第十四步兵学校政委。1952 年,入解放军军事学院政治系学习。毕业后,任解放军第二十四军副政委兼政治部主任、政委,山西省军区第二政委,北京军区副政委,武汉军区顾问。

1955 年,张日清被授予少将军衔,荣获三级八一勋章、二级独立自由勋章、二级解放勋章。

★第十二节　援越将军罗洪标

无端祸起北部湾，侵略魔爪入越南。
“南打北炸”废墟上，一片焦土成荒滩。
总理亲授援越令，修路大军不畏难。
临别紧握将军手，竣工赠戒成美谈。

罗洪标(1917—2009)，长汀县南山镇塘背村人，民国六年(1917年)生。1929年汀南暴动后，被推选为村儿童团团长。次年加入中国共产主义青年团，同年6月参加红军，被编入红四军第三纵队，任红一军团二师排长。1931年转为中国共产党员。1933年6月入江西瑞金彭杨步兵学校政治营学习。翌年2月毕业后，任红一军团第三师九团政治处青年干事、连指导员、红二方面军政治部宣传分队长、战斗剧社指导员、教导团指导员。参加了中央苏区一至五次反“围剿”战斗和二万五千里长征。到达陕北后，在保卫延安的战斗中身负重伤。

抗日战争时期，历任八路军一二〇师政治部青年科科长，晋西北军区独一旅二团政治处副主任、主任。1942年入延安中央党校学习，后任八路军一二〇师一旅二团政治处主任，参加了百团大战等战役。

第三次国内革命战争时期，先后任晋绥军区

独一旅二团副政委、政委，西北野战军一军二师四团团长兼政委。

中华人民共和国成立后，罗洪标被派往国民党起义部队第十六兵团四十一军任军事代表。1950年，参加抗美援朝战争，任中国人民志愿军第十二军三十四师政委。回国后，任解放军工程兵干部部副部长、器材部部长。1958年，进入解放军高等军事学院基本系学习。毕业后任解放军工程兵科学研究部部长，援越工程指挥部副主任、代理主任。20世纪50年代末，到大西北参加原子弹试验工程工作，任工程兵技术学校副校长、工程兵工程学院副院长、兰州军区司令部副参谋长。1964年3月，受命带工作组和技术员到新疆马兰、罗布泊检查原子弹试验工程和45项效应工程以及建筑原子弹试验塔架。1984年离休。

1955年，罗洪标被授予大校军衔，荣获三级八一勋章、二级独立自由勋章、二级解放勋章。1961年，晋升为少将。1988年，获一级红星功勋荣誉章。

★第十三节 “模范政委”吴岱

“模范政委”常领兵，思想工作最用心。
统辖所部活字典，将士个个记得清。
行军打仗霹雳火，待人处事善动情。
文武兼备一宿将，千锤百炼乃真金。

吴岱(1918—1996)，长汀县南山镇大田村人，民国七年(1918年)生，念过三年私塾、两年高小。父亲吴福良担任过乡苏维埃政府主席等职务。1931年11月，吴岱加入中国共产主义青年团，此后任过团支书、少先队长、贫农团代表和乡苏维埃代表。1933年5月，参加中国工农红军，任少共国际师四十五团二营五连通讯员。不久，调团部任旗语班班长、通讯班班长。1934年1月，转为中国共产党员。此后，经教导队青年干事训练班学习，分配到红一军团补充团二连任指导员。长征期间，先后任红十五师直属队青年干事、红一军团巡视团巡视员、军团直属队青年干事等职，参加过直罗镇等战役。

抗日战争时期，历任八路军一一五师三四三旅团组织干事、旅教导队指导员，补充团三营教导员，山西吕梁区独立营政治处主任，一一五师团组织股长，教导三旅第四团政治处副主任，团政委，滨海军区第六团政委，参加过平型关、海陵反蚕食、岌山反“扫荡”等战役。

第三次国内革命战争时期，历任东北民主联军第一师政治部副主任、主任，东北野战军第一纵队第一师政委、第一纵队政治部副主任，中国人民解放军第四野战军第十三兵团三十八军政治部主任，参加过抚顺、辽沈、平津战役和挺进广西等战斗。

抗美援朝期间，先后任中国人民志愿军三十八军政治部主任、副政委、政委，曾参加指挥1~4次战役和正面防御作战。1953年率部回国后，任中国人民解放军三十八军政委、中共吉林省委常委。1958年，入解放军高等军事学院基本系学习。学习毕业后，历任旅大警备区副政委兼政治部主任、政委，中共旅大市委常委，北京军区政治部主任、副政委，中共天津市委第二书记，北京军区顾问，当选中共八大和十大代表、第三届全国人大代表、共青团第二届中央委员。1986年年底离休。1996年11月5日在北京病逝，享年78岁。

1953年，吴岱曾荣获朝鲜民主主义人民共和国二级自由勋章、二级国旗勋章、一级独立自由勋章。1955年，被授予中国人民解放军少将军衔，荣获二级八一勋章、二级独立自由勋章、一级解放勋章。1975年访朝，又获朝鲜民主主义人民共和国一级独立自由勋章。1988年，获一级红星功勋荣誉章。

（注：以上十三位长汀籍开国将军的赞诗，引自宋四根、练建安、吴金业编著，丁仕达作诗：《八闽雄风：福建籍开国将军画传》，北京：中央文献出版社，2006年。）

★第十四节　铁血忠诚童小鹏

幼辞家乡跟着党，红军秘书驰疆场。
跟随总理四十载，赤胆忠心不迷航。
国共合作留影集，历史脚步供鉴赏。
无私奉献为革命，一生磊落美名扬。

童小鹏(1914—2007)，长汀童坊镇人，民国三年(1914年)9月20日出生在一个贫苦农民家庭。1930年6月参加红军并入党，在红四军、红一军团政治部、政治保卫局任秘书。长征到陕北后，曾任毛主席秘书。1936年12月西安事变后，一直随周恩来在西安、南京、武汉、桂林、重庆等地八路军办事处负责秘书、机要工作，曾任重庆中共中央南方局秘书处处长、秘书长、中共代表团副秘书长。1947年3月随董必武由南京回延安后，在中央城工部、统战部任秘书处处长、副秘书长、秘书长。1958—1966年，任国务院副秘书长兼总理办公室主任。“文化大革命”初任中央办公厅副主任，“文化大革命”中下放干校。1973年回中央统战部，1977年任中央统战部副部长。1982年退居二线，任中央党史资料征集委员会副主任，主持编纂、出版《南方局党史资料》《长江局党史资料》《南京局党史资料》，出版《军中日记》以及《第二次国共合作》《历史的脚印》两本影集。

1987 年离休，1990 年年底定居福建漳州，著有《风雨四十年》《少小离家老大回——童小鹏回忆录》《回忆与思念》。2001 年因病回北京安度晚年。2007 年 7 月 18 日在北京病逝，享年 93 岁。

★第十五节 红色金融家黄亚光

留学东瀛返故乡，满腔热血报家邦。

血雨腥风幸存者，无怨无悔当自强。

一代红色金融家，设计苏币获赞扬。

朴实无华真本色，誓将终身献给党。

黄亚光(1901—1993)，长汀城关人，早年留学日本，从日本学习回国后，参加长汀中共地下党组织，后又为县委领导成员。

1931年，闽西地区在"左"倾错误路线下发生"肃社党"冤案，多人被错杀。黄亚光也被诬为"社会民主党"成员而被逮捕，并被判处死刑，即将执行。毛泽民了解后，立即去找中央保卫局局长邓发，从死神手下把黄亚光救了下来。黄亚光得救后，被安排在中华苏维埃中央人民政府总务厅文书科工作，但他的主要任务是为国家银行设计货币图案。由于当时条件困难，货币上的列宁像是他用毛笔在毛边纸上临摹设计出来的。1934年10月长征时，他编入国家银行十五大队。从1935年11月至1936年1月间，他设计了"壹角""贰角""壹圆""贰圆"多种面额的货币图案。

抗战开始，西北分行改组为陕甘宁边区银行，他除继续参与光华代价券及陕甘宁边区银行券的设计外，还参加领导工作。1942年6月，担任陕甘宁边区银行副行长，9月行长朱理治离任，由他代理行长。不久，被正式任命为行长。他长时期在生产比较落后、经济极其困难的条件下工作，领导边区银行紧密配合财政、外贸，为保证战争供应和发展边区经济而艰苦奋斗。

1949年4月15日，西北农民银行正式改为中国人民银行西北区行，黄亚光担任经理（行长）。1952年调人民银行总行任副行长。“文化大革命”期间，银行与财政部合并办公，他调任中共福建省委副书记。

黄亚光生活朴实无华，始终保持着艰苦奋斗的老战士本色。

★第十六节　无名英雄毛钟鸣

北伐远征展宏图，古城暴动逞威风。
密垒红墙斗顽敌，周旋虎狼亮剑中。
秘密交通舍生死，智勇双全建奇功。
精神炮弹报敌遁，映照汀江别样红。

毛钟鸣(1901—1986)出生于长汀县城一个贫民家庭。13岁辍学当过店员、印刷工人。1926年，参加北伐，任中央联席会议秘书处干事。1927年，南昌起义军南下广东途经长汀，任起义军革命委员会秘书厅总务科科长。1928年加入中国共产党，历任党支书、区委书记、县委书记。1931年起，先后在福建省保卫局、国家政治保卫局工作。1934年红军长征前，经组织决定留在当地坚持工作。1938年冬到上海从事党的工作。新中国成立后，被派往国外工作。1958年秋回国，在中共广东省委、中共中央直属机关工作。1960年起任上海市政协委员、全国政协委员。1982年在中调部离休，享受上海市副市长级待遇。

毛钟鸣是中国共产党的优秀党员，是久经考验的共产主义战士。1927年"四一二"政变，毛钟鸣被迫离开武汉国民政府返汀，在自家的毛铭新印刷所工作。1927年9月，南昌起义部队到长汀，起义军前委吴玉章、张曙时通过毛钟鸣的介绍，接见罗化成,并介绍罗化成参加共产党。为做好部队后勤供给工作,毛钟鸣日夜奔忙,印刷文件传单,筹粮筹款,雇船秘密运送枪弹前往上杭。后按吴玉章嘱托留汀,与段奋夫、罗旭东、黄德三等密切联系,参与领导著名的古城暴动。

毛钟鸣是隐蔽战线的无名英雄。毛钟鸣和毛如山、毛旭初等兄弟入党后,将毛铭新印刷所建为党的秘密联络站,领导多个党支部、工会。在政治保卫局工作期间,建立秘密交通线,为进出中央苏区的人员、情报、物资提供保障。在长征出发前夕及三年游击战争时期,先后掩护和转移一大批苏区干部及家属,为革命保存有生力量,先后帮助岳得义、罗化成、梁国斌等人脱险归队,为汀瑞游击队提供情报、物资支持。1938 年 3 月,新四军二支队从龙岩北上抗日,在此前后他秘密协助部队做了大量工作。他长期在白区从事党的工作,严格执行中央指示。新中国成立后,在国外、国内工作期间,出色地完成了任务,为国家安全做了大量工作。

毛钟鸣是中央苏区印刷业的开拓者。他按照毛泽东 1929 年先后来长汀时的指示,将毛铭新印刷所建为“制造精神炮弹的兵工厂”——红军印刷厂,印刷《中共六大决议案》《十大政纲》《红四军司令部布告》《告商人、知识分子书》《告绿林弟兄书》,红军最早的铅印军报《浪花》,苏区最早版本的《古田会议决议案》、“一苏大”《选民登记表》、团中央机关报《青年实话》,以及地方党政军群机关的许多文件、宣传品等。1931 年,他组织长汀印刷工人携带机器到瑞金,为中华苏维埃第一次全国代表会议印刷材料。他通过毛铭新印刷所原有的商业渠道,从白区秘密采购印刷设备器材,支持苏区印刷事业,先后协助指导办起闽西列宁书局、中央财政部(国家银行)印刷厂、中央政府印刷厂、中革军委印刷厂。毛钟鸣被誉为红色印刷家。

毛钟鸣爱国爱家,关心家乡建设。他鼓励、带领诸多家人亲友积极参与红色印刷,为革命出人出钱出力。1933 年冬,毛铭新印刷所将全部印刷设备捐献给团中央,改名为团中央青年实话印刷厂(长征前并入中央印刷厂)。1936 年复设毛铭新印务局,仍为党组织的秘密联络点,直至长汀解放。他注重在工人、农民中发展党员,发动民众支持革命。他作风正派，廉洁奉公，艰苦朴素，严守党的机密，从不计较个人得失和名誉地位。他关心家乡建设，为维护原中央苏区革命旧址、了解历史事实等事宜，做了许多工作。

★第十七节　保卫尖刀梁国斌

红土地上好儿郎，保卫局长当自强。
平息暴乱建奇功，肃反锄奸正气扬。
坚持苏区游击战，北上御寇迎曙光。
坦荡一生无私欲，红心永向共产党。

梁国斌(1910—1980)，原名梁友植，出生于长汀县建筑工人家庭。1927年参加党的秘密活动，1928年加入共产主义青年团，1929年冬转为中国共产党员。古城暴动前夕，他带领支部成员，夤夜翻山越岭，避开敌人哨所，机警地把枪支弹药送到目的地，使暴动一举成功。历任长汀肃反委员会主席、清流县政治保卫局局长、中共汀州市委书记、国家政治保卫局福建省分局侦察部部长、特委保卫局局长、分区肃反委员会主任，被誉为“苏区政权保卫战线上的一把尖刀”。

1934年10月，主力红军长征后，梁国斌奉命留在苏区坚持游击战争。1935年8月，在宁化、清流的战斗中被捕，被关押在瑞金。在押解回长汀途中，与罗化成深夜逃脱虎口，在地下党组织掩护下前往香港。1937年7月，由中共南方局派回闽西南工作，任闽西南特委驻龙岩办事处主任。他积极宣传党的抗日主张，开展统一战线工作。1938年1月，奉命到长汀接电台和干部，时值国民党制造“瑞金事件”,他立即向当局提出强烈抗议,经多方交涉及社会舆论谴责,当局只得把被扣留的干部、电台和枪支弹药全部归还。

1938年春,梁国斌任新四军二支队侦察参谋,随军奔赴皖南抗日前线。历任新四军江北指挥部军法处处长、新四军政治部锄奸部部长、华东军区政治部保卫部部长等职。1940年7月,淮南津埔路东地区的地主劣绅在8个县同时发动武装暴乱。梁国斌当机立断,采取果断措施,暴乱得以平息,为巩固东路地区抗日民主政权做出重大贡献。同年9月,日军分七路向津埔路东地区大举进犯,他亲自指挥警卫队在丰塔集阻击日军,掩护江北指挥部安全转移。

解放战争时期,梁国斌任华东军区政治部保卫部部长、中共华东局社会部副部长。在淮海和渡江战役中,他便着手准备南京、上海、杭州的接管工作。上海解放后,任上海市军管会公安部部长。

1949年7月, 梁国斌随十兵团南下解放福建,8月任中共福建省委常委兼省公安厅厅长。在镇反、剿匪工作中,放手发动群众,严厉打击敌人。1951年后,调任华东军政委员会公安部副部长、社会部部长,华东行政委员会公安局局长。1954年,任最高人民检察院副检察长、党组副书记、公安部副部长。1965年,任中共上海市委书记处书记、上海市副市长,主管政法工作。

在“文化大革命”期间,梁国斌被非法关押达7年之久。粉碎江青反革命集团后,党中央给他彻底平反,恢复工作。他说:“我要在生命的最后几年为党多做点事情!”他坚持原则,不搞特殊化,努力工作。1980年3月5日在上海病逝,终年70岁。

第四章 闽山汀水悼忠魂

在如火如荼的土地革命战争时期，为了新中国的建立，为了人民的解放事业，以毛泽东为代表的中国共产党人，在长汀描绘了开辟闽西、赣南革命根据地的宏伟蓝图，把马克思主义的普遍原理与中国革命的具体实践相结合，开辟了一条农村包围城市、武装夺取政权的中国革命道路，演绎了一曲气吞山河的英雄赞歌。

在长汀这块红色的土地上，有众多仁人志士，在中国共产党的领导下，为了推翻国民党反动统治，谋取亿万人民的幸福，高举红旗，跟党前进，不屈不挠、英勇战斗。他们在硝烟弥漫的战场上，在白铁森森的囚牢里，流尽最后一滴血，用生命谱写了一曲辉煌壮丽的赞歌！他们中有伟大的马克思主义者瞿秋白、何叔衡；有我县早期党的领导人王仰颜、段奋夫；有驰骋沙场的红军将领张赤男、刘云彪；还有普通的革命群众戴五嫂……根据不完全统计，长汀有1万多名优秀儿女为革命献出宝贵的生命，全县在册烈士6,663人。他们的鲜血染红祖国的大地，他们与山河同在，与日月同辉！他们是耸立在中华大地上的不朽丰碑！

青山绿水存浩气，苍松翠柏伴英灵。今日神州看奋起，山河千古慰忠魂！让我们重温先烈们的光辉一生，再一次感受先烈们所经历的血与火的洗礼。再一次聆听共产党人"愿为苏维埃流尽最后一滴血"的铿锵誓言之际，我们仿佛跨越时空，感受着当年激情澎湃的岁月，时时为老一辈共产党人不畏艰难困苦、坚定信念、百折不挠、不怕牺牲的斗争精神所激励。我们要以革命先辈为榜样，为实现中华民族的伟大复兴，为伟大祖国更加美好的明天而努力奋斗！

★第一节　万古雄魂瞿秋白

曾是江南第一燕，文坛才子华夏闻。
敢将此生追马列，誓酬壮志到成仁。
闽赣转移陷囹圄，铁窗难锁主义真。
国际悲歌歌一曲，长汀万古瞻雄魂。

瞿秋白，江苏常州人，生于1899年1月29日。1919年，他参与领导了五四爱国运动，次年任上海《晨报》驻莫斯科记者，翔实地报道了十月革命后苏俄的情况，大力宣传马克思主义。1922年加入中国共产党。翌年回国后，负责《新青年》等编辑工作，先后当选中共第三、四、五届中央委员。在第一次大革命失败后的紧急关头，主持召开八七会议，会上被选为中共中央总书记。1928年，在莫斯科出席中共六大，当选中共中央政治局委员，出席共产国际第六次大会。1930年9月回国，主持召开中共六届三中全会。次年1月，在中共六届四中全会上，遭王明等人排挤，被解除中央领导职务。此后，在上海同鲁迅一道领导左翼文化运动，为中国革命文化事业做了大量奠基工作。

1934年1月，瞿秋白来到中央苏区，担任中华苏维埃共和国临时中央政府人民教育委员等主要职务。尽管他患严重肺病，仍坚持不懈，努力开展文化教育的普及工作，创办高尔基戏剧学校等，为中央苏区文化教育事业呕心沥血，做出积极贡献。

同年10月，红军长征，瞿秋白、何叔衡、邓子恢等留闽赣苏区领导开展隐蔽斗争。1935年年初，党组织决定将他和何叔衡、邓子恢转移至上海。2月21日，瞿秋白从会昌来到长汀四都，24日拂晓，在濯田梅迳村被国民党保安团包围，不幸被捕。他在国民党的威逼利诱面前坚贞不屈。他说："人爱自己的历史，比鸟爱自己的翅膀更重要，请勿撕破我的历史！"在狱中，他写下10余首诗词，抒发了自己的感情。为使党和人民更加了解他的言行举止，5月17—22日，还写下《多余的话》，勇敢地毫无掩饰地进行自我解剖，记述一生改造客观世界和主观世界艰难曲折的过程，体现了共产党人无私无畏、严于律己的高贵品质。

1935年6月18日，国民党军三十六师在中山公园摆下刑餐。瞿秋白自斟自酌，泰然自若地说："共产党人的哲学就是鞠躬尽瘁，死而后已。"他从容地站在六角亭(今修建为"秋白亭")前留下遗照，然后走向刑场。一路上，他频频向群众点头，用俄语哼着《国际歌》和《红军歌》，走向西门罗汉岭从容就义，时年36岁。

新中国成立后，政府在罗汉岭建造了一座宏伟的瞿秋白烈士纪念碑。1985年6月18日，中共福建省委、福建省人民政府在长汀隆重举行瞿秋白烈士英勇就义五十周年大会，并篆刻了碑文。

★第二节　建党先驱何叔衡

一大创党浦江边，高风亮节意志坚。
可当大局穷秀才，红心不老几颠连。
铁骨铮铮壮烈死，虽死犹荣万代传。
梅迳芳草添春色，今人奠祭忆先贤。

何叔衡，湖南宁乡县人，生于清光绪二年(1876年)农历五月初五日，18岁中秀才。1912年考入湖南第一师范学校，与毛泽东结为好友。1920年，在湖南和毛泽东创建共产主义小组。1921年7月，出席中共第一次全国代表大会。1928年，被党组织选送前往苏联学习。同年，出席在莫斯科召开的中共第六次全国代表大会。1930年，何叔衡回国，在上海工作。

1931年冬，他与唐义贞一道辗转千里来到中央苏区，当选中华苏维埃共和国临时中央政府执行委员，先后担任临时中央政府检察部部长、内务部代部长和最高法庭主席等职务。

1934年10月，红军长征，他与瞿秋白等留中央苏区领导开展隐蔽斗争。1935年年初，党组织决定将他和瞿秋白等转移至上海。2月21日下午，他们一行从会昌小密村来到长汀四都小金，由省政治保卫局抽调90多人护送前往永定。24日凌晨，途至濯田梅迳村，被保安十四团钟绍奎包围,护送队仓促迎战,掩护何叔衡等向牛子引崇撤退。由于众寡悬殊,队伍被冲散,只好分头突围,何叔衡因年老体弱,虽由警卫员搀扶着走,但甚感体力不支,敌人越逼越近,情况万分火急,他对邓子恢(闽西南军政委员会副主席)说:“你们先走吧!我不能连累同志们。我不怕,我有办法对付敌人。”大家怎么也不忍心丢下自己的战友,坚持搀扶着他继续往前走。来到山崖边,敌人已近在咫尺,何叔衡为使同志们脱险突围,毅然从容跳下悬崖,殉难时年仅59岁。

为了纪念何叔衡,1963年在长汀濯田镇小迳村旁山头上,竖立了一座三米多高的大理石碑,上刻着董必武的亲笔题词:何叔衡同志死难处。

★第三节　红军政委张赤男

汀江之畔一赤男，雄姿挺立天地间。
汀西汀南举暴动，地主豪绅丧九泉。
豪情万丈师政委，率军奔赴第一线。
出师未捷身先去，家乡父老泪滔天。

张赤男，又名希尧、尚书。长汀县濯田镇长兰村人，1906 年出生于贫农家庭，6 岁念私塾，12 岁进县模范小学，14 岁考入福建省立第七中学（今长汀一中），在校期间常阅读《新青年》《向导》《汀雷》等革命书刊。与罗化成、杨成武等发起成立汀州学生联合会，创办《长汀月刊》，宣传革命真理，抨击社会时弊。1925 年五卅惨案发生后，张赤男等以学生联合会名义，发动中小学生及各界人士 1,000 余人，于南寨集会声讨帝国主义罪行。次年 9 月，张赤男自愿参加北伐军，在十七军政治部当宣传员。1927 年 1 月，进武汉中央军事政治学校学习，与罗瑞卿、粟裕结为好友。同年 2 月，加入中国共产党。八一南昌起义后，随叶剑英率领的教导团南下广州，参加广州起义。1928 年 2 月，在保卫惠州阻击战中，左腿负伤。伤愈后，受党组织派遣返闽西与张鼎丞、邓子恢等开展农民运动。3 月回汀，在省立七中(今长汀一中)以教书为掩护，秘密从事革命活动，不久，被学校解职。6 月间，张赤男回家乡宣成乡，以畲心村为据点发展秘密农会，开展抗捐减租斗争。

1929 年 3 月，红四军入汀，中共长汀县委成立，张赤男当选委员。6 月，领导高坪暴动，没收地主豪绅财产分给农民。7 月，出席中共闽西一大，被选为闽西特委委员。9 月，奉令将汀、杭、连、武四县交界地区赤卫队整编为 4 个支队。在他的统一指挥下，消灭了河田等地的伪民团。12 月，张赤南参加著名的古田会议。会后，奉命将原有的 4 个支队组建为闽西工农红军第三路军，并受任总指挥。

1930 年 2 月，张赤男在攻打上杭的战斗中，临危不惧，镇定自若，体现了卓越的指挥才能。6 月，任红四军三纵队政委，转战闽粤赣三省。9 月，任红四军十二师政委兼政治部主任。同年冬至次年秋，在三次反"围剿"战斗中，张赤男身先士卒，亲临前线指挥，屡战屡胜。

1932 年 2 月，张赤男率红十一师攻打新城，掩护彭德怀率三军团攻打赣州。2 月 15 日上午，张赤男和师长王良来到三十二团指挥所，国民党正以密集的火力封锁前面唯一的通道。红军战士向前运动，一连倒下几个人。突然有一战士爬起来跃进，完全暴露在国民党军的火力网下，张赤南便不顾安危，猛地站起来大声喊"卧倒，卧倒"，战士卧倒脱险，他却头部中弹，不幸牺牲，年仅 26 岁。

1932 年 11 月 10 日，宣成区苏维埃政府召开隆重的追悼大会，并将宣成区改名为赤男区。1959 年，为缅怀烈士，宣成建立张赤男烈士纪念碑。1981 年萧克来汀视察，为纪念碑题写碑文。

★第四节　革命前驱王仰颜

冰封大地起春潮，革命暴动在新桥。
配合红军斗地主，分兵游击掀怒涛。
登高一呼群激奋，地契租约照天烧。
一颗红心永向党，乡民怀念好领导。

王仰颜，原名修文，长汀新桥镇人，1893年出生于地主家庭。1912年毕业于福建省立第七中学（今长汀一中）后，进厦门同文书院学英语一年。次年秋，进北京工业专科学校化学系就读。五四运动中，他作为“工专”代表参加游行示威，演讲宣传，曾被捕入狱，不久获释。1922年毕业返汀，在水东街开设实业公司，意欲实业救国。他与段奋夫、黄亚光、黄继烈等交往，畅谈理想。1926年夏，王仰颜在新桥秘密建立长汀第一个农会小组，带头对佃户实行平粜和减租。北伐时，国民党长汀县党部成立，王仰颜为国民党员，众推他为县党部书记长，他转推荐刘绳良（光前）担任。时县长李钰阻挠破坏“减租减息”，王仰颜、黄礼中、黄继烈等发动新桥、策田、罗坊、东街等上千农民进城示威，手持红旗木棒，高呼“打倒贪官污吏李钰”“坚决要求减租减息”等口号，李钰闻声逃走。1927年7月，王仰颜加入中国共产党。

1929年3月，红四军入汀，成立中共长汀县委，王仰颜任组织委员。陈毅率红四军一纵队来到新桥，他积极配合，发动群众打土豪、筹军饷、扩大红军，仅两三天，动员20多名青年参军。同时，还设立秘密接待站，把不少国民党军队中的官兵转化过来，加入红四军队伍。

1930年2月，王仰颜在新桥竖起红旗，把武装农民组织起来建立汀东游击队。6月，领导新桥、馆前、曹坊、滑石、彭坊、淮土、根竹等地农民武装2,000余人举行汀东农民暴动，成立汀东革命委员会。王仰颜号召农民起来打土豪、分田地，并将自己家中田地家产分给贫苦农民。大家交口称赞："新桥出了王仰颜，田地家产拿来平。"各乡相继成立革命委员会，打土豪、分田地运动如火如荼地展开，当局深感不安。不久，王仰颜率汀东游击队开赴四都，整编为红十二军第五纵队，受命纵队司令，配合红军主力，不断打击敌人。

1931年春，坚持在汀东打游击的队长王维柱不幸阵亡，队伍冲散，王仰颜奉命回汀东重新组建队伍。是年夏得悉在"肃社党"事件中，黄继烈遭杀害，段奋夫、曾炎等被扣押，他决定前往涂坊弄清真相。有人一再劝阻说此去凶多吉少，他坚定地说："这是关系到党的存亡、革命成败的大事，我不能眼睁睁看着同志们含冤屈死去。"7月30日，他坦然前往虎岗，同样被诬为"社会民主党分子"惨遭杀害，时年38岁。

1952年，陈毅在上海曾吩咐有关部门寻找王仰颜下落。在确认遇难后，王仰颜被追认为革命烈士。

★第五节 县委书记段奋夫

风雨如磐黑沉沉，一把火炬照亮天。
协助义军筹军饷，又把党的支部建。
奔赴陂溪见朱毛，入闽首战把敌歼。
肃反错杀无辜男，长汀痛失好青年。

段奋夫，原名段浩，乳名石水，长汀城关人，清光绪三十一年(1905年)农历五月初二日出生于工人家庭。18岁中学毕业，父亲病逝，继承父业在汀江码头当盐秤手，朝夕与码头工人相处，深知劳动人民疾苦。1927年9月，南昌起义军过汀时，他加入中国共产党，立志做一个为共产主义事业奋斗终生的大丈夫，便改名“奋夫”。他积极向起义军提供全城军阀、官绅情况，为起义军保安处人员带路，搜捕土豪劣绅十余人，将其中民愤较大的段夔文、丘秀章、姜济民、赖朴生等四人处决于府学前。在起义军帮助下，中共长汀支部成立，段奋夫任书记。1928年，段奋夫与王仰颜、黄亚光等利用郭凤鸣办的“训政人员养成所”教员身份，从事党的秘密活动，宣传党的土地政策，培养“农运”骨干，发展党组织和农会组织。

1929年3月12日，红四军由江西进入长汀四都。段奋夫等前往陂溪，向毛委员、朱军长汇报汀城驻军情况，为长岭寨战斗提供重要军事情报。

红军入汀后，中共长汀县委成立，段奋夫任书记。同年 11 月，红四军由粤东回师长汀，为配合行动，县委决定举行古城暴动。22 日晚，段奋夫率暴动队员 200 余人从高岭坑出发，包围古城团防局，在刘宜辉接应下，团丁调转枪口参加暴动队。兵分三路围捕从城里逃至古城的官绅，缴枪百余支。第二天，在墟场召开群众大会，欢庆古城暴动胜利。会上段奋夫宣布正式成立汀西革命委员会，主持审判丘耀骊等八人罪行，判处死刑。会后，领导暴动队打土豪，开仓分粮，威震闽赣两地。

1930 年农历二月十九日，段奋夫领导四都暴动，处决恶霸廖朝东、陈巴厘，建立四都区苏维埃政府。同年 3 月 18 日，段奋夫当选闽西苏维埃政府执行委员。后深入汀西马头山国民党金汉鼎部六十八团，做士兵反正工作，促使六十八团官兵于 4 月中旬举旗起义，编入红四军。同年 10 月，段奋夫任中共汀连县委书记。1931 年 7 月，段奋夫被诬为“社会民主党分子”，被错杀于永定虎岗，时年 26 岁。

新中国成立后，1952 年 3 月，段奋夫被追认为革命烈士。

★第六节　骑兵团长刘云彪

红土地上好青年，万里长征意志坚。
直罗阻击夺胜利，勇夺要塞倒马关。
日夜奔袭三百里，对日作战头功建。
望都改名云彪县，英雄精神万代传。

刘云彪，长汀县濯田镇露潭村人，1914 年生于贫农家庭。1929 年 3 月，加入少先队。翌年，加入共产主义青年团。同年，参加中国工农红军，编入红十二军三十六师一〇八团，先后任团部通讯员、通讯班长、排长。1931 年，由共青团员转为中共党员。次年，任团侦察排长，多次参加反“围剿”战斗。

1934 年 10 月，刘云彪参加二万五千里长征。年底，在遵义编入师侦察连，任连长。次年 9 月，在甘肃岷县合编为军团直属侦察连，任副连长，后调骑兵侦察连任连长，取得直罗镇阻击战胜利。1936 年 2 月中旬，骑兵连在山西孝义县兑镇歼灭阎锡山一个步兵营，俘官兵 500 余人；在洪洞俘一骑兵连，缴获战马 200 余匹。在抗日政策感召下，绝大部分俘虏自愿留下抗日。由于人员和物资不断补充，在保安县(今志丹县)正式成立骑兵团，隶属于第一方面军第一军团，刘云彪任团长，1937 年 8 月，任八路军一一五师骑兵团团长。一一五师开赴华北抗日前线，为抗日民族统一战线的需要，骑兵团改为骑兵营（人马不变）。9 月 23 日，骑兵营抢占进军察南的必经之地——倒马关，取得对日作战首次胜利，为平型关战役拉开胜利序幕。次年 10 月，日军对晋察冀军区腹地进行“扫荡”，骑兵营奉命一日一夜奔驰 300 余里，袭击高门镇日军指挥部。时刘云彪因病住院，仍毅然赶到高门镇指挥战斗，拔掉日军高门镇指挥部，有力地配合军区反“扫荡”战役。1940 年年初，骑兵营扩建，命名为晋察冀军区骑兵第一团，刘云彪任团长，参加百团大战。

1942 年 4 月 12 日，刘云彪病逝于河北望都，年仅 29 岁。当地党组织和抗日政府为纪念刘云彪，将望都县改称“云彪县”。

★第七节 大义凛然唐义贞

冰清玉洁一女妆，投身革命不彷徨。
转移四都落虎口，敌匪凶残似虎狼。
严刑拷打奈我何，大义凛然心向党。
拼将一死终无悔，芳魂萦绕留清香。

唐义贞，湖北武昌金口镇人，1909年7月2日生于中医家庭，15岁入湖北女子师范学校，得到教务主管董必武的引导教育，走上革命道路，积极参加校内外政治运动。1926年7月，加入中国共产主义青年团。蒋介石在上海发动政变后，她根据党的指示转入秘密斗争。次年秋，被选送到莫斯科中国共产主义劳动大学学习。1929年12月，在莫斯科与陆定一结为夫妻。1930年秋，回到上海和陆定一一起从事党的秘密工作。

1931年冬，唐义贞与何叔衡一道从上海转辗到闽西苏区。后又调往江西瑞金。1932年秋，唐义贞任总卫生部药材局局长兼卫生材料厂厂长。她知难而上，领导全厂100余名职工自力更生，上山采取中草药，制成各种丸散丹膏，解决苏区药品奇缺困难，并且培养一批制药人才，因而受到《红色中华》报表扬，并转为中国共产党员。

1934年10月，红军长征，唐义贞因即将分娩而留下,后随同福建省委秘书长毛泽覃转移到长汀四都。11 月 20 日,在圭田乡汀西保卫局区队长范其标家里生下男孩,取名小定,随即送范家抚养。自己在两位乡干部护送下,归队转移,担任省军区助理医生,带着虚弱的身子抢救伤病员。

1935 年 1 月下旬,处境越来越险恶,唐义贞和毛泽覃等随省军区一个营往江西方面去找陈毅率领的队伍。不料,28 日,在小金附近乌蛟塘大山中被国民党三十六师包围,唐义贞和胡营长等被俘,关押在四都下赖坝。当夜,唐义贞等三人越狱,第三天又不幸被俘。在狱中,受尽严刑拷打,始终坚贞不屈,终于在黎明前,她和胡营长等三人同时被杀害。唐义贞遇难时年仅 35 岁。

1985 年,长汀人民在罗汉岭建造唐义贞烈士墓一座,陆定一题写了碑文。

★第八节　“白皮红心”刘宜辉

潜伏敌营心向党，“白皮红心”意志强。
肩负重任担大义，策反团防起武装。
古城暴动垂青史，机智勇敢谱华章。
甘抛头颅洒热血，英烈丰碑永辉煌。

刘宜辉(1899—1929)，长汀县古城镇梁坑村人。1917 年考入福建省立第七中学（今长汀一中)，五四运动前后，他积极参加学生运动。毕业后在古城镇青山铺开办小学，一边教书，一边联系刘光前、段奋夫、李国玉、胡铁寰等进步青年，思想越来越倾向革命。1926 年冬，转到古城小学当教员，他热心大革命，投身群众运动。蒋介石发动反革命政变，他被迫避居外乡，后返回古城继续教书。

1928 年冬，刘宜辉由段奋夫、李国玉介绍加入中国共产党。根据党组织指示，刘宜辉利用岳父关系打进古城团防局，并担任团防局局长(团总)，成为中共地方党组织打入国民党地方武装内部的“白皮红心”核心人物。

1929 年 3 月中旬，红四军首次入闽，古城建立赤卫队，由刘宜辉暗中领导，起中坚作用。11 月间，朱德军长率领红四军从广东东江返回闽西，先头部队到达河田，汀城官吏豪绅夤夜纷纷逃往瑞金。

中共长汀县委决定采纳毛钟鸣"引鱼入网"计策,配合红四军军事行动,在素有闽赣边界咽喉之称的古城,举行了一次有组织、有计划的大暴动。刘宜辉接受党组织交代的任务回到团防局,掌握动向,暗中做好团丁中骨干的工作,秘密布置,准备里应外合。

11月22日晚8时,中共长汀特支书记段奋夫、汀西党委负责人李国玉等直接领导农民暴动队200余人,与刘宜辉率领的古城团防局起义队伍40余人会合,举行暴动,取得重大胜利。

古城暴动大捷后,刘宜辉以共产党员的公开身份与李国玉、刘尧唐、钟良等领导汀西革命委员会开展工作。在毛委员、朱军长的亲切关怀下,古城工农武装从200多人迅速发展到1000多人,拥有枪支100多支,成立了汀西游击大队,刘宜辉任大队长,黄继烈兼党代表,到瑞金黄沙、古城溜下等地打击地主恶霸。

12月6日,国民党反动派军队包围古城。刘宜辉和汀西党委率领游击队奋力迎战,终因寡不敌众,决定向四都方向突围。在突围中刘宜辉不幸被俘,遭受严刑拷打,始终坚贞不屈。12月10日,在长汀城西门口大樟树下惨遭杀害,时年31岁。同时遇害的还有刘福等7名暴动队员。刘宜辉遗体由胞姐雇人掩埋在西山下山坑,新中国成立后移葬梁坑。

★第九节　宁死不屈戴五嫂

忠贞不屈戴五嫂，笑对敌人砍头刀。
红军行动是秘密，决不吐露半分毫。
百般折磨终不屈，党是阳光心头照。
纵使千刀和万剐，敌匪疯狂也徒劳。

戴五嫂(1883—1936)，长汀河田(今三洲)丘坊人，光绪九年(1883年)出生于一个贫苦农民家庭。在旧社会，戴五嫂度过了苦难的童年，结婚后，由于丈夫早死，她一个人带着孩子，乞讨为生。

1929年3月，朱毛红军解放了汀州城，戴五嫂的家乡成立了苏维埃政府。她投身革命，积极参加打土豪、分田地。1933年，她担任永红乡妇女代表，由于她立场坚定，工作积极，1933年4月光荣地加入了中国共产党。入党后，她一心扑在工作上，带头让自己17岁的独子报名参加了红军。

红军长征后，她坚信革命一定会胜利，红军一定会回来。她把党的机密文件用油纸包好，装在竹筒里保存好，对游击队员说："大家团结一致，即使牺牲了个人，也决不暴露党的组织和红军游击队。"

1936年正月十五日，戴五嫂在转移途中于戴坊桥头被还乡团抓获，被连夜押往丘坊村。在丘坊村的俞屋大厅里，戴五嫂被绑在柱子上，敌人撕开她的上衣，严刑拷打，要她说出红军游击队在哪里。戴五嫂面对敌人的拷打,什么也不说。敌人急得像热锅上的蚂蚁,使出了毒辣的手段对付这位年过半百的女人。他们用点燃的香火扎在戴五嫂的胸脯上,戴五嫂忍着剧痛坚持不说。敌人又用香火烧戴五嫂的背部,将盐水倒在戴五嫂的身上,戴五嫂痛得昏死过去。敌人用冷水浇醒戴五嫂,逼着问:“红军游击队到哪里去了?永红乡的干部到哪里去了?”戴五嫂身体已经极度虚弱,但她决不屈服,发出细小的声音:“不知道……!”

气急败坏的敌人惨无人道地割下她的耳朵和乳头,用剪刀剪她身上的肉,用刀子割她的皮。鲜血淋淋的戴五嫂已经体无完肤,但仍坚持不说一句话,昏死过去。敌人最后将戴五嫂的双手和双脚钉在门板上,又把她开膛破肚。临终前,戴五嫂怒视敌人,用尽全身的力气高喊:“共产党万岁!红军万岁!”

戴五嫂英勇就义了。她的事迹至今还在汀江两岸传颂。

小资料：

长汀县现有革命基点村名单

长汀县原有省定革命基点村34个，分布在四都、河田、涂坊、古城等4个镇。由于近年来实施“造福工程”及自然搬迁，散居的群众逐步向人口较为集中、生产生活条件较好的村转移，现尚有22个革命基点村居住着村民，分布在4个乡镇的12个村民委员会，1138户5330人。县定革命基点村73个，分别是：

四　都

省定革命基点村：大金、小金、旗古岽、琉璃、万团、石寮湖、禾元背（学堂凹）、中田、赖坑、陂坑、玉竹杏、荣坑、和尚荇、楼子坝、韩屋斜、姜畲坑、乌泥

县定革命基点村：红都、汤屋、溪口、渔溪、圭田、同仁、小金

河　田

省定革命基点村：余地、马坑、刘屋坑

县定革命基点村：芦竹、伯湖、中街、中坊、刘源、蔡坊

涂　坊

省定革命基点村：黄家营、曹田上

县定革命基点村：红坊、涂坊、赖坊、洋坑、吴坑、慈坑、岭下、河甫、中华、扁岭、元坑、邱坑

古　城

省定革命基点村：庵坑里、企壁山、王石寨、猪子岽、下茜坑、西普庵、中磺、梅子坑、毛屋、寨下、雷屋段、坑尾(12个均无人居住)

县定革命基点村：黄泥坪、梁坑、苦竹、黄陂、中都、古城(上、中、下街)、青山、下增

大　同

县定革命基点村：东埔、师福、建明

策　武

县定革命基点村：河梁、李田

新　桥

县定革命基点村：新桥

馆　前

县定革命基点村：汀东、黄湖、马坪、南村、复兴、云峰、东庄、坪埔

童　坊

县定革命基点村：童坊、彭坊、禾生

三　洲

县定革命基点村：丘坊、戴坊、三洲

南　山

县定革命基点村：塘背、中复、蔡屋、谢屋、杨谢

宣　成

县定革命基点村：下畲、畲心、长桥

羊　牯

县定革命基点村：罗坑头

濯　田

县定革命基点村：水口、梅迳、长兰、街上、刘坊、河东

红　山

县定革命基点村：苏竹、中坪、上坪、赤土、腊溪

第五章

新中国壮丽辉煌

“萧瑟秋风今又是，换了人间。”

1949年10月1日，中华人民共和国成立。

1949年10月18日，长汀县人民政府成立。

长汀县人民政府成立伊始，立即废除旧社会的保甲制度，随后派出工作组下乡建立基层政权。

1949年10月23日，长汀县政府发布公告：凡公私方出租土地，地租一律实行“二五”减租。

1950年3月，长汀县人民政府做出了废除买卖婚姻，施行土地改革，肃清匪特，恢复防空措施，发展纺织工业，取缔私塾，发展小学教育的决议。

1951年2月20日，长汀县河田、新桥、大同3个区16个乡开始土地改革。至1952年6月全县土地改革完成，农民全部领取了县政府颁发的土地证。

从1949年长汀人民政府成立到1952年，在三年不到的时间内，全县15个区共修小型陂坝436座，堤坝80座，池塘222口，新建陂坝50座，堤坝3座。

1954年4月，开展私营工商业手工业社会主义改造，至1956年年底基本完成。

1957年5月，全县农业社有96.91%转入高级农业生产合作社。

1960年春季，于大同、河田、涂坊、濯田、四都、城关、策武、古城、南岩等成立9个农业技术推广站。统一密植规格，普遍推广引进品种和早稻直播。

1963年3月9日，全县开展社会主义教育运动，落实以生产队为基本核算单位，扭转包产到户，恢复集体生产。

1965年6月，制订《长汀县第三个五年国民经济规划》草案。其中

1970年农业应达到每人口粮300公斤，食油3公斤，猪肉10公斤，纯收入100元；与1964年比，工业总产值应增长120%，其中全民所有制总产值应增长139.4%；人口出生率应控制在15‰以内。

1975年，制订1976—1985年的国民经济发展规划，要求粮食以每年增产5.5%的速度递增，工业产值翻一番以上。

1978年12月，党的十一届三中全会召开，把全党工作的重点转移到社会主义现代化建设上来。在中央省市的关心支持下，在县委、县政府的领导下，长汀县沿着建设中国特色社会主义道路，经济建设和社会事业取得举世瞩目的成就。

但是，长汀仍是全省脱贫攻坚任务最艰巨的县份之一，到2015年年底全县有5个贫困乡、78个贫困村，建档立卡贫困户6,306户20,797人。

中共长汀县委书记廖深洪坚定地表示："脱贫奔小康是老区人民的最大愿望，也是我们的施政方向，长汀要力争在全省率先脱贫'摘帽'退出贫困县。""长汀将紧盯'两不愁、三保障'目标，加快'长连武'扶贫开发试验区建设，采取党建扶贫'双推进'、产业扶贫、易地扶贫搬迁和危房改造、生态补偿、医疗保险和医疗救助等12项措施，以更大决心、更强力度坚决打赢脱贫攻坚战，不断提升老区人民的幸福感。"

★第一节　前三十年建设简述

习近平总书记在党的十八大精神研讨班开班式上发表重要讲话强调："不能用改革开放后的历史时期否定改革开放前的历史时期，也不能用改革开放前的历史时期否定改革开放后的历史时期。"

改革开放前的三十年，长汀县和全国各地一样，在党的领导下进行社会主义建设的实践探索，有成绩也有挫折，特别是有十年"文化大革命"惨痛的教训。但是，正是在改革开放前的三十年，我国建立了相对独立完整的工业体系和科技体系。到1979年，我们国家已经形成了一个独立完整的国民经济体系和现代技术体系。改革开放前的三十年，我国还进行土地改革，土地收归国有，赢得当时最大社会阶层农民的支持。改革开放前的三十年，长汀取得的成绩有目共睹。

新中国成立后，在党的领导下，长汀县实行了土地改革，实现了"耕者有其田"，又进行了社会主义改造，逐步建立起初级的农村社会保障、教育、卫生体系，人民生活逐步改善，为从根本上消除贫困夯实了制度基础。

长汀的国民经济，历史上以农业占主导地位。但新中国成立前农业生产方式落后，耕作粗放、结构单一、品种老化，往往广种薄收，到1949年全县农业总产值仅1.680万元(1980年不变价计，以下同)，粮食总产4.65万吨(含大豆)。人均年口粮不足175公斤，农民多为半年糠菜半年粮。长汀的工业，在新中国成立之前微不足道，县财收入主要靠销售玉扣纸、木材和石灰。

新中国成立后，长汀工业经历了对手工业和资本主义工商业的社会主义改造，1956年全县工业经济体制发生质变。全民与集体的工业经济占全县工业经济的主导地位。工业生产走过恢复、发展、调整、提高发展的道路。

农业经历了互助组、农业生产合作社、人民公社等生产关系变革，集体所有制经济已成为农业生产的主体。随着农业科技的推广与应用，生产条件有了显著的改善和提高。

新中国成立后，长汀的历史掀开了崭新的一页。富有革命传统的长汀人民，在共产党的领导下，凭借自身的勤劳与智慧和山区丰富资源，在探索中曲折前进。长汀县在土地改革、工业、水利水电、商业、教育、文化艺术等方面取得了前所未有的成就，鼓舞着全县人民朝着社会主义大道奋勇向前。

一、土地改革方面

1950年12月开展第二次土地改革，以大同乡东街为试点，由点到面逐步开展。全县14个区93个乡(街)972个自然村(含三平、宣和等区乡)，49,547户216,572人，分三批进行。1951年12月开展土改复查，1952年6月结束土改。全县共划出地主、工商地主651户，富农及半地主式富农497户，其他剥削阶级389户。没收征收地主、富农、小土地出租者及公尝田232,136.45亩，占全县耕地面积59.5%。其中93.30%的土地分给贫雇农和少地的中农，4.58%的土地分给其他阶层少地农民及留作机动田，2.12%的土地留给地主富农自耕。至此，全县41,881户贫雇农和手工业劳动者169,135人分到耕地，并领到土地证。从此，耕者有其田代替了数千年来的封建土地所有制。

农民分到了土地，生产热情高，劲头十足。1951 年冬，粮食总产 5.08 万吨，比上年增加 3,296.25 吨，农业产值增加 75.82 万元。

二、工业方面

1949 年，全县工业产值仅 322.81 万元，占全县各行业总产值 1,171.2 万元的 27.56%。新中国成立初期，县人民政府积极扶持私营工业、手工业发展生产，传统的造纸、印刷、纺织、竹、木、铁器等手工业生产得以恢复发展。1953 年，长汀县政府对私营工业实行“利用、限制、改造”的方针，逐步引导个体手工业走合作化道路。1956 年，基本完成对私营工业、手工业的社会主义改造，全县手工业户 3,929 人组织手工业合作社（组）75 个，占城乡手工业从业人员 6448 人的 60.93%；安排私营工业企业人员 162 户 467 人。第一个五年计划（1953—1957 年）末，全县工业总产值达 950.81 万元，占该年工农业总产值的 40%，平均年递增速度为 13.35%。随着经济建设的不断发展，国有、集体所有制工业企业不断发展壮大，在国民经济中占主导地位。但由于“大跃进”及“文化大革命”，相当长一段时期工业生产时起时落，发展缓慢甚至倒退。直到中共十一届三中全会后，长汀工业经过“调整、改革、整顿、提高”，开始稳步前进，生产得到迅速发展。1978 年后新建立一批国有骨干工业企业，逐步发展起机械、矿冶、化工、建材等现代工业，初步改变了长汀工业面貌。1980 年，全县工业总产值增至 4104.4 万元，占年工农业总产值 9749.02 万元的 42%。

三、水利水电方面

水电资源的开发利用始于 1956 年，从小型的木制水轮机至现代化的水力发电机组，规模不断扩大，设备不断更新。至 1987 年，全县建成 40 千瓦以上水电站 41 处，装机 8,364 千瓦；40 千瓦以下电站 184 处，装机 2,103 千瓦，水力发电装机总量已达 10,967 千瓦。年发电 2,205.59 万千瓦时（含少量火电），占全县年用电量的 36%。

新中国成立初期，长汀仅城区架设2公里低压线路供照明之用。1956年后，由于农村水电事业不断发展，输电线路逐步由城区向农村扩伸，先后架设35千伏线路25.3公里，6~10千伏线路553.32公里及805.25公里低压线路。至1987年年底，全县计有高压线路622.22公里，低压线路804.55公里，以省电网、县电网、农村线路三级联网形式沟通全县。

四、商业方面

新中国成立初期起，国有商业逐步取得市场的主导作用。1956年私营商业改造后，全县形成社会主义统一市场。由于政治运动和“文化大革命”的干扰，我县商业经过10年停滞、衰落、复兴的曲折过程。改革开放以来，商业又迅猛发展，个体商业如雨后春笋，结束单一国有市场的局面，国有、集体、个体商业并驾齐驱，1984年出现了新型的合资商业企业。

五、教育方面

新中国成立后，教育向工农开门。长汀县人民政府在恢复中、小教育的同时，不懈地开展以扫盲为中心的工农业余教育，教育事业得到快速发展。至1965年，全县有中学6所，小学533所，幼儿园16所，农村业余夜校441所，在校中、小学生分别占总人口的1.08%和16.5%。

“文化大革命”期间，学校正常教学秩序被扰乱，给长汀教育造成重大损失。1979年拨乱反正，教育事业经过调整改革，逐步走向正轨。

六、文化艺术方面

新中国成立后，党和政府十分重视对文化领域的领导和建设，健康优秀的民间文艺得到发扬光大，封建糟粕遭到废弃。但是在“文化大革命”十年，绝大多数民间优秀文化传统被戴上“封资修”的帽子，被视为“毒草”遭到禁锢，群众文化活动一度呈现万马齐喑的局面。一直到党的十一届三中全会后,文化领域得到拨乱反正,沉寂多年的民间文化艺术活动得到恢复,城乡三级文化网络初步形成,人们的精神文化生活得到充实和改善,全县精神文明水平不断提高。

★第二节　改革开放四十年

习近平总书记在庆祝改革开放40周年大会上的讲话指出："改革开放是中国人民和中华民族发展史上一次伟大革命，正是这个伟大革命推动了中国特色社会主义事业的伟大飞跃！""改革开放极大改变了中国的面貌、中华民族的面貌、中国人民的面貌、中国共产党的面貌。"

党的十一届三中全会吹响了改革开放的号角，长汀县在各级党委、政府的关心支持之下，大力弘扬苏区精神，坚持以经济建设为中心，深入推进改革、不断扩大开放，经济社会事业取得了长足的进步，实现大变样，发生了翻天变化。

改革开放的40年，是长汀历史上国民经济和社会发展变化最大的一个时期，实现了人民生活由温饱不足向总体小康的历史性跨越。长汀经济社会发生了巨大变化，全县综合实力大大增强，经济结构不断优化，产业升级取得明显成效，民生条件大幅改善，社会事业快速发展，总结了"长汀现象、长汀模式、长汀经验、长汀精神"，展现了一个经济持续发展、社会不断进步、人民安居乐业的新长汀。主要体现在以下几个方面：

一、国民经济连上新台阶，综合经济实力显著增强

第一，国民经济迈大步。40年来，长汀人民坚持奋发图强、锐意进取，不断开拓长汀建设与发展的新成就。1984年，长汀经济总量突破1亿元，达1.05亿元，实现了经济发展的首次跨越；1994年突破10亿元，达10.60亿元，实现再跨越；2011年突破百亿元，达110.78亿元，实现了长汀经济发展的首次飞跃；2017年，长汀经济实现二度飞跃，全县地区生产总值突破200亿元，达208亿元，是1978年的421.6倍，年均增长11.7%。

第二，人均GDP逐年提高。随着经济总量的不断增加，人均GDP也逐年提高。2006年，长汀人均GDP突破万元大关，2010年突破2万元，2012年突破3万元，2015年突破4万元，到2017年，全县人均GDP突破5万元，达51,741元，年均增长11.2%。

第三，财政实力明显增强。经济的快速增长给长汀财政注入新的活力。40年来，长汀积极推行各项财税体制改革，不断完善财税体制，财政收入大幅增加，为全县基础设施建设、社会各项事业发展和各项改革提供了重要的财力保障。1978年，长汀财政收入仅602万元；2002年破亿元，达1.01亿元；2012年跨越10亿大关，达10.15亿元；到2017年，全县财政收入达10.91亿元，是1978年的181.3倍，年均增长13.9%。财力的增强，不仅为全县经济社会的发展提供了有力的支持，也为有效应对和防御各种风险、自然灾害提供了资金保障。

二、经济结构调整优化，经济发展协调性增强

第一，产业结构逐步优化。40年来，长汀产业结构实现了以农业为主向三次产业协同发展的转变，农业基础地位不断强化，工业实现持续快速发展，服务业迅速壮大，呈现“一产稳定、二产变强、三产做大”的发展态势。1978—2017年，第一、二、三产业增加值年均分别增长6.6%、

15.3%、15.9%，三次产业结构由1978年的63.5∶26.8∶9.7，调整到2017年的14.5∶44.2∶41.2。与1978年相比，第一产业比重下降49个百分点，第二、三产业比重分别提升17.4、31.5个百分点。特别是随着全县工业化水平的推进，服务业在我县经济发展中的地位日益突出，改革开放40年，服务业占我县地区生产总值的比重逐年提升，年均提升0.8个百分点。

第二，新型城镇化稳步推进。改革开放以来，长汀加快了乡村建设步伐。完成了河田与三洲、宣成与羊牯的分乡，策武与三洲的撤乡设镇。积极实施“千村整治、百村示范”工程，大力推进新型城镇化和美丽乡村建设，河田镇、新桥镇成为全省、全市小城镇综合改革试点镇，推进了长汀城镇化进程。40年来，城镇化水平由2005年的31.5%上升到2017年的51.4%，年均提升1.66个百分点；城镇人口由2015年的12.85万人提升到2017年的20.66万人，年均增加0.65万人。

三、农业基础进一步巩固，农村经济稳步发展

改革开放以来，以家庭联产承包责任制和统分结合的双层经营体制为主要内容的农村经济体制改革，极大地解放了农村劳动生产力。1997年新一轮农村土地承包责任制的落实，2008年集体林权制度改革的推进，进一步释放了农民的生产积极性。农村经济逐步由单一经营向多种经营发展，不断向现代农业、特色农业转变，实现了农业增效、农民增收、农村稳定，长汀已发展成为全省产粮大县、生猪养殖大县。2017年，全县农林牧渔业总产值53.17亿元，是1978年的84.2倍，年均增长5.6%。农业生产中，粮食总产量17.08万吨，比1978年增加5.17万吨；肉蛋产量7.81万吨，是1978年的17.8倍，年均增长7.4%。

现代农业稳步推进，截至2017年，全县培育农业产业化龙头企业19家，申报认定“三品一标”农产品47个。特色农业加快发展，杨梅、油茶、槟榔芋、蓝莓等特色种植初具规模，林菌、林禽、林药等林下经济逐步壮大，河田鸡、汀江大刺鳅入选闽西“八大鲜”，特色农产品的竞争力不断增强。

四、工业化进程持续推进，产业主导地位凸显

改革开放以来，历届政府持续走“工业强县”的发展道路，大力推进工业化进程。1995年，开辟了第一个工业集中区——长汀腾飞经济开发区，随后又相继开发了策武（工贸新城）、河田[（长汀）晋江工业园]两个新区，建立了全省唯一的稀土园区——福建长汀稀土工业园。2003年以来，长汀加大深入实施项目带动、品牌带动、园区带动战略，主动承接沿海发达地区的产业转移，壮大工业主导产业，改造提升传统产业，大力培育战略新兴产业，抓住“中国制造2025”等战略机遇，不断推进工业由规模增长向创新增效转型升级。2003年，长汀实现亿元企业的突破，2011年规模工业产值破百亿元，2017年再破200亿元大关，以稀土、纺织、医疗器械、农副产品加工等四大产业为主的现代工业发展体系逐步形成。2017年，全县工业增加值达66.03亿元，是1978年的746.5倍；占全县主产总值的比重为36%，比1978年提升11.3个百分点。至2017年底，全县规模以上工业企业数达122家，实现产值205.22亿元，其中，亿元企业达35家，实现产值177.22亿元，占规模以上工业产值的86.4%。全县规模工业中，稀土、纺织、医疗器械和农副产品加工等工业主导产业实现产值186.66亿元，是2005年的19.6倍。其中，稀土产业约占工业主导产业的半壁江山，2017年产值达80.09亿元，占工业主导产业产值的42.9%。园区工业日益壮大，至2017年底，开发区内规模以上工业企业达116家，实现产值196.62亿元，占全县规模工业产值的95.8%。40年来，随着现代企业制度的稳步推进，民营经济得到进一步的发展，工业企业盈利水平与能力大幅提高，对财政的贡献逐年增强。2017年，全县规模以上工业企业实现利税总额34.78亿元，是1978年（全民和集体所有制工业企业利税总额）的596倍。

五、基础设施建设加强，经济发展条件提升

第一，基础设施加大投入。2017 年，长汀完成固定资产投资 272.94 亿元，是 1978 年的 2901.5 倍，年均增长 15.2%。其中，工业投资完成 124.08 亿元，是 1978 年的 2337.2 倍，年均增长 14.7%。40 年来，全县累计完成投资 1,369.81 亿元，年均投入 34.25 亿元，投资力度的加大为经济社会的发展提供了有力的支撑。

第二，交通条件大为改善。改革开放以来，长汀注重改善交通条件，加快现代综合交通网络建设步伐，多次对 319 国道进行改造提级。2004 年赣龙铁路的开通，结束了长汀无铁路的历史。2007 年，龙长高速公路正式建成通车，建成了一条与外省横向交流的高速通道。2015 年完成赣龙铁路的扩能改造，实现了长汀的动车梦。至此，长汀现代综合交通网络逐步形成，进一步改善和提升了长汀的投资环境，推动了长汀革命老区脱贫致富和县域经济的协调发展。2002 年以来，全县又掀起了农村公路硬化工程，现已基本完成农村公路的提级改造。2017 年，全县公路通车里程达 2,490 公里，比 1978 年增加 1,982 公里。

第三，城市建设成效显著。改革开放以来，长汀不断加快城市建设步伐，先后完成了营背街、兆征路、环城路、西外街、东关大街的改造，对店头街、建设街、东大街等古街进行了修复，新修建了腾飞路、环东路、汀州大道、宝珠路等，对城区周边的南寨、东关、印黄、黄屋、罗坊等进行了商住开发建设，完成了中心城区至河田新区的快速通道建设，实施了主要街道的夜景工程和主要地段的绿化等一大批公共服务设施的建设，规划新建工贸新城，实现西气东输正式接通长汀。整个城市面貌焕然一新，2017 年成功创建省级文明城市。

第四，生态环境日益优化。40 年来，长汀积极探索生态文明建设，加强水土流失治理，全县生态环境得到明显优化，并顺利通过国家生态县的考核验收。2017 年，全县森林覆盖率达 79.8%，汀江源国家级自然保护区有效管护，城区绿化覆盖率达 43.2%，全县空气质量状况优良。2009 年

以来,全县治理水土流失面积96.19万亩,“长汀经验”在全国推广。汀江流域水环境持续改善,成功推动建立了汀江—韩江横向生态补偿机制。

六、商品市场持续繁荣,新兴业态快速发展

改革开放以来,长汀经济得以前所未有地发展,推动了商品市场的繁荣,市场规模和容量不断扩大,商品品种日益丰富,民营经济成为主体,多渠道、多业态、多手段并存互补的经营模式形成,传统的百货店逐渐退出历史的舞台,超市、连锁店、专卖店、便利店、平价店等新兴业态充斥市场,超市、连锁店、专卖店等也不断延伸到乡镇。人们日益变化的多样化消费需求得以满足,城乡居民的消费需求发生变化,消费潜力得到有序释放。2014年长汀社会消费品零售总额突破50亿元,至2017年达78.77亿元,是1978年的221.9倍,年均增长14.5%。

七、投资环境不断改善,对外开放水平提高

改革开放以来,长汀注重发挥自身优势,在完善基础设施建设的同时,致力于投资环境的改善,制定了一系列吸引外资、促进外向型经济发展的政策措施,吸引了一批又一批的外来投资者到长汀兴业发展。特别是在建立了工业区后,长汀外向型经济得到较大的发展。2017年全县出口贸易总额达2.98亿美元,是1990年的184.1倍;实际利用外资4616万美元,是1986年的659.4倍。利用外资的大幅增长,加快了全县经济发展步伐。

八、居民生活水平大幅提高,民生保障持续增强

改革开放40年来,全县居民收入逐年稳定增长,生活水平逐年提高。城乡居民人均可支配收入分别于2010年、2014年突破万元大关,2016年城镇居民人均可支配收入突破2万元,达21,268元。到2017年,

长汀城镇居民人均可支配收入达23,330元，比1990年增加22,387元，年均增长12.6%；农村居民人均可支配收入达13,991元，比1978年增加13,935元，年均增长14.8%。

随着收入水平的提高，2017年末城乡居民人民币储蓄存款余额达101.09亿元，是1978年的863.3倍，年均增长18.4%。2017年，城镇居民食品消费支出比重由2000年的43.7%下降到2017年的38.6%，居民食品消费支出比重由1990年的66.8%下降到2017年的40.5%。

40年来，长汀不断拓宽就业渠道，完善就业和再就业政策，持续加强社会保障工作，不断健全社会保障体系。建立了国有企业下岗职工基本生活保障、失业保险、城镇居民最低生活保障制度，“五险一金”进一步保障，城乡低保基本实现应保尽保，弱势群体的生产生活得到有效保障，职工生活水平得到进一步提高。2017年，全县职工年平均工资达54,915元，比1978年增加54,332元，年均增长12%。2017年末，全县城乡居民基本养老保险参加人数26.12万人，参加失业保险人数4.4万人；全县养老机构总床数842张，全县8,068人享受了最低生活保障救助。

九、科教文卫全面进步，社会事业协调发展

第一，科教事业进步非凡。40年来，长汀始终坚持科学技术是第一生产力，坚持科教兴县战略，大力发展科教事业，推动全县经济的发展。2017年，全县规模工业中，有R&D科技机构的企业24家，有研发机构的企业4家。2017年，取得省部级以上应用科技成果1项，专利申请数和批准数分别为1,488项、665项。40年来，长汀积极深化教育体制改革，推进义务教育，全面落实“两免一补”，大力巩固“两基”目标，教育资源得到有效整合，全县教育事业蓬勃发展。2017年，普通中学在校生2.25万人，小学在校生3.28万人；全县普通中学专任教师1,933人，比1978年增加1,213人；小学专任教师2,003人。

第二，卫生事业稳步推进。40年来，长汀医疗卫生条件明显改善，医疗水平明显提高，医疗救助和居民大病保险全面实施。2017年末，全县

共有卫生机构78个，其中医院5个，比2012年末增加2个；医疗床位2,354张，比2012年末增加661张；卫生技术人员2,286人，比2012年末增加468人；新农合参保人数41.54万人，参保率99.99%。特别是党的十八大以来，长汀深入推进医药卫生体制改革，全面启动公立医院改革，基层医改“长汀模式”在全省、全国推广。

第三，文体事业蓬勃发展。40年来，长汀持续加大对文体事业的投入，广泛开展全民健身运动，新建了客家研究中心、青少年宫、体育馆、图书馆、汀州客家剧院等一批文体设施。2017年末，全县各级文化馆站19个，博物馆1个；公共图书馆1个，藏书12万册，比2005年末增加2.5万册；广播、电视覆盖率分别达98.23%、98.83%；举办各类大中型群众文化活动66场次。2017年，全县等级运动员46名，获世界冠军3项1人次，获全国冠军31项20人次。

40年来，长汀的改革成果丰硕，全县经济社会面貌发生了翻天覆地的变化，各项事业步入快车道，长汀革命老区真正实现了旧貌换新颜。今后，长汀必将认真贯彻落实习近平新时代中国特色社会主义思想和党中央、国务院的决策部署，围绕“两个百年”的奋斗目标，沿着党的十九大确定的改革蓝图，决胜全面建成小康社会，全力谱写长汀这一历史文化名城发展的新篇章。

★第三节 扶贫攻坚奔小康

革命老区是新中国的摇篮，今天的新中国是无数革命先烈前仆后继用鲜血和生命换来的，是新中国社会主义大厦的牢固基石。老区人民的脱贫奔小康，一直是中央领导记挂心头的大事。

习近平总书记动情地说："我们实现第一个百年奋斗目标、全面建成小康社会，没有老区的全面小康，特别是没有老区贫困人口脱贫致富，那是不完整的。这就是我常说的'小康不小康，关键看老乡'的含义。"

在党中央、国务院和省委、省政府，市委、市政府对老区的关心支持和正确领导下，中共长汀县委、长汀县人民政府带领全县人民，发扬艰苦奋斗的老区精神，打响了扶贫开发攻坚战。在社会各界的共同努力下，解决了 53 万人的"两不愁、三保障"问题，奠定了全面步入小康社会的基础，为实现幸福长汀做出应有的贡献。

长汀县的扶贫开发工作主要经历了三个阶段。

第一，1986 年：解决温饱，成效显著。

1986 年长汀全县农业人口 59,049 户 340,534 人，仍有贫困户 13,404 户 80,424 人，贫困面达 22.7%，是全国 592 个贫困县之一。

1986 年，中共中央、国务院出台了《关于帮助贫困地区尽快改变面貌的通知》,实施了有组织、有计划、大规模的开发式扶贫。各级建立了扶贫开发领导机构,制定了贫困标准,确定了国家重点扶持的贫困县,安排了专项扶贫资金,并制定了有利于贫困地区和贫困人口的优惠政策,明确提出开发式扶贫方针。

中共长汀县委五届四次全委通过了脱贫致富工作十条决定, 即:统一思想认识;明确任务目标、坚持扶志扶本的原则;立足于发展家庭经济;实行民富与县富、乡村富一起抓;加快智力开发;两个文明一起抓;保证扶贫政策兑现等。1986 年 6 月 5 日成立长汀县扶贫扶建领导小组,由副县级领导兼任组长;1990 年,县扶贫扶建办公室定为正科级结构。工作主要措施有:一是县、乡、村三级非常重视,投入大量人力物力。二是国家实施棉被、棉布赊销,人均 150 多元(后不必归还)。三是户均可以在信用社贷款 500~1000 元,用于发展生产,增加收入。四是举办各类夜校、扫盲班。消除文盲,强化扶志。通过一系列扶贫措施,我县的扶贫开发工作取得了一定成绩,尤其是对解决温饱问题有了新的突破。1988 年被省政府表彰为脱贫致富工作先进单位,1989 年和 1991 年分别被省脱贫致富

长汀县 2017 年贫困退出验收工作会

领导小组表彰为先进单位。

第二,1994 年:八七计划,扶贫攻坚。

1994 年,国家制订并颁布实施《国家八七扶贫攻坚计划(1994 年至 2000 年)》。全党动员、全民动手,明确提出力争用七年左右的时间,基本解决农村贫困人口的温饱问题。从中央到地方高度重视,提出消除贫困、实现小康。1996 年春天,县乡两级成立了专门的小康办。一是省委、省政府下发了《关于加快农村扶贫开发与小康建设步伐的若干政策的目标措施》,决定从 1994 年开始,用 7 年时间完成 10 万名贫困人口的造福工程搬迁工作,改变他们的居住环境。二是县委、县政府制订《关于脱贫致富工作若干政策措施的具体规定》。每年争取筹集 100 万元专项补助贫困县发展种养业和加工业。三是县向各乡镇派驻奔小康工作队,一般是 3 人,工作 3 年。四是每个县、乡镇干部出资帮扶 300 元以上(当时一般干部人均月工资 320 元左右),无息贷款给贫困户发展生产,实现增收。要求每个行政村必须通路的硬指标,实行乡村负责、县补助,基本完成初定的目标。省、市、县三级对 300 人以上的自然村通路实行补助,逐年解决农村通路问题。四是开展干部挂钩帮扶活动。由干部本人挑选或组织安排,帮助贫困户解决实际问题,起到了扶贫济困的重要作用。2003 年被省农办表彰为农村工作先进单位。

第三,党的十八大以来:精准扶贫,全面小康。

党的十八大来,长汀县把打好打赢精准脱贫攻坚战作为第一民生工程,围绕让贫困群众脱贫致富奔小康目标,集各方之智啃硬骨头,举全县之力攻坚拔寨,县、乡(镇)、村三级书记合力共抓,逐级签订责任书,精准脱贫到户到人、到情到心、到位到责、到策到效的原则,建立健全精准扶贫责任体系,脱贫攻坚工作扎实有效推进。

到 2018 年底,实现建档贫困户 6,218 户 20,860 人中 6,216 户 20,848 名贫困人口脱贫,建档立卡贫困村 78 个中退出 55 个,贫困乡 5 个中退出 1 个贫困乡。

2018 年 12 月 18 日,省委办公厅、省政府办公厅发布公告,同意长汀等 5 个县 2017 年度退出省级扶贫开发工作重点县。长汀县成为福建省23个省级扶贫开发工作重点县中首批实现脱贫摘帽的县之一。

做法之一：扶贫注德。

坚持扶贫注德，激发内生动力。通过营建一个全民参与舆论氛围、建优一个自治组织、建设一个清洁乡村、建造一面美德文化墙、建树一批扶贫注德典型、建强一个文化阵地、建好一支志愿服务者队伍、构建一个新型党群干群关系的"八个建"措施，引导贫困群众转变思想观念，实现物质和精神"双脱贫"。坚持扶贫先扶志、治穷先治愚，增强贫困群众脱贫致富的信心和决心，实现由"要我脱贫"向"我要脱贫"的转变。

做法之二：教育扶贫。

落实"两免一补"和困难学生资助政策，确保每个学生不因贫失学，切断贫困代际传递。

2018年以来，已落实学前资助贫困户1,605人240.75万元，义务教育学生享受营养改善计划2,066人次、下拨资金160.71万元，落实高中助学金518人87.15万元，高中免学费583人44.65万元，高校学费奖励965人96.5万元。积极推进中、高职"雨露计划"，2016年以来，完成6,878人(次)劳动技能培训，正在接受中、高职等职业教育和技工院校教育的贫困户子女314人，下拨补助资金94.2万元。

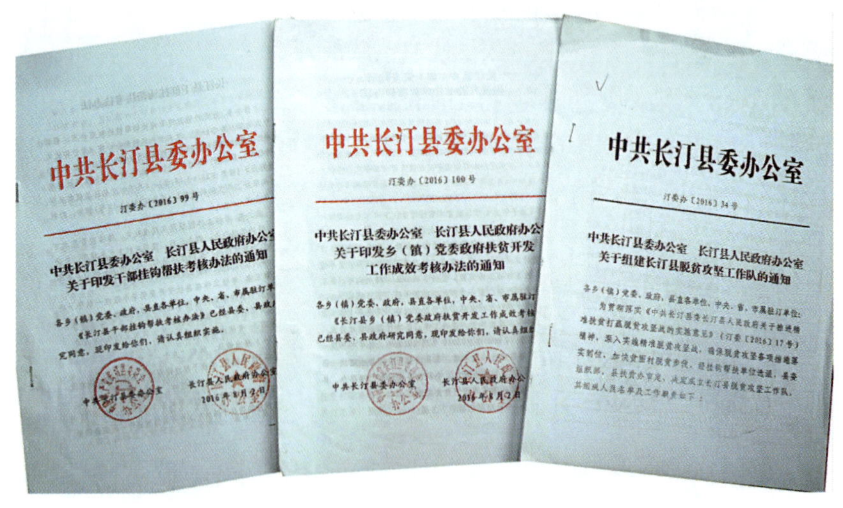

县委、县政府脱贫攻坚文件(一)

做法之三：产业带动，就业扶贫。

注重产业带动，发挥世界名鸡长汀河田鸡，以及槟榔芋、百香果、米粉等特色农业产业优势，推广“企业+基地+贫困户”“合作社+贫困户”“种养大户+贫困户”等模式，鼓励农业龙头企业、家庭农场、农村经济合作社、种养大户等新型经营主体，通过为贫困户提供新型农技服务、良种配送等服务，帮助贫困户发展生产，使贫困户增收脱贫。

突出就业扶贫，构建县、乡、村三级公共就业服务平台，大力推进转移就业，让贫困群众用勤劳的双手摘掉贫困帽子，累计为贫困劳动力办理就业创业证 11,685 本，实现就业 8,359 人，努力实现“一人就业、全家脱贫”。

激励性扶贫，引导农业新型经营主体发挥资金、技术、市场的优势，在扶贫项目中引入激励机制和动态管理机制，实现“授人以鱼”向“授人以渔”的转变。目前，全县 223 个激励性产业扶贫项目覆盖 100%的乡镇、68.6%的行政村、66.7%的贫困户，带动 4,150 户 14,826 名贫困户增收脱贫。

做法之四：电商信贷帮扶。

县委、县政府脱贫攻坚文件(二)

发挥县电商中心、乡(镇)电商服务站、村级电商服务点作用,助力精准扶贫,共发展电商企业 361 家,75 个村级服务点覆盖全县 18 个乡(镇),累计服务建档立卡贫困户约 1.34 万人次,拓宽贫困户增收渠道。

重抓小额信贷扶贫,成立长汀县扶贫开发投资有限公司,2016 年以来,累计发放扶贫小额信贷 12,581.09 万元,帮扶贫困户 3,207 户,致贫原因为缺资金的贫困户 100%获得资金帮扶,有效解决了贫困户发展生产资金难问题。

做法之五:挂钩帮扶。

市、县、乡(镇)三级共派出 4,562 名扶贫干部挂钩帮扶全县建档立卡贫困户,实现干部挂钩帮扶全覆盖,帮助贫困户落实帮扶措施 24,872 个,解决产业就业、就医就学等实事 18,463 项。

组建 88 支脱贫攻坚工作队挂钩帮扶贫困村,实现贫困村单位挂钩全覆盖,78 个贫困村累计建设帮扶项目 392 个,受帮扶资金 2,378.3 万元。

探索社会扶贫,发挥 9 个异地商会、4 个基层商会、20 个智协分会作用,扩大社会各界捐资扶贫参与面,今年以来,募集资金达 950 万元。

深化与晋江市的“山海协作”,晋江市每年支持长汀县 2,000 万元,河仁慈善基金会帮扶 4 个村,从 2016 年开始,连续 3 年每年支持每村 100 万元。

做法之六:健康扶贫。

深入开展家庭医生签约服务工作,家庭签约服务率达 100%。出台《长汀县健康扶贫实施方案》,落实精准扶贫医疗叠加保险政策,实现“基本报销+大病保险+补充保险+民政救助”四位一体“一站式”服务,尽全力不让贫困人口因病返贫。2018 年 1—10 月,扶贫对象享受待遇 17,221 人次,实际发生医疗费用 4,651.7 万元,医保政策范围内医疗费用 4,334.36 万元,各类医疗保障政策报销金额合计 3,803.97 万元,报销比例87.76%。

做法之七:住房保障。

把易地扶贫搬迁作为从根本上帮助农村贫困群众脱贫致富的综合性工程来抓。在新城区拿出最好地块,采取“政府引导、协会运作、多元投入、合作建房”的运作模式，建成了福建省最大的高品质的纯贫困户集中安置区，不仅有效改善搬迁群众生产生活条件，而且加强配套设施建设，让贫困户住得有尊严。同时，引导和帮助他们就近务工，实现贫困户“搬得出、稳得住、能就业、快致富”。

2016 年以来，全县累计完成 16 个省级、市级集中安置区，实施造福工程易地扶贫搬迁安置 3,326 户 11,597 人。同时，扎实开展贫困户住房安全认定，目前已 100%完成贫困户住房安全认定。

做法之八：政策兜底。

把政策兜底作为保障贫困群众生活的“最后一道防线”，不断完善农村最低生活保障制度，认真落实“两线合一”政策，保障标准由 2016 年的每人每年 3,210 元提高到了现在的 4,560 元。2016 年以来，累计发放农村低保资金 6,381.0935 万元，发放特困人员生活保障金 4,167.126 万元，保障水平进一步提高。

下一步，长汀县将不落下一个贫困村、一个贫困群众，奋力夺取精准脱贫攻坚战的全面胜利，推动实现高质量发展，落实赶超目标，与全省、全国同步全面建成小康社会。

长汀县 2018 年激励性产业扶贫业务培训会议

★第四节　老促会助力脱贫

2014年6月28日，习近平总书记对老促会的工作做出重要批示："对老区建设促进会就推进革命老区发展的意见建议，应认真研究。革命老区和老区人民为中国革命胜利作出的重要贡献，我们决不能忘记。要在统筹推进新十年农村扶贫开发中，进一步加大扶持力度，加快老区开发建设步伐，让老区人民过上更加幸福美好的生活。"

春到汀江岸，服务谱新篇。好风凭借力，潮起再扬帆！

"积力之所举，则无不胜也；众智之所为，则无不成也。"在长汀老区的建设发展过程中，除了有党中央的英明决策，省市的关心支持和县委、县政府坚强有力的领导外，离不开全县各部门、各单位的"积力之所举"和"众智之所为"。其中长汀县老区建设促进会的特色帮扶工作，一枝独秀，十分引人注目。

心存老区情结，肩负服务使命。长汀老促会的同志，身份变了，环境也变了，但他们对老区群众的感情没有变。他们甘当促进老区发展的志愿者，甘当党委、政府的参谋和助手，甘当老区人民的勤务员。坚持以"服务老区建设，促进老区发展"为宗旨，牢记"参谋助手、牵线搭桥、献计献策"的职能使命，在宣传老区、调查研究、挂钩帮扶、关注民生，为老区群众办实事做好事等方面做了许多有益的工作，使老促会工作迈上了一个新台阶。福建省人大常委会原副主任、福建省老促会会长谢先文为此称赞道："为党争了光，为政府分了忧，为老区建设办了事，为老区百姓尽了心。"

长汀县老促会原会长俞仰尧同志，20 年来带领老促会全体同志开展精准扶贫、促进老区扶贫开发，做出了突出贡献，2015 年被中国老促会授予"革命老区减贫贡献奖"。长汀县老促会副秘书长王坚，2018 年被中国老促会授予"全国老区宣传工作特别贡献奖"。

一、不忘初心齐向前，红色故里谋发展

当好参谋助手，积极建言献策。2011 年以来，长汀县老促会为促进老区建设，每年选择一两个专题，深入开展调查研究，反映老区群众的意愿和诉求，提出建议和对策。他们侧重在摸清革命基点村实情、学前教育、革命基点村负债情况、革命老区村危旧土坯房改造等方面开展调查研究。

2015 年开展脱贫攻坚以来，县老促会以落实中办发〔2015〕64 号、闽委办〔2016〕24 号这两个文件为主题，以脱贫攻坚为主要任务，深入革命基点村，面对面听取老区干部群众的呼声，实打实感受贫困百姓的疾苦冷暖。他们先后 4 次组织调研，摸清情况，总结经验，发现问题，研究新思路、新举措，为县委、县政府决策提供依据。

2016 年 6 月下旬，县老促会深入河田余地、四都下坪等革命基点村，开展扶贫调研。提出了进一步加大贫困户造福工程危房改造政策宣传力度，扶贫政策有待细化、明晰，长远考虑从根本上解决脱贫问题，脱贫项目的落实不够到位以及保持挂钩干部的稳定性等 5 个问题，引起县委书记、县长的高度重视，批示各部门、各乡镇抓好落实。

2017 年 4 月下旬，县老促会开展了革命基点村建档立卡贫困户脱贫情况的调研，以解剖麻雀的形式，在河田镇余地村、古城镇梁坑村选择了 10 户有一定代表性的贫困户，其中已脱贫、未脱贫各 5 户；总结出落

实帮扶责任、落实扶贫政策、落实扶贫项目、大力发展特色产业等4点好的经验和做法；也提出了特殊困难群众占了一定比例、部分脱贫户经济基础仍脆弱等3点存在的困难、问题及建议。县长马水清专门在调研报告批示：要学习老同志深入调研分析的扎实工作作风，采取切实有效措施打赢脱贫攻坚战。

二、同心描绘中国梦，革命老区展新颜

着力牵线搭桥，服务老区发展。长汀县老促会注重发挥桥梁纽带作用，认真做好牵线搭桥工作，为老区送温暖、办实事、办好事，促进老区发展。

地处严重水土流失区的河田镇余地村，过去光山秃岭。县老促会先后两次组织村干部和村民代表到浙江省安吉县和本县梁坑村参观学习。县老促会在2008—2010年，连续三年联系县林业、水保等部门，投资20多万元，调运种竹、无偿提供给村民种植，共种竹330亩。2012年，县老促会积极争取将余地村列入龙岩市革命基点村毛竹丰产示范工程，连续4年获得每年5万元竹林专用肥和建水池、竹山便道的扶持。如今，全村毛竹面积达1,000多亩，成为余地村脱贫致富的支柱产业。

在县老促会积极牵线搭桥下，古城梁坑村被列为市级新农村建设示范村。争取上级和有关部门支持，投入300多万元，安装路灯，建垃圾池，铺设新村地板砖道路，砌河堤，铺草坪，建花圃、绿化带，修停车场、篮球场，建农民议事大厅。梁坑美丽乡村建设的成效和经验，受到省老促会和省老区办领导的充分肯定。

为加强长汀村级卫生所建设，改变村级卫生所现状，长汀老促会联合县卫计局，在建好河田余地村、涂坊中华村2个革命基点村示范卫生所的基础上，支持河田马坑，濯田水口，四都小金、溪口，古城南岩这5个革命基点村创建村级卫生所。

2016年以来，长汀县老促会领导在调研基础上，在县水利局的积极配合下，争取了余地河的中小河流整治项目，争取到600万元资金，建设生态河堤。

三、精心布局谋发展，多管齐下创新路

积极出谋划策，促进老区发展。2015年12月12日，长汀县老促会组建新一届理事会，在总结县老促会20年来情系老区、尽职尽责、挂钩帮扶革命基点村，为老区群众办实事办好事等好经验、好做法的基础上，新一届理事会弘扬老促会精神，研究新思路，拿出新举措，创造新成绩，向党的十九大献礼，重点在以下四个方面做好文章。

在创新思路上做文章。四都镇是红军入闽第一站，全镇有25个革命基点村，是全县革命基点村最多的乡镇。这里有红军入闽第一站红色旧址群、中华苏维埃红军烈士第一纪念碑，全镇有名有姓的烈士488人。为此，县老促会在四都成立全省首个乡镇老促会分会，这一做法得到了省老促会常务副会长的肯定。

在增点扩面上做文章。历届老促会近20年挂钩帮扶革命基点村河田余地、古城梁坑，新一届老促会增加了松毛岭战斗暨长征出发地南山镇中复村、汀江源头庵杰乡涵前村两个挂钩帮扶村，并将4个村作为倾听反映老区群众意见的联系点。老典型有新提升，余地村是当年闽粤赣纵队独七团的根据地。2016年，县老促会帮助该村制订了打造“红旗不倒的地方——余地”的规划，发展红色文化、农耕体验、乡村旅游、产业支撑四大板块。新典型有新亮点，中复村对革命遗址红军桥、红军街、观寿公祠、战地医院、红屋区苏及抗日漫画群旧址、松毛岭战斗纪念碑进行了修缮。目前规划设计总投资7,500万元的松毛岭战役、红军长征出发地陈列馆暨纪念广场项目，已完成第一期征地拆迁。在县老促会的帮助下，涵前村也制订了旅游发展总体规划。

在重点帮扶上做文章。县老促会重点帮扶“红军入闽第一村——四都镇楼子坝村”“红旗跃过汀江渡口——濯田镇水口村”“杨成武将军故乡——宣成乡下畲村”“红军长征出发地——南山镇中复村”等，出谋划策，推进老区发展。如联系文体、住建等部门，对红军入闽第一村进行红色传统教育，进行美丽乡村建设的规划设计，计划修缮红军入闽时毛泽东、朱

长汀县老促会助力脱贫会议

德的指挥部和红军长征后毛泽覃打游击时的旧居等一批革命遗址。

在特色产业上做文章。如余地村在坚持发展毛竹的基础上，发展槟榔芋产业，全村种植 600 多亩，还有一支 30 多人的营销队伍，成为脱贫致富的支柱产业。梁坑村从 2016 年开始，在县老促会引导下发展林下经济，在竹林下种植了近千亩的姜黄、三叶青；发展养蜂业，全村养蜂 2,000 多箱，年产值 200 多万元，形成了特色产业。

长汀县老促会从 2011 年开始，挂钩部分老革命基点村和贫困乡村，作为具体帮扶的对象。到 2017 年为止，挂钩的村是：下畲村、余地村、梁坑村、水口村、楼子坝村、塘背村、中复村、彭坊村、涵前村、丁黄村。在上级有关部门和中共长汀县委、县政府的关心支持下，在长汀县老促会的精心帮扶、出谋划策下，这些挂钩村的经济发展取得了明显成效，村容村貌焕然一新，美丽乡村建设迈上新台阶。现将挂钩村的美丽乡村建设情况，简要介绍如下：

(一)将军故里换新颜(宣成乡下畲村)

长汀县宣成乡下畲村是全国政协原副主席、开国上将杨成武的家乡。下畲村是一个有着光荣革命传统的红色乡村,早在红军入闽前,下畲村就参与"畲心暴动",建立秘密农会。红军入闽后,下畲村成立了乡苏维埃政府,开展土地革命,打土豪分田地。在如火如荼的革命斗争中,下畲村在支前和扩红工作方面成绩突出:在支前方面,当年乡亲们把仅有的一点粮食都用来支援红军;在扩红方面,下畲村少共支部成员全部报名参加红军,受到省苏和《红色中华》的表彰。在长期的革命斗争中,下畲村为革命献身的就有杨福胜等 44 名革命烈士。

1.多措并举攻坚脱贫

以贫困户张维海为例,张维海和杨朝明合伙种植的 38 亩百香果,枝繁叶茂、硕果累累。张维海简单算了一下账,按每人 19 亩、亩产最低 1,800 斤、每斤均价 6 元计算,产值达 20.52 万元,扣除成本 2.5 万元,预计收益

宣成下畲新貌

18.02 万元。张维海的爱人在县城巧龙服饰上班，一年收益有 1.8 万元，家中还养了河田鸡、蛋鸭等，预计全家年收入 20.82 万元，年人均纯收入约 4.16 万元。

脱贫攻坚，给张维海带来天翻地覆的变化。过去张维海因缺技术致贫，全家住在低矮破旧的烂房子里。去年他全家 5 人，领到了人均 2.8 万元的建房补助，于是建了一幢 106.7 平方米的易地扶贫搬迁房，于当年 11 月 18 日高高兴兴入住新房。同时，他参加了乡扶贫办组织的蛋鸭养殖，百香果、三叶青等种养技术培训，申请了 5 万元的小额信贷用于养殖蛋鸡、种植百香果，从而走上了脱贫致富新路子。

去年 9 月，下畲村引进荣茂蛋鸭养殖，采取"合作社+贫困户"，贫困户代养、贫困户自养方式，发展了 13 户贫困户加入合作社。扶持贫困户一户一业发展生态种养业，多渠道增加就业岗位。全村贫困户外出务工人员多达 36 人，对无法外出的，提供公益岗位 3 个、人均月增收 500 元，目前 26 户贫困户累计转移就业人数 41 人。

下畲村有贫困户 26 户 97 人，根据贫困户实际情况，村两委制订了贫困户脱贫计划和帮扶措施，并落实帮扶责任人。全村发展生产扶助 26 户、住房建助 18 户、就业辅助 7 户、就学资助 6 户、医疗援助 2 户、结对扶助 7 户，2016 年脱贫 13 户 52 人，2017 年实现了全部脱贫。

2.美丽乡村建设上台阶

党的十八大以来，下畲村迈开建设美丽乡村的新步伐。如今，走进下畲村，只见满山翠绿，新屋幢幢，完全改变了"上畲下畲没水煎茶"的缺水窘状，呈现出一派社会主义新农村的景象。

下畲村制订了《杨成武故居建设规划》，从环境整治、乡村建设、产业发展三个方面入手，全面推进美丽乡村建设。在环境整治上，制定完善保洁制度，垃圾做到"村收村运村处理"。拆除了违建房、空心房 5,000 平方米。在乡村建设上，投入 600 万元修缮了杨成武将军故居，建设了 3,000 平方米的故居前纪念广场和 5,000 平方米的农民休闲公园，建造了 32 米长的农民休闲长廊和村游客接待中心、老年活动中心，安装了 100 多盏路灯，充分利用村部、同心楼、学校屋顶，安装太阳能光伏发电 100 千瓦，实现年村财收入 10 万元以上。全村种植了香樟、桂花等景观树 3 万棵。项目被省委宣传部宜居办评为优秀项目。在产业发展上,积极调整产业结构,打造生态绿色产业,开发出高附加值的 230 亩油茶、53 亩百香果、30 亩三叶青等。

2017 年,下畲村重点打造将军故里 AAA 级红色旅游景区,省级文保单位杨成武将军故居争取列入全国文保单位。打造提升下畲美丽乡村、森林公园,结合 80 亩山垄田整治项目,发展生态休闲观光农业,使旅游产业成为农民收入的新增长点。

(二)情系红土写新篇(河田镇余地村)

余地村是省定革命老区基点村,是当年红军"红旗跃过汀江,直下龙岩上杭"的据点,是中国人民解放军闽粤赣独七团纵队长汀联络处。土地革命战争时期,余地村人民一心跟党、英勇无畏、前仆后继,有 30 多位红军烈士。1983 年, 福建省革命老区办公室认定余地村革命五老人员 26 人,其中老接头户 8 人、老交通员 6 人、老游击队员 12 人。该村被誉为"红旗不倒的地方",1952 年被评定为首批革命基点村。

现在全村辖 8 个村民小组,265 户 1,163 人,其中党员 34 名,全村耕地 606 亩,山地 11,523 亩,林地 9,638 亩。

余地村原本是个贫困村,由于水土流失严重,全村山光岭秃。如何尽快让村民脱贫致富呢? 村"两委"决定在 1 万多亩山地上做文章。

县老促会为了促进余地村毛竹产业的发展,分两次组织村干部和部分村民前往浙江安吉和本县古城梁坑村考察毛竹种植,决心从无到有,开发毛竹产业。2008 年起,由县老促会、林业局、水保局提供种竹、竹业专用肥和技术指导, 全村有 108 户村民上山种植毛竹 1.3 万多株,共 1,000 多亩。自从发展毛竹种植主导产业后,余地村生态环境得到很大的改善,为经济持续发展提供了有力的保障。

如今来到余地村,映入眼帘的是漫山遍野的毛竹林。竹林葱茏、绿波荡漾,雾气缭绕、美若仙境,不仅清新自然,而且成为余地的绿色小银行。

近年来,在县老促会大力支持下,除毛竹外,余地村还大力发展其他

余地新貌

种植、养殖业。槟榔芋是该村村民种植的主要经济作物。过去,余地村是守着优越的自然资源过穷日子。1999 年,该村被定为创建小康试点村后,县老促会和老区扶贫办等部门针对该村的实际,制订了"庭院养猪建池,山上垦覆种果,大田扩种经济作物"的发展规划。

近年来,在县老促会牵线搭桥和上级有关部门的关心支持下,革命老区基点村余地全村率先实现通电、通路、通信、通电视、通自来水等五通工程。多功能运动场和标准化幸福院已投入使用。结合水土保持绿化荒山工程,全村已种植毛竹达 1,600 多亩,槟榔芋 600 多亩,形成产供销一条龙经营体系。目前全村有廖永春、丘荣荣、丘水昌三大营销带头人。

2017 年被列入省"千村整治、百村示范"美丽乡村建设工程。实现光明行动路灯亮化、花草茂盛家园绿化、污水处理空气净化、垃圾处置环境美化全覆盖。余地村正在着力打造小桥流水、世外桃源般的美丽乡村。

余地村具有山清水秀的优势,规划将主要聚居地作为旅游区的主体,将村庄和旅游相联系,形成"两区":红色文化核心展示区、旅游景观核心区;"一带":沿河流水系形成的生态景观带;"多节点":以闽粤赣边纵队独立第七团旧址、纪念馆、瀑布水车、红军亭、水口廊桥等旅游景观为节点的空间布局结构，积极展现余地村的红色文化、客家文化、民俗文化资源，不断促进余地美丽乡村建设和乡村旅游发展，推动余地村的全面建设和长足发展。

过去的余地战火硝烟、红旗不倒，现在的余地步入小康、村富民安。在习近平新时代中国特色社会主义思想的指引下，余地村将更加繁荣昌盛、灿烂辉煌！

（三）梁坑旧貌换新颜（古城镇梁坑村）

长汀县古城镇梁坑村地处闽赣边界，距离古城集镇所在地 8 公里，离县城 12 公里，全村有 10 个村民小组，331 户 1,169 人。梁坑村是典型的山区村，山多地少，群山环抱，流水潺潺，更有万亩竹海四季常青。

梁坑村是开国少将彭胜标和著名的古城暴动发起人刘宜辉烈士的故乡。在土地革命战争时期，梁坑村群众积极支援红军，参军参战。红军长征后，梁坑又成为红军游击队的重要活动据点，在苏区革命斗争史上写下光辉的篇章。

不忘红色历史，传承红色基因。在梁坑村，人们始终以革命前辈彭胜标、刘宜辉为骄傲。因此，在梁坑新村的建设中，确立了振兴将军故里的发展定位，并于 2016 年修复刘宜辉烈士故居——刘屋祠堂，将其辟为“古城暴动总指挥纪念馆”。该纪念馆成为不忘初心、饮水思源的重要场所和弘扬爱国主义精神的教育基地。

1.立体开发万亩竹海，成就村民致富梦

党的十八大以来，梁坑村坚持传承红色基因和践行绿色发展理念并重，坚持经济社会发展与生态资源保护并行，紧紧围绕“将军故里、竹业新村、生态家园、美丽梁坑”的定位和“产业发展、农民增收、环境美化”的目标，探索出一条宜居宜业宜游的美丽乡村建设之路。

梁坑村充分发挥竹资源优势，依托便捷交通，着力打好竹业产业、林下经济这两张牌。目前梁坑村已建起毛竹丰产示范林 7,000 余亩，高产竹林 1,400 余亩，并通过竹农集资、政府以奖代补等形式，共投入 150 万元建设了135公里长的竹山便道，帮助部分农户安装了竹山喷灌系统，竹农生产成本大幅下降。

在引导竹业产业转型升级的过程中，梁坑村大力发展竹制品深加工，积极引进竹制品加工企业。全村现有竹制品加工厂6家，年可加工毛竹100万根，吸纳富余劳动力140余人。梁坑村率先在全县成立竹业协会和竹业专业合作社，加强科学育竹培训，提供产供销一条龙服务，竹产业规模化、组织化、集体化程度逐步提高，2010年梁坑富民竹业合作社被评为市级示范合作社。2016年，全村工农业总产值达3000万元，其中竹业产业产值2,250万元(竹制品加工业产值1800万元左右)。

梁坑村万亩竹林也为林下经济的发展提供了广阔的发展空间，在党员干部、致富能人的带领下先后探索出“林药、林禽、林菌、林蜂”等林下经济发展模式，因林制宜发展姜黄、三叶青、黄花远志等特色中药材和竹荪、灵芝等特色菌类种植，以及蜜蜂、河田鸡等特种养殖。至今，全村已发展3个林下经济种植示范区，20余户林农投身林下姜黄、三叶青、黄花远志的种植，种植面积达到1,500多亩；发展林下养殖大户8户，林下养殖鸡、鸭等家禽10,000多羽，养殖蜜蜂1,500多箱，开创了林下经济发展新局面。

梁坑新貌

2.绿水青山就是金山银山

梁坑村坚持“绿水青山就是金山银山”的绿色生态发展之路，以生态发展带领村民发家致富。

2013 年，梁坑村充分利用万亩竹海的优势，鼓励和支持党员邱荣生投资 150 万元，建设占地面积约为 2,000 平方米的集餐饮、住宿、休闲、娱乐于一体的避暑胜地——翠竹农家苑。全苑以竹林为背景，环境优美，空气清新，景色宜人，吸引了众多游客，用实实在在的业绩诠释了“绿水青山就是金山银山”。2014 年 4 月，翠竹农家苑被省林业厅授予“森林人家”称号。

坑村蜜蜂养殖基地依托万亩竹海，竹林下“放养”蜜蜂，打造“野生蜂蜜，质量上乘”品牌优势。年产蜂蜜 7 吨以上，产值达到 60 万元。

（四）红军入闽第一村（四都镇楼子坝村）

楼子坝村是长汀县的边远山村，距长汀县城 46 公里，距镇政府 23 公里，与江西省瑞金市相邻。全村有 10 个自然村，10 个村民小组，185 户 826 人。全村耕地面积 776 亩，林地面积 8,650 亩（其中毛竹林 6,560 亩）。

1.革命精神永垂不朽

楼子坝村有着光荣的革命斗争历史，有楼子坝、姜畲坑、韩屋斜 3 个省定革命基点村，参加红军和游击队牺牲的在册革命烈士 43 人，五老人员 4 人。在楼子坝村如今还保留有红四军毛泽东、朱德入住陈氏祠堂、红军入闽时走过的石阶路和红军后勤部的造币厂、兵工厂、后方医院等革命旧址，以及毛泽覃同志的旧居。

丰富的红色资源是楼子坝的一大特色，作为“红军入闽第一村”、毛泽覃旧居所在地，为进一步弘扬老区光荣的革命传统，学习毛泽覃同志献身革命的精神，楼子坝村着力打造成重要党史教育基地和爱国主义教育基地，高度重视红色遗址的保护工作，修缮了毛泽覃旧居、红军入闽第一村等旧址。2015 年，毛泽覃旧居被列为县级文物保护单位，长汀县以毛泽覃同志旧居揭牌仪式为契机，进一步加强对毛泽覃烈士生平事迹的研究、宣传，将其作为长汀革命斗争的重要历史见证，发扬革命先辈敢于拼搏、热血奋斗的精神，发展经济，让革命先烈的精神在楼子坝不断延续。

2.荒山复垦,发展竹业

楼子坝村共有6,560多亩的毛竹林。这是全村人民开发荒山种植的,如今成为漫山遍野、郁郁葱葱的毛竹丰产林。虽然人均有8亩多竹山,但是,由于楼子坝村山高路远,交通不便,大量毛竹运不出去,老百姓说是“捧着金碗讨饭吃”。针对这一状况,近年来在上级部门的扶持下,筹措资金300多万元,于2006年将楼子坝通往县道公路的17公里长的村道改成水泥路。村里又组织竹农建设竹山便道,两年来完成路面宽3.5米、长43公里的竹山便道。

由于有了便捷的交通,大大降低了生产成本,毛竹从几年前每根5~6元提高到现在的15~16元。在竹业专家的指导下,村民对竹山进行低产改造,深翻垦覆,科学施肥。经过改造的竹山发笋率提高了50%以上,立竹量达到每亩180根的丰产水平。楼子坝的竹业产值由十几年前的不到百万元,发展为现在的500多万元。

楼子坝竹业的快速发展成为四都毛竹产业的缩影。这也是改革开放以来,楼子坝村在经济社会建设上取得的重要成果,林业、竹业和竹产品加工业成为楼子坝村的特色产业。

3.建设美丽乡村,发展农业专业合作社

楼子坝村从完善基础设施建设,改善环境卫生,提高村民生活水平的实际情况出发,投入大量资金,逐渐完善村中基础设施建设,开展道路维修、电网改造、路灯建设、饮水工程、环境卫生整治等方面的工作。从2010年1月开始,加大资金投入,用于福建省省级生态村创建工作。一是投入10万元对全村河道进行全面疏通、加固。二是投资5万元,在沿村公路种植树木,建总长5公里的绿化带;投资14万元,硬化、维修村街道3公里;投资59万元,建水渠5.9公里;投资45万元,硬化水泥路3公里。三是于2010年2月投入9万元,新建4个垃圾池,同时成立保洁队,配备垃圾清运车1辆,设立垃圾箱30个,常年清运。四是投资27万元,拆除搬迁生猪养殖点共30家,改厕建沼气池、化粪池100个。至目前为止,已投入百万元,对全村的水、电、路等基础设施进行改造建设,安全饮水普及率100%,农村电网全部改造,环村公路全部硬化。2012年,被

四都镇楼子坝村

省环保厅授予"福建省生态村"称号。

近年来,按照"生态美、百姓富"理念,在政府政策支持引导下,成立了长汀县楼子坝村种养专业合作社,种植了300余亩台湾大肉黄姜和槟榔芋,还在竹林下种植淫羊藿,并开展杂交水稻育种。目前合作社吸收贫困户5户15人,困难党员8人,解决了本地的贫困户家庭劳动力、困难党员及其他劳动力的工作问题,为村民增加了近40万元的收入。

(五)今日水口更辉煌(濯田镇水口村)

水口村是长汀县濯田镇所辖的一个行政村,是当年毛泽东、朱德率领红四军"红旗跃过汀江"集结渡江之地。毛泽东面对闽西的大好革命形势,写下了光辉诗篇《清平乐·蒋桂战争》。水口村也因此闻名中外,载入中共党史和军史。

历史上的水口村是一个"山少、田少、水少"的地方。新中国成立后,实行土地改革,农民每人分到八分多地。政府十分重视农业生产,大力维修水利,改善生产条件,粮食产量连年提高,人民生活日益改善。

水口村

改革开放以来,在党委政府的领导下,水口村的基建、经济、民生各方面得到了长足的发展。1978年开通了水口至长汀公路,使水口从水上交通方式转换为陆路交通。1986年修建了水口大桥,实现了水口至河田公路的对接。1994年规划了水口新村道路,并于2000年完善基础设施建设。其间完成了水口老街的改造,规划了胡屋新街,完成了赖屋自然村的整体搬迁。2000—2011年,实现村村通路,修建了灌溉水渠约5,500米,安装街道路灯100余盏,修建了岭背山塘1口,还修建了排灌水渠。2011年重建了村部,建筑面积达到500平方米。

党的十八大以来,开通了水口至露潭公路,使水口的交通更加方便快捷。水口至东山段县道扩建后,大大改善了水口人民的出行环境。2016年开始规划修复“红旗跃过汀江”红色旅游景区,2017年1月,启动“红旗跃过汀江,战地旧址公园”项目。在教育和卫生事业上,新建水口中学教育综合楼5栋、小学教育综合楼3栋、幼儿园1所,濯田卫生院水口分院也在紧锣密鼓的修建中。水口村将继承红色基因,发扬老区精神,打造成一个集革命历史、文化旅游于一体的特色美丽乡村。

(六)开拓进取塘背村(南山镇塘背村)

长汀县南山镇塘背村,是罗洪标将军的故乡,著名的红色革命基点村，国务院11个农村国家级固定观察点之一。现有909户3,126人，3个自然村，15个村民小组，耕地3,262亩，林地48,000多亩，其中竹林面积7,000余亩。塘背村自20世纪90年代起就开始试行土地流转，现土地流转后种植700亩桂花林、200亩红豆杉、500亩百香果、100亩大棚。

塘背村积极开展美好乡村建设，发展产业，加强村集体经济建设和精神文明建设。在村级公益建设上，计划3年内建设村道4条(共5公里长)，建设长2.5公里、宽6.5米的沿河路，自然村道全部硬化，在建朴树公园，规划建设古树群农民公园和"二九"革命暴动烈士及罗洪标将军纪念广场，建设农民娱乐健身园，建成公益健身场所2处、老年活动中心和村级合作医疗室。

在农业科技发展上，村"两委"在农业技术上给予培训支持，因地制宜，强化农田优良改造、土地流转、大棚种植技术，走专业合作化道路。

在人居工程上，村里统一规划人居小区，并在小区周边规划建设农民公园，改善人居环境，使群众安居乐业，创建美丽乡村。现在已开发小区2处，正在报批2处150亩小区项目开发。

在环境整治上，村里自2009年起就成立垃圾清洁队伍，群众垃圾按时按地点投放，垃圾场所放置垃圾不过日。

在文物保护上，现有县级古建筑祠堂文物保护2座，正在申请市级文物保护的古祠堂1座，申报县级文物保护的古祠堂2座。被福建省绿化委员会、福建省林业厅评为"福建朴树王"的朴树，列为古树名木二级保护树种。

在文化建设上，全村现有汉剧团2个，以及军鼓队、乐队、十番、鼓手、广场舞，群众能天天看舞蹈、月月有电影。

塘背村积极开展产业项目开发。拟筹建年产300吨老酒厂房，占地面积1,500平方米，总投资150万元。可实现年产值900万元，每年的直接经济效益达到120万元。

(七)美丽的长征第一村(中复村)

长汀县南山镇中复村位于长汀的东南部，距县城42公里。中复村是

红军长征第一村——中复村

第五次反"围剿"松毛岭阻击战发生地，是红九军团的长征出发地，被称为"红军长征第一村"。先后被评为第六批中国历史文化名村、中国传统古村落，现在被确定为党史教育基地、国防教育基地、青少年革命传统教育基地和龙岩市党员干部现场教学点。

党的十八大以来，中复村紧紧围绕建设"机制活、产业优、百姓富、生态美"新南山的发展思路，团结依靠全镇广大党员和干部群众，抢抓机遇，乘势而上，中复村美丽乡村建设取得了较为显著的成效。建设美丽乡村，坚持创新发展理念。坚持理念是行动的先导。特别是党的十八届五中全会提出的"创新、协调、绿色、开放、共享"五大发展理念，要求全面加强美丽乡村建设，进一步改善村容村貌，建设整洁优美、生态文明、和谐宜居的新农村。中复村以创建生态文明村和环境优美村为契机，健全门前"三包"责任制；重点整治街道、市场的卫生管理，从根本上改变"脏、乱、差"现象，垃圾有专人打扫、定点堆放，形成良好的村容村貌。农村生态环境、基础设施环境和人文环境得到大力改善，村容整洁了，广大农民群众的生存质量得到优化，农民的生活水平自然会提高，社会也就会更加稳定和谐。近年来，中复村对生活垃圾实行了集中收运工作，建了10个垃圾集中点和36个垃圾桶点，成立了村容村貌管理小组，配备专职保洁人员，全天保持村内干净整洁，做到日积日清；道路街道旁均植上灌木丛，全村绿化覆盖率达45%以上。通过近几年来的生态保护和环境整治，中复村的生态环境建设得到了很大的发展。

此外，中复村交通便利，已全面实现了“三通”，路通、水通、电通。现今国道319线、赣龙铁路穿村而过，行政村与各自然村的主、支干道均进行水泥硬化；配套设施全面，中复村建有旅游集散中心，并设了有近百个车位的停车场、旅游公厕、数家医疗室和卫生所；全村完成了100%的人畜饮水工程，并且生活饮用水卫生质量符合GB5749的要求；全村网络已全面覆盖，为游客提供了极大的方便。另外还修建了活动中心、健身广场、农家书屋、游客服务投诉办公室等服务设施，使村级旅游相关配套得到进一步完善。

（八）美丽宜居示范村（童坊镇彭坊村）

长汀县童坊镇彭坊村有悠久的历史，早在元初，以彭姓为主的族群就在这里开基立业。彭坊村位于武夷山脉东支构成的东部中山盆地，亚热带季风气候，距童坊镇政府所在地10公里。境内的童坊河是闽江水系河流之一，为沙溪河上游，出境后流入连城县，后注入闽江。

彭坊村是一个风景优美、历史文化底蕴深厚的国家级美丽宜居示范村，同时又是省级传统古村落。村里古风盎然，古街、古桥、古树、古寺院等凸显古村的风貌。彭坊村还有龙床寨丹霞地貌自然景观、后龙山森林公园。有着悠久历史的彭坊客家传统民间艺术“刻纸龙灯”，被评定为福建省级非物质文化遗产。彭坊村还有光荣的革命斗争历史，如今还完整地保留着“红光区苏维埃政府旧址”，成为开展革命传统教育的基地。深受人民群众欢迎的传统民间艺术“稻草龙”、民间“伏虎禅师信仰”和客家艺术“踩船灯”等，正在申报省级非物质文化遗产。

2013年，彭坊村开始建设美丽乡村。镇、村领导牢固树立创新、协

彭坊村新貌

调、绿色、环保、开放、发展的理念，着力打造宜居、宜游、宜业的生态旅游村。遵循保护好、规划好、建设好的原则，带领百姓发展产业，整合资源，建设美丽彭坊。规划面积 50 公顷，建设与保护好一山（后龙山森林公园）、一寨(龙床寨)、一院(平原山广福院)、一树(千年紫薇菩萨树)、一街(盘古老街)、一池(殿奎池)、一河(龙溪河)、一“非遗”(刻纸龙灯)。村干部和村民同心同德，以勤政、廉洁、自律、高效的工作作风，群策群力，已经初见成效。引起了各级党政领导和社会各界的广泛关注，省、市、县领导亲临彭坊村考察调研。特别是时任中共福建省委书记尤权同志，于2016 年 1 月 4 日(新年后上班的第一天)莅临童坊考察调研，召开精准扶贫座谈会，慰问老红军，特别关注红光区的红色文化。他表示希望大家认真落实习总书记的“把红色资源保护好、把红色传统发扬好、把红色基因传承好”的指示，为美丽乡村建设增添丰富的精神食粮。

目前，彭坊正在营造风清气正、和谐稳定的社会环境。乘着党的十九大东风，在习近平新时代中国特色社会主义思想的指引下，加快美丽乡村建设步伐，把彭坊建设成为名副其实的宜居乡村，让群众共享改革发展的成果。

(九)汀江源头第一村(庵杰乡涵前村)

长汀县庵杰乡涵前村,距县城 30 公里,地处长汀东北部的汀江源头。全村有 12 个自然村,14 个村民小组,510 户 2,130 人。耕地面积 720 亩,林地面积 1.3 万亩,其中竹林面积 1,750 亩,是个典型的山多田少山区乡村。

涵前村是长汀县著名景点“龙门”所在地,龙门古称龙门峡。汀江源头自长汀、宁化的崇山峻岭、深山峡谷而出,一路上汇集山泉、小溪,终成大川。汀江上源蜿蜒流至涵前村,村前有一座巨大的石灰岩山峰,山峰名叫帽盒山,帽盒山下方有一天然巨洞,江水从巨洞中流过。每遇春夏时节,山洪来临,汀江犹如脱弦之箭,从洞中呼啸穿过,奔腾南下,构成汀江龙门奇观,令人叹为观止。

由于汀江是客家母亲河,汀江龙门是世界各地的客家人普遍认同的母亲河源头。涵前村龙门景观,以“独我汀江跨龙门”的雄姿,成为“客家之源生态之村”的旅游胜地。2012 年被评为省级生态村、省级新型农村住宅示范小区、省农村垃圾治理示范村、市新农村建设示范村、市建综合示范村。2013 年被列为第一批市级“美丽乡村”示范点,2013 年 4 月通过了国家级生态村验收,2014 年 6 月被评为“省级先进基层党组织”。

涵前村在党的十九大精神指引下,高举习近平新时代中国特色社会主义伟大旗帜,以“百姓富、生态美”为发展目标,塑造一大品牌,即“天下客家第一村”品牌;凸显两大特色,即汀江源神奇自然景观特色和客家人多彩文化风情特色;打造三大功能区,即汀江探源漂流区、客家民俗文化区、乡村休闲体验区;发展四大绿色产业,即龙门红茶、生态莲、竹海和农家乐。

(十)美丽伯湖展新颜(河田镇伯湖村)

河田镇伯湖村位于河田镇南部,距镇政府 5 公里,距河田高速出口 3 公里,距晋江工业园区 2 公里。东邻水土保持科教园,南接革命基点村马坑、余地及国家湿地公园，交通便利，是开国中将傅连暲及老红军铁坚的家乡，属革命基点村、县级贫困村，水土流失较为严重。全村共531户1682人，10个村民小组，5个自然村，有党员46人，村“两委”干部5人，革命烈士36人。土地总面积1.2万余亩，其中耕地面积1150亩，林地面积7389亩，生态林面积3980亩，以种植、养殖业为主。富余劳力大部分外出务工，有农业公司1家(福建新农人生态农业有限公司)，上规模农民专业合作社3家，家庭农场5家。

2016—2018年，伯湖村在上级党委政府、县慈善基金会的正确领导下，以河仁慈善基金联村帮扶为契机，围绕三年发展规划，采取“公司+合作社+贫困户”的发展模式，发展生态农业种植、河田鸡养殖、助学助教、易地搬迁、转移就业的脱贫方式，帮助贫困户增产增收，加快全村脱贫攻坚步伐。

2017年，申请省级美丽乡村建设帮助70万元，围绕“绿水青山就是金山银山”的生态理念，组建伯湖村美丽乡村建设委员会，规划以傅连暲将军广场为中心，打造“红色医圣”故里、魅力伯湖。

习近平总书记在党的十九大报告中指出：“让贫困人口和贫困地区同全国一道进入全面小康社会是我们党的庄严承诺。要动员全党全国全社会力量，坚持精准扶贫、精准脱贫，坚持中央统筹省负总责市县抓落实的工作机制，强化党政一把手负总责的责任制，坚持大扶贫格局，注重扶贫同扶志、扶智相结合，深入实施东西部扶贫协作，重点攻克深度贫困地区脱贫任务，确保到二〇二〇年我国现行标准下农村贫困人口实现脱贫，贫困县全部摘帽，解决区域性整体贫困，做到脱真贫、真脱贫。”

党中央吹响了脱贫攻坚的集结号。脱贫奔小康既是老区人民的最大愿望，又是中共长汀县委、县政府的施政方向。长汀老区在党中央的领导下和省、市领导及有关部门的关怀支持下，2017年经省级评估验收，退出扶贫开发重点县。长汀决心紧盯“两不愁、三保障”目标，加快“长连武”扶贫开发试验区建设，采取党建扶贫“双推进”、产业扶贫、易地扶贫搬迁和危房改造、生态补偿、医疗保险和医疗救助等12项措施，以更大决心、更强力度坚决打赢脱贫攻坚战，不断提升老区人民的幸福感。

第六章 改革开放续华章

一夜东风花千树，改革开放铸辉煌。

以党的十一届三中全会为标志，我国开启了改革开放的历史征程。改革开放这场中国的第二次革命，深刻改变了我们国家的面貌，推动国家各项事业发生了翻天覆地的变化，创造了令世界赞叹的“中国奇迹”。

中共长汀县委、长汀县人民政府，乘着改革开放的浩荡东风，带领长汀人民取得优异的成绩，用苏区精神书写出“长汀现象”“长汀模式”“长汀经验”的宏伟篇章。

党的十八大以来，县委、县政府始终牢记“进则全胜，不进则退”的嘱托，不断适应新时代工作要求，围绕“机制活、产业优、百姓富、生态美”的目标，牢牢把握国家支持海西建设和原中央苏区振兴的历史性机遇，艰苦奋斗、脚踏实地、埋头苦干，以加快老区发展为己任，以更加务实的态度、更加严谨的作风抓好各项工作措施的落实，在新的起点上，不断开创长汀老区建设事业的新局面。

新时代赋予新使命，新使命要有新作为，我们要坚决听党的话、跟党走，在党的十九大精神指引下，责无旁贷地传承老区“闹革命走前头，搞生产争上游”的优良传统，牢记“进则全胜，不进则退”的嘱托，不忘初心，撸起袖子加油干。在新征程上奋勇前进，在习近平新时代中国特色社会主义思想的指引下，“再上新台阶，建设新长汀”。

★第一节 “长汀现象”蜚声八闽

面朝大海，春暖花开。

长汀人第一次“面朝大海”，可以追溯到宋代。宋绍定五年(1232年)，开辟了汀州至广东潮州的汀江航运，揭开了闽粤水运交通的新篇章，在汀江航运史上具有划时代的意义。闽西、赣南的土特产品从汀州运到潮州，再通过海上丝绸之路，源源不断地运往世界各地。至明清时期，汀江成为闽粤之间的水上交通大动脉，是闽粤赣客家地区人民赖以生存的“黄金水上运输线”。汀州迎来历史上最为繁荣的时期，汀州人从山区走向海洋，走向世界。汀州古城奇迹般地成为福建省古代六大转口贸易中心之一。后来由于公路经济的兴起，汀江航运退出了历史舞台。

长汀人第二次“面朝大海”，源自20世纪末长汀工业的改革。

20世纪末，由于长汀县人口多，产业基础薄弱，既无资源优势又无区位优势，长汀的主要经济指标在闽西各县(市、区)中居于后列。截至1998年年底，全县国有工业企业22家，负债3.21亿元，企业资产平均负债率在91%以上，企业总亏损425.8万元。

正当长汀的工业改革步履维艰之时，沿海地

区纺织服装等劳动密集型产业出现向内地转移的趋势，而当时长汀拥有众多置换国有企业身份的职工和大量剩余劳动力急需安置。县委、县政府领导立即紧紧抓住这一天赐良机，认为这是长汀百年不遇的发展机遇。全县上下眼睛牢牢盯着沿海密集型企业，“面朝大海”，招商引资，终于迎来长汀工业企业的“春暖花开”。

短短几年间，长汀就吸引了一大批沿海纺织服装的知名品牌，如华平、安踏、宏鑫、新纺、荣耀、伟益、卡鑫隆、福丰、天达、金怡丰、亿来、南祥、天守等大型纺织服装企业。它们投资数千万元乃至上亿元，纷纷落户长汀腾飞开发区。长汀的纺织服装产业从弱变强，机械产业从无到有，就像一朵瑰丽无比的山花盛开在长汀老区。这一奇特现象，被省、市有关领导和新闻媒体称为“长汀现象”。

筑巢引来金凤凰，辛勤培育百花开。

招商引资，借力发展，是县域经济发展的捷径，但这需要条件。长汀一没有区位、交通、资源优势，二没有雄厚的工业基础和配套能力，引资

长汀腾飞工业区

可谓难上加难。中共龙岩市委原常委、中共长汀县委原书记黄福清明确提出，要让利招商求发展，在全县营造出亲商、扶商、富商的浓厚氛围，掀起人人为招商引资兴产业做贡献的热潮。

中共长汀县委、县政府牢牢把握沿海密集型产业向内地转移之机，率先选择与县情特点相适应的纺织产业来长汀落户，提出"以腾飞开发区为龙头，以纺织产业为载体，以招商引资为重点"的经济发展思路。

外商到长汀经济开发区投资，首先遇到的是厂房难题。自建厂房，工期长，最好的选择是租厂房，先开业，再建厂，然后上规模。长汀县实施园区带动产业发展的战略，鼓励社会力量投资兴建厂房，建成后由长汀经济开发区统一租用并以最优惠价格提供给投资者，对自建厂房的企业则给予地价优惠和建筑补助。2003 年春天，由长汀县汀州镇牵头吸纳民间资金，共投资 4,000 多万元，兴建占地面积 110 亩的天山工业园区，一期工程 20 亩，竣工后很快吸引昌辉针织厂前来投资办厂。二期工程在建时，即被多家外地企业选中。

按照"谁投资、谁受益"的原则，长汀县大同镇吸引外资、本县民间资金、农民征地补偿款等社会资金 5,000 多万元，兴建建筑面积 2.3 万平方米的 7 幢标准厂房，吸引了中国驰名企业——安踏体育用品公司、长城鞋业前来投资办厂。

2002 年以来的 3 年时间内，长汀县筹资在开发区兴建了 52 万平方米的标准厂房、10 万平方米的职工宿舍和办公综合用房。至 2005 年年底，开发区已开发面积 2.5 平方公里，落户企业 165 家，员工达 3.8 万人。区内固定资产总投入达 14.5 亿元，工业企业产值 11.5 亿元，税收 2204 万元，分别比上年增长 40.7%和 158%。与 2002 年相比，企业数、就业人数、工业产值、税收分别增长 3.7 倍、5 倍、8.8 倍和 58 倍。2005 年 12 月，经国家发改委审核，长汀开发区成为福建省首批(14 个)省级开发区之一。

为了扶持纺织产业的发展，2000 年年初，长汀县出台了在企业用地、场租、税收、水电费、贷款等多方面的优惠政策。香港南益集团在腾飞工业区投资 3,000 万元，兴建针织产业龙头——南祥针织有限公司。本县 23 家私营业主创办的 23 家针织企业上了 2,000 多台针织机，2001 年几乎家家赢利，成了最好的招商广告。腾飞工业区纺织产业氛围的形成，创造出纺织业发展的优势，许多大企业不请自来，推动长汀纺织业跻身全省首批重点培育的产业集群行列。

长汀良好的发展氛围还催生出另一支柱产业——机械制造业的崛起。从2004年年底起，长汀县抢抓赣龙动车、赣龙铁路、高速公路建设和农村公路全面硬化的机遇，在经济开发区工贸新城发展机械电子制造业，总投资11.8亿元的闽兴、舒驰等10个企业相继落户。

中共长汀县委、县政府始终坚持项目带动战略，以长汀经济开发区为龙头，以发展园区经济为载体，进一步创新招商机制，不断完善开发区基础设施建设，大力培育纺织、机械产业集群，使县域经济得到了长足的发展。

长汀县坚持深化改革，扩大开放，改善环境，不断增强经济发展后劲，县域经济保持快速发展的强劲势头。坚持以项目带动集聚生产要素，促进投资增长，激活经济发展要素，着力引进带动能力强的项目，特别是对调整经济结构、转变经济增长方式和增强经济发展后劲影响大的项目，招商引资成效明显。

从2004年到2006年，共引进县外投资项目281项，总投资65.75亿元；新办三资企业63家，总投资1.37亿美元；合同利用境外资金8707万美元，实际利用境外资金6663万美元；完成外贸出口总值8366万美元。

在项目的强势带动下，长汀经济开发区和乡镇工业集中区基础设施不断完善，园区经济产出率不断提高，成为长汀经济发展的亮点。县政府集中有限的财政资金投入经济开发区建设，共报批工业用地5406.22亩，累计建成标准厂房60万平方米。古城、策武、河田、涂坊4个乡镇工业集中区迅速崛起，以319国道为轴心的乡镇工业走廊正在形成。

长汀县始终坚持培育规模工业企业，主导产业茁壮成长。紧紧围绕市委、市政府“10+3”产业规划要求，按照“二三四五”的项目工作机制，大力培育规模工业企业，着力发展壮大主导产业。纺织、机械等主导产业初步形成了产业集群和虹吸效应，产品知名度不断提高。

在纺织产业方面，南祥、天守、华平、安踏、宏鑫、伟益、荣耀、金怡来、亿来、长城等知名企业入驻长汀，从业人员达4万多人，初步形成“纺纱—织布—服装加工—出口”和“纺纱—织片—缝合—后整—洗烫—出口”的产业链。2005年5月，长汀县纺织产业被列入福建省第一批加快产业集聚重点培育的产业集群名单。同时，纺织产品品牌层次不断提高。2006年“卡利奴”牌休闲服和“实爽”牌纸尿裤获得福建名牌产品称号，实现了我县名牌工业产品零的突破。

在机械产业方面，长汀县依托原有的机械铸造基础，积极发展高产值、高税利的机械制造业，使之成为长汀经济发展的新增长点。已落户闽兴汽车，飞驰、帆盛、中意、舒驰电动车等知名企业，形成了专用汽车、电动车等车辆制造生产能力。

长汀县勇于探索、善于创新，冲破一切妨碍发展的思想观念，革除一切影响发展的体制弊端，改变一切束缚发展的陈规陋习，抓住发展不放松，才能实施赶超先进的新举措，取得跨越发展的新业绩。

长汀县始终坚持以经济建设为中心，牢牢把握发展第一要务，集中全县人民的智慧和力量，坚持走新型工业化道路，大力推进农业产业化，积极打造现代服务业和开放型经济，坚持用发展的方法来解决发展中遇

长汀河梁工业新区

到的困难和问题，保持了发展的好势力、好氛围，有力地推动了县域经济持续、快速、健康发展。

长汀县在变化中捕捉机遇，在困难中寻求机遇，在发展中创造机遇，实现了经济社会各领域的新突破。牢牢抓住我国加入世贸组织，中央支持东部率先发展、支持原中央苏区发展、支持海峡西岸经济区建设和沿海劳动密集型产业向内地梯度转移等重大历史机遇。选择以纺织产业为突破口，并加强了稀土、机械电子制造、旅游、美食、医疗器械和其他行业的发展，使全县经济结构和增长方式有了较大转变。

长汀经济开发区的飞速发展，与开发区管委会的优质服务密不可分。在开发区管委会，从领导到每一个干部，在思想上都牢固树立起“人人都是投资环境”和“抓投资软环境建设比出台优惠政策更重要，抓项目引进后的服务比引进项目更重要”的服务理念，做到热情、高效、优质、真诚，给外商以宾至如归的感觉。

福建省长汀盼盼食品有限公司于2005年3月26日破土动工，在此期间，中共长汀县委、县政府在各方面对外商企业服务周到，营造很好的环境，在服务方面也尽职尽责，能够经常地深入公司调研，解决一些实际困难，协调各部门的关系。特别是县国土资源局和开发区管委会、建设局、发改局以及外经委等相关部门，帮助解决了“三通一平”的问题，使盼盼公司在短时间内水通了，路通了，电也通了。

优质的服务推动了开发区的快速发展。“十五”期间，长汀县规模工业产值增长2.4倍，工业废水排放量减少45%。

2005—2007年，长汀县在福建经济发展十佳县市评选中连续三年荣获“福建省县域经济发展十佳县”称号，其中2005年和2006年连续两年跃居榜首。

长汀的发展得到各界的肯定，中共福建省委原书记卢展工到长汀实地考察后，把长汀从资源匮乏、交通不便、基础薄弱困境中的崛起称为“长汀现象”。

“长汀现象”得益于思想的解放，长汀人民敢为人先，敏锐地捕捉到发展机遇，甚至是创造机遇，主动承接沿海发达地区的劳动密集型企业向内地转移。

“长汀现象”得益于县委、县政府围绕产业发展需要，主动转变职能，强化服务，不断创新招商引资形式，以开发区建设带动集聚生产要素、投资增长。

“长汀现象”是几任长汀决策者带领长汀人民抓住机遇，坚持科学发展理念，实施项目带动战略的生动体现。

★第二节 “长汀模式”传遍海西

滚石上山，爬坡过坎。

这是形容面对巨大的困难，需要有壮士断腕的决心，更要有砥砺奋进的动力，始终保持清醒头脑，焕发昂扬斗志。无论山多高，坡多陡，坎多深，都要积极应对挑战，不进则退；要坚定信念，负重前行。

鲁迅先生也有一句至理名言：“世上本没有路，走的人多了，也便成了路。”

老区县长汀在推进工业发展进程中，站在海西找定位，明确差距求突破，在逆境中谋发展，在竞争中求生存。全县上下憋足一口气，敢为人先大胆干。条文中没有规定的，我们先试着干；别人没有做过的，我们创造性地干。采取有力措施，打破各种体制障碍，以工业化推进城镇化建设，促进城乡社会和谐发展，创新出令人瞩目的“长汀模式”。

所谓“长汀模式”，就是指中共长汀县委、县政府勇于改革，紧紧围绕发展抓创新，探索出了一系列发展的新举措。主要有：

免费培训，缓解企业用工难；

筑巢引凤，吸引民工来就业；

先锋引领，非公企业抓党建；

先行先试，服务“三农”见成效；

村企联盟，开辟双赢新途径。

这些新举措、新模式，使得长汀针织、服装、绿色农业等主导产业得到蓬勃发展，县域经济走上了健康、快速发展的轨道。

免费培训，缓解企业用工难。随着纺织产业的快速发展，过去习惯于劳力输出的长汀，竟然出现"用工荒"，且呈日益严重之势。将农村剩余劳力培训为合格的产业工人，迫在眉睫。

长汀县在对全县16~40岁劳力调查摸底的基础上，采取"政府买单、社会承办，订单培训、就业带动"的模式，由社会培训机构和大企业负责农民的技术培训，政府负责考核和购买培训成果，并对参训人员建档立卡，由有关部门及时向企业推介就业。

长汀县在实践中摸索出"政府引导，市场运作，服务配套"的路子。为调动各类培训机构的积极性，长汀县规定，培训实体凡自购设备的，学员考核合格后由县财政给予补助，鼓励有办学条件的单位承接培训任务。

县财政拨出专款30万元购置培训设备，无偿提供给到各乡镇巡回办培训班的铭基、华兴2个培训实体使用。同时，为调动农村劳力参加培训的热情，河田、南山、大同等乡镇对出满勤且考核合格的学员，每人给予30~50元的奖励。5年时间内，长汀县只花了600多万元，便办成了一件大实事：全县18个乡镇一共培训了3万多人，其中纺织工2万多人，基本满足了全县企业的用工需求。长汀的培训模式，吸引了南平等地纷纷前来取经。

筑巢引凤，吸引民工来就业。长汀县政府制定优惠政策，对外地夫妻来长汀开发区就业的，提供夫妻公寓房，免收房租3个月；外地工子女在长汀就读的，免收借读费。

县里还组织招工小组，到邻近县发布招工信息，招收工人。组织专业人员到上杭、瑞金、会昌等县举办电瓶车、针织机培训班，采取外地培训、本地招工形式，吸引外地农民来汀就业。据长汀县劳动和社会保障局介绍，在长汀就业的外地民工已达8,000多人。来自贵州的杨胜英，自2004年到长汀安踏公司上班后，工作出色，连续四年被评为优秀员工，2007年被评为龙岩市劳动模范，2008年荣获"全国优秀农民工"称号，受到时

晋江(长汀)工业园区

任国务院副总理张德江的接见。来自安徽的孙艳,先后被评为龙岩市劳动模范、福建省劳动模范。

为吸引农民工进城落户就业,长汀县投资160多万元,在开发区建起腾飞希望小学,主要面向开发区农民工子女招生,并且免收借读费,很受农民工欢迎。与此同时,县政府出台了一系列鼓励农民工进城务工的优惠政策,凡进城务工农民与企业签订并履行劳动合同1年以上,愿意在城区落户的,均可在城区申请登记常住户口;其子女需在城区中、小学和幼儿园就读的,就近入学,免收借读费;对符合条件的农民工还可按市场价一半的优惠价格购买政府经济适用房或夫妻公寓。2006年春节,长汀县向开发区农民工推出300多套经济适用房,每平方米800元,不到市场价的六成,很快销售一空。

先锋引领,非公企业抓党建。长汀县紧紧围绕建好开发区、实现大发展这条主线,在非公企业中组建党组织,做到党组织发展与企业发展同步:一是积极鼓励、引导、培训管理层、一线骨干层等重要岗位的优秀员工加入党组织,要求每个党支部每年都要培养3个以上入党积极分子。二是招工输送党员组建党组织。开发区党工委专门要求企业在招工中有重点地做好党员推荐输送工作，几年来通过招工，向非公企业输送了100多名党员。三是选派党建指导员组建党组织。县委从县直、乡镇机关挑选35名有一定党务工作经验、责任心强的党员干部作为党建指导员，选派到企业，主要完成组建党组织、壮大党员队伍、提高党建水平三项任务。长汀开发区规模以上非公企业100%建立了党组织。

先行先试，服务“三农”见成效。长汀是传统农业大县，县委、县政府高度重视“三农”工作，坚持以农民增收为核心，先行先试，开拓创新，探索实践科技引领、龙头带动、基地连接的新农村建设模式。

长汀县有关部门通过有效运作，由米兰春天集团整体承接重组“远山农业”，投资1.2亿元建立基地，扩大生产经营，加强“远山”品牌运作。经过多年的不懈努力，全县绿色无公害农业基本形成了“品牌拓展市场，市场促进加工，加工带动基地，基地拉动产业”的态势。

目前，远山品牌已成为全省绿色无公害食品标志，市场份额不断扩大。按照“授权经营，区域配送，分销专卖”的市场模式，远山公司与龙岩米兰春天量贩联手后，25家连锁专卖网点经营远山产品；在福州除远山牌河田鸡销售设立52个专卖点外，远山牌生猪又有20个连锁专卖点成功进入市场；在厦门远山牌生猪已建立51家专卖店，在泉州、石狮、晋江、福清等地也申请特许经营或已入市场经营连锁专卖。

远山农业的发展，使长汀县“果、蔬、稻、猪、鸡”等农业主导产业与绿色无公害发展方向对接，推动了绿色产业发展，全县绿色无公害农业2006年产值达1.25亿元，加盟远山的3,760户农户年累计增收1,128万元。与此同时，长汀县还通过转包、转让、互换、入股、出租等形式，实现农户承包地经营权流转面积3.94万亩。河田镇还成立了土地流转中介所。河田上街村李海长等几个种粮大户，租赁耕地1,320亩，建立机械化种植优质稻基地，涉及农户851户，年产优质稻1,200余吨，产值230余万元，居全市土地流转中集中连片面积之首。

村企联盟，开辟双赢新途径。在社会主义新农村建设中，长汀县根据工业化、城镇化的发展实际，提出因地制宜建设工业型、生态型、城镇型三种类型新农村，采取政府引导、村企自愿、互利共赢的做法，按一村一企、一村多企、多村一企的“村企联盟”模式积极建设新农村，实现了“以企带村，以村促企，村企共赢”的目标。

村企联盟工作机制，为村、企发展注入了活力。企业注意发挥各自特点优势，通过产业带村、项目兴村、企业帮村等方式，探索发展路子。台慧体育器材公司是一家专门生产出口垒球的企业，针对劳动密集型这一特点，企业把车间搬到联盟的长汀县大同镇红星村，开班培训技术工人，解决了该村 240 多位失地农民的转岗就业问题。

长汀盼盼食品有限公司与长汀县大同镇李岭村、涂坊镇元坑村联盟，通过实施“人才联育、活动联办、公益联做”等工程，实现了村企互惠互利。几年来，李岭村不仅保障了盼盼公司近千名员工每日的新鲜蔬菜供应需求，而且为盼盼公司输送员工 100 多人。涂坊镇元坑村在盼盼公司的扶持下，建立起槟榔芋种植基地 3,000 亩，种植的槟榔芋全部由盼盼公司负责收购，既解除了农民的销售难题，实现农业增效，农民增收，又为盼盼公司缓解了原料压力，实现了村企双赢。

长汀县经济持续快速发展，各项事业长足进步，社会秩序安定稳定，形成风正气顺、人和业兴的发展局面。

福建(龙岩)稀土工业园区

★第三节 “长汀经验”誉满全国

进则全胜，不进则退。

2012年3月7日下午，北京。

时任中共中央政治局常委、中央书记处书记、国家副主席的习近平，兴致勃勃地来到十一届全国人大五次会议的福建省代表团驻地，看望福建省代表团全体代表。

习近平在谈到福建省工作时，对长汀老区的水土流失治理做了重要指示：“要认真总结推广长汀治理水土流失的成功经验，加大治理力度、完善治理规划、掌握治理规律、创新治理举措，全面开展重点区域水土流失治理和中小河流治理，一任接着一任，锲而不舍地抓下去，真正使八闽大地更加山清水秀，使经济社会在资源的永续利用中良性发展。”

这是习近平以中央领导人的身份，充分肯定长汀老区的水土流失治理工作，并要求总结推广“长汀经验”。

长汀曾是我国南方红壤区水土流失最严重的区域之一，尤其是在三洲、河田一些乡镇，水土流失造成寸草不生的连片荒山，被人形象地称作“火焰山”。

为了改造生态环境，长汀人民在上级领导的关心支持下，党政同心、干群合力、部门尽责、举措得当、锲而不舍地与百万亩荒山作战，为水土流失治理做出了巨大贡献。

长汀县坚持“几任书记一本经、几任县长一道令、几套班子一个调，全县上下齐心干，一任接着一任干，一任干给一任看”的好传统，发扬“滴水穿石，人一我十”的拼搏精神，坚持“党政主导、群众主体，社会参与、多策并举，以人为本、持之以恒”，通过运用“反弹琵琶”的理念变生态系统的逆向演替为顺向演替，实施等高草灌带、“老头松”施肥改造和陡坡地小穴播草等水土流失治理新技术，注重科技支撑，遵循自然规律，因地制宜，分类实施，攻克了南方红壤区水土流失区造林、育林等技术难关，创造了一系列治理改造技术措施，形成了一套有效的水土流失治理做法和经验。1985 年至今，长汀累计治理水土流失面积 221 万亩，减少水土流失面积 109.4 万亩。水土流失面积从 1985 年年底的 146.2 万亩下降到 2017 年年底的 36.9 万亩，水土流失率降为 7.95%；森林覆盖率达 79.8%。长汀

闽粤赣边游击战士林碑记

县先后获全国生态文明建设示范县、全国现代林业建设示范县等国家级、省级荣誉20多项,列入全国首批“水生态文明城市”建设、全国第六批生态文明建设等10多个国家级试点。如今,长汀县由过去的“火焰山”变成了“绿满山”“果飘香”,山清水秀得以回归,生态系统趋向恢复,自然与社会日益和谐,美好家园目不暇接。长汀人民用实践与实效诠释了“绿水青山就是金山银山”“改善生态环境就是发展生产力” 的生态文明发展之道。作为成功样本,治理水土流失的“长汀经验”被广为推广。

长汀县在水土流失治理方面所创造的经验和模式,被中科院、中国工程院、水利部联合科学考察组称为中国水土流失治理的品牌,被水利部称为我国南方地区水土流失治理的一个典范。这是长汀老区人民创造的一笔宝贵精神财富,是科学发展观在长汀的创造性运用和实践。长汀县水土流失治理被省委、省政府称为福建生态省建设的一面旗帜。

如今,长汀老区人民牢记习近平总书记“进则全胜,不进则退”的嘱托,打好水土流失治理攻坚战,既是政治责任,也是为民使命。持续发扬“滴水穿石,人一我十”的长汀精神,对接落实《国家生态文明试验区(福建)实施方案》,坚持治山与治水、治理与保护、统筹推进和专项整治“三个结合”,彻底解决“远看青山在,近看水土流”的问题,持之以恒推进水土流失治理和生态文明建设,高起点打造“长汀经验”升级版。

第七章

生态建设绘新图

“装点此关山，今朝更好看。”

党的十八大以来的五年间，长汀生态文明建设交出亮丽的成绩单，获得国家级荣誉11项。其中，国家第一批“绿水青山就是金山银山”实践创新基地全国生态文明建设示范县、首届中国生态文明奖先进集体、国家生态县等称号格外耀眼。

实施水土保持“六大工程”以来，长汀累计实施水土流失综合治理项目32个，全县累计治理水土流失面积68.7万亩，植树造林27.21万亩。据2015年年底遥感调查，水土流失面积从2011年年底的47.69万亩下降到39.6万亩，减少8.09万亩，减少减轻流失率3.25%。其中，强度以上水土流失面积比2011年年底减少2.87万亩，近70%的强度以上流失区得以明显减轻。2017年年底，全县水土流失率降低至7.95%，低于全省8.87%的平均水平，在全省11个水土流失治理一、二类县中最低，取得良好的生态、经济、社会效益。

农村乡镇全部获得省级生态乡镇命名，63个村获省级生态村命名，195个村获市级生态村命名。3个汀江干流国省控断面水环境质量达标率100%，城区饮用水源地水质达标率100%，全县空气优良天数比例达99.4%以上。

长汀坚持绿色发展理念，以封山育林保护森林，以植树造林提高森林覆盖率，以自然保护区促进湿地保护。至2016年，全县林地保有量达25.9万公顷，森林蓄积量1,557万立方米，湿地保有量达3,493公顷，自然保护区面积27,531公顷，均超过原有目标值的100%。

“绿水青山就是金山银山”，水土流失情况大大改善，当地农民的经济收入得到明显提高。河田、策武、濯田、涂坊、南山、新桥、三洲等7个水土流失重点乡镇，2017年农民人均可支配收入基本达到或超过全县平均水平。

★第一节 总书记的老区“生态情”

“山光、水浊、田瘦”“晴三天,闹旱灾;雨三天,闹洪灾”曾是长汀县挥之不去的烙印。

长汀水土流失治理工作始于20世纪40年代,但收效甚微。新中国成立后,由于受到政治运动干扰和其他种种原因,治理工作时断时续。到20世纪80年代,长汀水土流失面积达到146.2万亩,成为我国南方红壤区水土流失最严重的地区。

1983年4月初,中共福建省委书记项南视察了长汀水土保持工作,提出一定要治理长汀的水土流失,要把长汀从水土流失的冠军变为治理水土流失的冠军。

项南书记亲自拟定了长汀《水土保持三字经》:“责任制,最重要;严封山,要做到。多种树,密植好;薪炭林,乔灌草。防为主,治抓早;讲法治,不可少。搞工程,讲实效;小水电,建设好。办沼气,电饭煲;省柴灶,推广好。穷变富,水土保;三字经,永记牢。”

在项南书记的领导和推动下,省委、省政府制定了一系列的政策措施来帮助长汀进行水土流失综合治理工作。大规模的水土流失治理在长汀拉开了序幕,治理工作取得了卓著的成效。从1985年到1999年,长汀治理水土流失面积45万

水土保持三字经
项 南
责任制，最重要；严封山，要做到。
多树种，密植好；薪炭林，乔灌草。
防为主，治抓早；讲法治，不可少。
搞工程，讲实效；小水电，建设好。
办沼气，电饭煲；省柴灶，推广好。
穷变富，水土保；三字经，永记牢。

河田项南塑像

亩，减少水土流失面积 35.55 万亩，有效地减轻了洪涝灾害。河田人民对绿色之梦的期盼得以初步实现。但是，长汀还有 100 多万亩的水土流失面积亟待治理，长汀水保工作任重道远。

这一切，让当时在福建工作的习近平忧心忡忡，他曾对长汀水土流失治理和生态建设做出多次重要批示。他在福建工作期间，就曾五下长汀，走山村、访农户，摸实情、谋对策，大力支持长汀水土流失治理。长汀县前所未有的大规模治山治水大幕也就此拉开。

1999 年 11 月 27 日，时任中共福建省委副书记、代省长的习近平，在前往福建省重点建设工程棉花滩水电站和梅坎铁路建设工程现场视察之后，不顾疲劳专程驱车赶往长汀视察水土流失治理工作。他和长汀有关领导健步登上河田露湖村的山头，来到项公亭前。项公亭是河田当地村民在项南老书记逝世后，为了感谢他为河田水土流失治理做出的不朽业绩而自发集资兴建的。习近平站在亭前，仔细察看经过治理后绿树成荫的山头，对长汀人民锲而不舍的治理精神深表赞许，脸上露出欣慰的笑容。他又眺望远处连绵起伏依旧红土裸露的光秃秃的山头，神情十分凝重，长汀水土流失综合治理工作还面临十分繁重的任务。他仔细听取了长汀县领导关于水土流失治理的情况汇报，了解到长汀还有近 100 万亩的水土流失区域需要治理，便对随行人员和长汀县领导说："长汀水土流失治理工作在项南老书记的关怀下，取得了很大成绩，但革命尚未成功，同志仍需努力，要锲而不舍，统筹规划，用 10~15 年时间，争取国家、省、市支持，完成国土整治，造福百姓。"

2000 年 1 月 8 日，习近平视察长汀水土流失治理工作一个多月后，就在长汀县政府就水土流失综合治理问题向省政府呈报的《关于请求重点扶持长汀县百万亩水土流失综合治理的请示》上，做出重要批示："搞好水土保持是可持续发展战略的一项重要内容，应引起我们的高度重视。项南同志在福建工作时，就十分重视抓长汀的水土流失综合治理，我们应该继续做好这项工作。请广钟、琪玉同志牵头，组织有关部门于近期听取一次龙岩市委、市政府和长汀县委、县政府的有关工作汇报，帮助长汀县搞好水土保持生态环境建设规划的论证，并拨给适当的前期经费。同

習近平同志
亲植

2000 年习近平同志捐赠并种植的香樟树

意将长汀县百万亩水土流失综合治理列入省政府为民办实事项目和上报长汀县为国家水土保持重点县。为加大对老区建设的扶持力度,可以考虑今明两年由省财政拨出专项经费用于治理长汀县水土流失。”

2000 年 2 月 17 日,中共福建省委、省政府举行专题会议,将“开展以长汀严重水土流失区为重点的水土流失综合治理”列为省委、省政府 15 件为民办实事项目之一。

习近平高瞻远瞩,将长汀水土流失综合治理工作摆到可持续发展战略的高度。习近平的重要批示和省委、省政府将长汀水土流失治理列入全省为民办实事的项目,极大地鼓舞长汀老区人民治理水土流失、重整河山的决心。2000 年 2 月 27 日,长汀县隆重召开全县水土流失综合治理誓师大会,长汀人民决心发扬苏区精神,齐心协力打好治理水土流失和生态环境建设这一场硬仗,不夺全胜,决不收兵。

2000 年春,长汀县在河田露湖村规划建设“河田世纪生态园”,作为长汀水土流失治理和生态建设的示范园区,以此来推动全县的水土保持工作。习近平得知这个消息后,于当年 5 月 29 日委托人专程送来 1000 元,为长汀河田世纪生态园捐种一棵树,以表达他个人的一点心意。

2001 年 10 月 13 日,习近平以全国人大代表的身份,又一次到长汀视察水土流失治理工作。在认真听取了长汀两年来水土流失综合治理的情况汇报后,他对在场的各级领导说:“水土保持是生态省建设的一项重要内容,对水土流失特别严重的地方要重点治理,以点带面。长汀水土流失治理要锲而不舍地抓下去,认真总结经验,对全省水土保持工作起到典型示范作用。”随后习近平和随行人员一起来到河田世纪生态园,在园区的一侧,他捐种的香樟树已经长得枝繁叶茂、郁郁葱葱。习近平十分高兴地拿起铁锹仔细地为香樟树培土、浇水。

同年 10 月 19 日,习近平对长汀水土保持工作再一次做出重要批示:(1)再干八年,解决长汀水土流失问题。(2)应纳入国民经济规划,请省计委安排。(3)按 2001 年资金安排规模和渠道形成拼盘意见,还要增加多渠道投资的措施,请省计委、省财政研究。(4)长汀河田是重点,还要统筹全省其他地方。

在习近平的亲自关心下，在省财政的大力支持下，八年来，省财政每年拨专款1,000万元用于长汀水土流失综合治理。长汀水土流失治理工作在省委、省政府的关心支持下如虎添翼，从此迈入了一个划时代的崭新阶段。

冬去春来，时序匆匆。2002年习近平调离福建，先后任浙江、上海主要领导职务，2007年调中央任中央政治局常委、中央书记处书记，翌年任国家副主席。光阴荏苒，至2011年年底，习近平离开福建近十年了。十年来，长汀人民牢记习近平的谆谆嘱托，发扬客家人艰苦奋斗、建设家园的开拓精神和老区人民不畏艰险、敢于牺牲的奉献精神，“滴水穿石，人一我十”，锲而不舍，治理水土，取得了优异的成绩，全县减少水土流失土地近100万亩。

2011年岁末，新华社记者深入长汀基层，一方面为长汀在水土流失综合治理方面所取得的辉煌业绩而倍感兴奋，另一方面也发现长汀在水土流失治理中还存在一些困难应引起有关部门的重视。12月10日，《人民日报》发表了记者的采访文章《从荒山连片到花果飘香，福建长汀——十年治荒　山河披绿》。

这篇文章摆在了时任中共中央政治局常委、国家副主席习近平的办公桌上。他虽然离开福建十年了，但仍然时刻惦记着洒满烈士鲜血的红色土地，惦记着革命老区的生态环境治理。他看完这篇报道后，当即提笔批示：请有关部门深入调研，提出继续支持推进的意见。习近平的重要批示，再一次体现了党中央对革命老区生态环境建设和各项事业发展的关心支持，体现了中央领导对老区人民的深切挂念。

2011年12月，习近平在接见时任中共福建省委书记孙春兰的时候，再一次提到长汀水土流失治理的工作。他说：“最近《人民日报》报道了长汀水土流失治理的情况，我作了批示，要求有关部门给予支持。这件事奋斗了不止十年，我在福建抓这件事是继项南同志之后的。民国时期就有水土保持局，我们是共产党执政，更要把这件事抓好。”

2011年12月21—24日，根据中央领导同志的指示精神，中央政策研究室、水利部、国家发改委、国家林业局、财政部、环境保护部、国务院扶贫办等七部委组成联合调研组，专程前来长汀开展调研工作。调研组带着中央领导同志的亲切问候，带着对老区人民的深情厚谊，到长汀后上山头、进果场、访农户，全面了解长汀治理水土流失、建设生态县的做法和取得的成效。联合调研组表示，长汀还有48万亩水土流失土地没有治理，下一步治理工作任务还很艰巨，中央有关部门会制定出继续扶持的措施，希望长汀做好规划，有序推进，走生态立县、工业强县、商贸兴县的路子，让长汀越变越好，越变越绿。

联合调研组结束在长汀的调研后，向中央领导同志呈报了有关长汀水土流失治理情况的汇报材料。时任国家副主席的习近平审阅汇报材料后又做了重要批示："长汀曾是我国南方红壤区水土流失最严重的县份之一，经过十余年的艰辛努力，水土流失治理和生态保护建设取得显著成效，但仍面临艰巨的任务。长汀县水土流失治理正处在一个十分重要的节点上，进则全胜，不进则退，应进一步加大支持力度。要总结长汀经验，推动全国水土流失治理工作。"

2012年3月7日下午，时任中共中央政治局常委、中央书记处书记、国家副主席习近平来到出席十一届全国人大五次会议的福建代表团驻地，看望福建省代表团全体代表时，对长汀水土流失治理工作又再次做出重要指示："要认真总结推广长汀治理水土流失的成功经验，加大治理力度、完善治理规划、掌握治理规律、创新治理举措，全面开展重点区域水土流失治理和中小河流治理，一任接着一任，锲而不舍地抓下去，真正使八闽大地更加山清水秀，使经济社会在资源的永续利用中良性发展。"

语重心长暖人心，一枝一叶总关情。

习近平的重要批示和讲话，从长汀水土流失治理到福建生态省的建设，情真意切，高屋建瓴。他对福建各级领导提出了殷切的希望，要求"一任接着一任，锲而不舍地抓下去"。

习近平的讲话如春风化雨，八闽大地掀起了总结推广"长汀经验"，加快推进生态省建设的热潮。

中共福建省委不负重托、不辱使命，迅速贯彻执行中央领导的批示精神。

中共中央政策研究室

近平同志：

遵照你的指示，我同国家发展改革委、财政部、环保部、水利部、国家林业局、国务院扶贫办等单位主要负责同志联系协商并落实了调研事宜，组建了调研组，调研组出发前我召开了动员会，传达了你的批示精神，对完成好这次调研任务提出了要求。12 月 21 日至 25 日，调研组到长汀进行了实地调研，回京后对调研涉及的重要问题进行了集体研究，提出了支持长汀推进水土流失治理工作的意见和建议。

参加调研的中央有关部门对你的批示高度重视，对继续支持长汀推进水土流失治理工作都给予大力支持。现在初步匡算，已经明确纳入现

习近平同志对长汀水土流失治理情况汇报所做的批示

2011 年 7 月 28 日，时任省委书记孙春兰在《八闽快讯》上对《长汀县水土保持生态建设的经验启示》做出重要批示："送省委常委各同志、各位省领导阅。我省已有这么好的经验，在当前就是要继续弘扬坚持。"

2012 年 12 月起，时任省委书记尤权在福建工作期间，先后十次到长汀调研水土流失治理生态建设和脱贫攻坚工作。2013 年 10 月 12 日，尤权同志在《八闽快讯》第 1130 期《长汀县提前完成全年水土流失治理任务，呈现"三多三少"特点》讯息上批示："长汀这项工作抓得好，龙岩市和省直以及部队等都给予了大力支持。要继续贯彻落实好习总书记的批示精神，力争早日全面完成水土流失治理任务。"

2016 年 3 月 23 日，时任省委副书记、省长于伟国到长汀调研水土保持工作，并指出：要进一步强化责任感，提高"四个意识"，咬定治理荒山不放松，持之以恒，久久为功，一任接一任、一茬接一茬、一年接一年把长汀水土流失治理工作做得越来越好。

长汀各级党政领导及广大人民群众，认真贯彻落实习近平的重要批示以及福建省委常委会议精神，继续发扬"滴水穿石，人一我十"的精神，按照"进则全胜"的要求，凝心聚力加快水土流失治理，全面推进全国生态示范县和全国水土流失治理示范县建设，把长汀建设得更加美丽，更加和谐，更加幸福。

★第二节　锲而不舍治理水土

开新图强，生态建设掀热潮！

撸袖实干，山河不绿不罢休！

在党中央和中央领导的关心下，长汀老区人民发扬苏区时期不畏艰难困苦、不怕流血牺牲的精神，几十年来党政同心、干群合力、部门尽责、举措得当、锲而不舍地与百万亩荒山作战，为水土流失治理做出巨大贡献，取得前无古人的辉煌成就。长汀人民在治理水土流失中的理念创新、技术创新、管理创新、机制创新和借“他山之石，可以攻玉”发挥的独特作用，创造了综合治理水土流失的长汀经验和模式，是我国南方地区水土流失治理的典范。这是习近平生态文明思想在长汀的创造性运用和实践，是福建生态省建设的一面旗帜。

一、“八字箴言”鼓实劲

长汀水土保持工作所取得的非凡成绩，来自于党和政府的正确领导，来自于中央、省、市的关心与支持，来自于长汀人民“咬定青山不放松”的治理精神，来自于科技工作者的创新理念和创新技术。在二十几年的水土流失治理中创造出令人称颂的长汀精神和长汀经验。在长汀精神中，“滴水穿石，人一我十”无疑是最引人注目的八个字。2012 年 5 月 17 日，“全国总结推广长汀水土流失治理经验座谈会”在长汀召开，这言简意赅、通俗易懂的八个字传遍大江南北，成为最为人津津乐道的长汀精神。

这八个字是习近平 1988—1990 年任中共福建省宁德地委书记时，为激励当地干部群众攻坚克难，争取早日脱贫致富而提出的。

1999 年 11 月 27 日，时任中共福建省委副书记、代省长的习近平，专程来到长汀视察水土保持工作，他站在长汀水土流失最严重地区之一的河田露湖村的山头上，号召长汀人民要不畏艰难、锲而不舍、统筹规划，用 10~15 年的时间，完成水土流失治理，造福百姓。一个多月后的 2000 年 1 月 8 日，习近平同志亲自批示，将长汀百万亩水土流失综合治理列入省政府为民办实事项目。省领导对水保工作和环境治理的高瞻远瞩，使长汀的水土流失治理进入了一个划时代的崭新阶段。

在这个千载难逢的机遇面前，长汀多么需要一些能激励干群、鼓舞斗志且通俗易懂的口号。当时有领导觉得，习近平主政宁德时提出的“滴水穿石，人一我十”这八个字十分适合用于长汀水土流失治理工作，于是就将其作为鼓励全县人民参加水土保持治理的口号。2001 年 5 月，一批动员全县人民大干水保的标语出现在长汀的城镇、乡村，其中“滴水穿石，人一我十，治理水土”这条标语覆盖到每个乡村，成为最引人注目、最有感召力、最明白晓畅的标语。

尽管十多年过去了，这八个字不仅适用于长汀水土保持，而且对我们经济欠发达县份的科学发展、加快崛起具有极强的感召力。“滴水穿石”是个成语，告诉我们要做好工作就必须坚持不懈、持之以恒。“人一我十”，则要求我们发扬无私奉献精神，只要比别人多付出努力，就一定能实现理想。当时的长汀县水保局局长说，用这八个字作为长汀的水保宣传口号，一是体现长汀客家人坚韧不拔、艰苦奋斗的精神和老区人民跟党一心，为革命敢于抛头颅洒热血的老区精神；二是体现长汀人民的感恩之心，省委、省政府将长汀的水土流失治理列入全省为民办实事的项目，每年由省财政拨专款 1,000 万元，这是党和政府对长汀的格外关怀，只有把长汀水土流失治理好了，才能对得起各级政府、部门对长汀的厚爱。

长汀县水土流失治理前后对比

二、"反弹琵琶"闯新路

在长汀水土流失治理的经验中，"反弹琵琶"的理念得到众多专家的认可和赞扬，也使国内治理水土流失的同行受到很大的启发。"反弹琵琶"原是敦煌莫高窟壁画中弹琵琶的飞天神女，她反握琵琶于脑后弹奏，形成婀娜多姿、别具一格的反弹之美，受到世人的赞叹。

20世纪80年代，胡耀邦在甘肃省定西考察，针对如何提高粮食产量的问题，提出用"反弹琵琶"的思维方式来解决粮食问题，即大面积推广种草，有了草就可以大力发展养羊等畜牧业，牲畜的粪便又成为种田的好肥料，有了肥料就可以提高粮食的单产。用反常规的做法，从而达到最佳的效果，这就是经济社会建设中的"反弹琵琶"。

长汀河田水土流失治理机构成立于20世纪40年代，虽然经过了漫长时日，但成效有限。到2000年12月，长汀水土流失治理机构已经走过60个春秋，如何突破水土流失治理的瓶颈，使我县的水保工作来一个实质的飞跃？长汀是我国南方红壤区水土流失的重灾区，当时有上百万亩水土流失的裸地。水土流失让土壤贫瘠，氮、磷、钾含量几乎为零，夏天地表温度高得烫人。大面积裸露的地面，如同一片又一片被炉火燎过的红色烙铁，熨烫着人们的心房。不服输的长汀人从“反弹琵琶”中得到启示，大胆创新理念，创建了“反弹琵琶”治理水土流失的新理念。长汀人一次次地实验、摸索，终于找到先种草给地表降温；草种活之后，再尝试种能活的灌木；等到形成一定的地表植被之后，再种植能适应的树种的方法。

根据亚热带植被从“常绿阔叶林—针阔混交林—马尾松和灌丛—草被—裸地”的逆向(退化)演替规律，先从恢复植被做起，只有把裸地的植被恢复好了，水土流失的程度就可以大大降低，再进行灌、乔的种植改造。

长汀人按不同坡地水土流失的不同程度进行综合治理，大力进行技术创新，施行“等高草灌带”，有利于径流泥沙的拦蓄沉积；施行“老头松”施肥改造，促进老头松和其他伴生树草的生长；施行陡坡地“小穴播草”，草比灌乔更容易做到快速覆盖，以草先行，种草促林；施行“草牧沼果”循环种养，以草为基础，沼气为纽带，果、牧为主体，形成植物生产、动物生产与土壤三者连接的良性物质循环和优化的能量利用系统；乡土树种优化配置，幼龄果园覆盖秋大豆春种，测土增肥等。

通过以上创新技术，实现种树种草增加植被，“老头松”改造改善植被，生态修复保护植被，种茶种果改良植被。长汀这种“反弹琵琶”创新治理技术在全省乃至全国独树一帜。正如中国工程院院士、中科院生态环境研究中心冯宗炜所说：长汀“反弹琵琶”治理法是顺应自然规律开展治理，是生态由逆向演替向正向演替阐释性创造性的理念。

三、“釜底抽薪”柴改煤

历史上，长汀老百姓一日三餐的烧柴都靠上山砍伐，千百年来天经地义。20世纪60年代之前，不仅长汀农村靠上山砍柴、割草解决燃料，就是县城的百姓、机关单位、学校也都是靠柴草来解决烧柴问题。那个时候，每天黎明时分，成群结队的砍柴大军迎着晨曦去上山砍柴，成为长汀一道独特的风景。在县城的东郊、西郊和汀江的沿岸，有非常热闹的柴草市场，谁也无法统计那时全县一天要烧掉多少柴草。一直到 20 世纪 70 年代，煤炭进入长汀，政府开始推广烧煤，县城上山砍柴的现象才慢慢减少。但在长汀农村，广大农民依旧靠砍柴解决烧柴问题。农村是不供应煤球的，更别说购买政府补贴的平价煤球，这也是当年城乡差别的现象之一。老百姓上山砍柴割草加剧了水土的流失。

1983 年 4 月 2 日，中共福建省委书记项南来到长汀河田八十里河视察，面对这片全省最严重的水土流失区域，项南的心情十分沉重。这位为全省政治、经济、社会发展而运筹帷幄的福建最高领导，吹响了长汀水土流失治理的进军号！他高瞻远瞩：要把长汀从全省水土流失的冠军，变为全省治理水土流失的冠军。他召开省、地、县有关领导和科技人员座谈会，采取一系列措施来帮助长汀进行水土流失治理，还亲自写下通俗易懂的《水土保持三字经》。针对当地百姓烧柴问题，项南指出，不解决群众烧柴问题，水土流失治理永远是一句空话；必须动员群众改烧柴为烧煤，要在河田大力推广烧煤。

为了帮助河田公社(含现三洲镇)治理水土流失，省人民政府决定，1983—1987 年，五年内，由龙岩地区每年安排收购 1 万吨煤炭，供应河田公社群众烧煤；由省林业厅每年拨出育林基金 20 万元，主要用于培育苗木和造林补贴；由省水保办每年拨出 30 万元，主要用于供应煤炭补贴。这是长汀农村首次享受与城里居民一样的购煤待遇，省政府这一决策措施，解决了河田人民多年来的实际问题，又保护了大面积的森林，大大调动了群众治理水土流失的积极性。此后，这一政策延续到 1991 年。

1992 年，时任福建省省长贾庆林来长汀视察工作，他十分关心长汀水土流失治理情况。为了进一步加快长汀水土流失治理的步伐，决定长汀煤炭补贴从河田、三洲 2 个乡镇扩大到新桥、策武、南山、涂坊、濯田和宣成乡的福跃片即七个半乡镇，省财政煤炭补贴专款从每年 30 万元增加到 80 万元。

长汀县在水土流失治理区域对农户实行煤炭补贴的惠民举措，被形象地比喻为水土流失治理的“釜底抽薪”。由于改变长汀乡村千百年来形成的烧柴习惯，杜绝上山砍柴割草的现象，彻底抽掉千家万户锅底的薪柴，而代之以烧煤烧电，终于换来一座座满目葱茏的青山。

四、“种果政策”获双赢

2011 年 7 月，福建《八闽快讯》登载专报《长汀县水土保持生态建设的经验启示》。这份专报受到时任中共福建省委书记孙春兰的高度重视，孙书记批示：“我省已有这么好的经验，在当前就是要继续弘扬坚持。”这份专报着重介绍长汀水土流失治理的经验和启示，其中，“坚持开发治理做到三个结合：把治理水土流失与治穷结合，与发展绿色产业结合，与防灾减灾结合，着力把低质低效的水土流失地变为优质高效的茶果园，变废为宝”的经验和“贵在为民”的启示，受到各地的高度赞扬。

1985 年长汀县水土流失面积达到 146.2 万亩，到 1999 年经过治理减少水土流失面积 35.55 万亩，还有 100 多万亩的水土流失区域需要治理，长汀水保工作任重而道远。在省委、省政府的大力支持下，长汀县水土流失治理被列为福建省为民办实事的项目之一。长汀水保局原局长说，假如单纯从水土保持的角度来说，只要能把荒山绿化，就达到目的了；但是，长汀的水土流失治理是长期艰巨的任务，必须动员全社会共同参与，特别是水土流失区域广大农民群众的参与，才能完成这一宏大工程。人活在世上要吃饭，广大农民必须要有经济收入，才能维持生活，才能调动农民群众治理水土流失的积极性。没有经济效益，水土流失治理就难以持久。

水土流失与贫穷落后相伴，生态与民生相依，水土保持改善的不仅是生态，更重要的是民生。如何确保省委、省政府为民办实事项目得到全面落实？如何把水土保持与改善生态、改善民生相结合，让老百姓在治理水土流失中创造经济效益，最大限度地动员广大群众参与水土流失治理？这是当时长汀县水保工作亟待解决的现实问题。究竟怎么搞？长汀县领导和水保部门经过反复的酝酿考虑，决定发动广大农民种果，通过种果实现“生态富民”。长汀水保部门按照水土保持和地方经济发展相结合的思路，统一规划，制定惠民政策，把水土保持与改善生态、改善民生结合起来，鼓励农民开发性治理荒坡地，变水土流失区为经济作物区，推动水土流失治理与农村经济结构调整和地方特色产业的结合，促进农业增产和农民增收，让水土流失治理得以持续。

2000 年 4 月，长汀县人民政府经过反复酝酿，出台开发性治理水土流失、鼓励开发荒山种果的政策，即汀政综〔2000〕115 号《长汀县人民政府关于李田河、朱溪河、南安溪小流域水土流失开发性治理的若干政策规定》。长汀县政府出台的这项“种果政策”，对山林经营权流转、资金扶持与税费减免、人才流转、激励机制等四个方面的政策做出明确的规定。对于长期抛荒的自留山、责任山，由所在乡镇人民政府收回，注销自留山证和责任山经营权，对收回的山林权以租赁、承包、股份合作等方式进行种果经营开发。山场租金每亩一次性最高收取 28 元，使用期 50 年，同时每亩给予 300 元资金补贴，政府投资为果园兴建路网，每 10 亩安排兴建一个蓄水池，每个蓄水池政府补贴 150 元。鼓励机关、事业单位干部和科

三洲镇万亩杨梅树

技人员开发荒山种果，制定出相应的优惠政策和待遇。

长汀县审时度势出台的“种果政策”，在水土流失治理这一巨大工程中，起到“四两拨千斤”的效果。长汀从20世纪80年代开始，经过30年努力，取得傲人的成绩单：森林面积提高到370万亩，森林覆盖率提高到79.4%，生物防火林带长330公里，省级生态乡（镇）创建率达83%，被誉为我国南方地区水土流失治理的一个典范。

今后五年，长汀老区将持续推进水土流失综合治理，减少水土流失面积20万亩以上，巩固治理水土流失面积106.6万亩以上，水土流失率控制在5%以内。同时，以推进国家生态文明试验区（福建）建设为契机，围绕建设生态长汀，增加全国生态文明和现代林业建设“两个示范县”的含金量，确保“十三五”期间实现森林覆盖率稳定在79.8%以上的目标，实施森林资源培育、森林资源保护、绿色富民产业发展、林产工业提升、森林文化繁荣、林业基础设施建设六大工程，开创林业工作新局面。

“进则全胜，不进则退”是习近平总书记对长汀水土流失治理工作的殷切嘱咐。在长汀老区人民心里，这是一种振奋，也是一种鞭策，永远激励着长汀水土流失治理的再推进、再探索、再创新。没有比人更高的山，没有比脚更长的路。再高的山，再长的路，只要锲而不舍地前进，就有达到目的地的那一天。

到2016年，长汀累计治理水土流失面积160多万亩，森林覆盖率由1986年的59.8%提高到2016年的79.4%，实现了“荒山——绿洲——生态家园”的历史性转变。全县18个乡（镇）中15个乡（镇）获得“国家级生态乡镇”命名，长汀县先后被评为全国首批“水生态文明城市”建设试点、“全国生态文明建设示范县”和“全国水土保持生态文明县”。2015年6月5日，环保部召开首届“中国生态文明奖”表彰大会，长汀县生态县建设领导小组获“中国生态文明奖”殊荣。2016年3月5日，通过环保部国家级生态县技术评估，成为龙岩市首个通过国家级评估的县份。

至2018年底，长汀水土流失面积下降为36.9万亩，水土流失率降低到7.95%，低于8.87%的全省平均水平，昔日山光水浊的“火焰山”变成了绿满山、果飘香的“花果山”。

★第三节　治理荒山英雄辈出

理想照亮奋斗路，红色大地绿意浓。

长汀在推进水土流失治理进程中，坚持按照习总书记提出的“进则全胜，不进则退”的要求，坚持“政府主导、群众主体，社会参与、多策并举，以人为本、持之以恒”，发扬“滴水穿石，人一我十”的精神，把群众作为治理水土流失的主体和力量源泉，涌现出一大批可歌可泣的感人事迹。他们百折不挠，奋勇当先，体现了“滴水穿石，人一我十”的“长汀精神”，树立了长汀老区的精气神。

如带领全村人民种树种果，绿化荒山，把“难坑”变成“富坑”的党的十九大代表，长汀县南坑村党支部书记沈腾香；福建省五一劳动奖章获得者、“感动福建”人物之一，福建省水土流失治理先进个人，坚守荒山 18 年，果茶满山猪满圈的山东妹子马雪梅；福建省五一劳动奖章获得者、“感动福建”人物之一，身残志不残，用残臂开辟出人生新天地，被誉为“断臂铁人”的一级伤残退伍军人蓝林金；生态建设先进群体“感动福建”人物之一，花甲之年再创业，老有作为治荒山的退休医生林慕洪……他们的事迹因平凡而真实，因真实而厚重，带给我们的是感动，是精神，更是力量。正是他们不信邪、不服输、不怕穷的勇气和坚守，积极参与治理,才使长汀由昔日的"火焰山"变成了"绿满山","绿满山"变成了"花果山"。

"青山绿水就是金山银山",长汀人民没有停止生态建设的步伐,始终坚持生态治理与经济发展并行、环境保护与民生发展并举,牢记习近平同志"进则全胜,不进则退"的重要嘱托,在新时代的新起点上打造"长汀治理"升级版,让山更青、水更绿、人民更安康,真正把长汀建成更加美丽、更加和谐、更加幸福的家园。

一、腾飞全靠领头雁,"难坑"今日变"富坑"

——记党的十九大代表、南坑村党支部书记沈腾香

1997 年 4 月,32 岁的女党员当选村党支部书记。当年 9 月,经在外乡贤、全国扶贫状元刘维灿推荐,沈腾香参加全国西部地区县委书记培训班,是培训班中唯一的村干部。回来后,她对如何带领村民致富有了信心。她组织党员和种养能手到漳州石坑学习经验,在调查研究的基础上,提出家庭养鸡猪,能源用沼气,山上种果树,耕地烟稻菜,形成产业链,实施"猪—沼—果"生态农业模式的思路,要求每个党员、干部种果 10 亩以上,养猪 10 头以上,带头示范。

在全国扶贫状元刘维灿的支持下,南坑村设立凌志扶贫协会,退休的县政协原主席廖英武积极指导,在南坑推行"协会+农户"机制,为村民提供购买果树苗木、肥料、种猪等生产资金的担保,并提供统一的技术服务。

打铁必须自身硬。沈腾香在苦竹坑带头上山开发种果 10 亩,养母猪 5 头,逐年发展,如今种果面积达 60 亩,养母猪 80 多头,年出栏仔猪、生猪 1,600 多头,有了说话的底气和本钱。她深入农户,宣传动员,动员种果养猪。

1999 年,南坑村创办厦门树王银杏制品有限公司,创办无公害、生产、休闲为一体的银杏生态园,落实山地流转机制,租赁村民山场 2,300 多亩种植银杏,修果园道路 19,810 米。沈腾香为支持银杏产业发展,把

猪场建到银杏山场上，建起了100多立方米的沼气池3个，沼渣、沼液用作银杏的肥料。

如今，昔日的秃头山成了绿满山、果飘香的花果山、全村宜果荒山全部种上银杏、油奈、桃、李等果树，种果面积7,739亩，人均种果5亩多，其中银杏4,300多亩。有标准化生猪养猪场3座，户均养母猪3头，菜猪20头，建沼气池180多口，建立“猪—沼—果”模式家庭农庄10个，成为远近闻名的“闽西银杏第一村”。

南坑村人过去只会在田里摸爬，根本没有种果养猪的经验。在推广“猪—沼—果”模式中，沈腾香从县农业局、畜牧水产局聘请了3名技术人员，专门指导村民种果养猪，举办培训班，对果农、养殖户进行技术指导，并多次请福建农林大学、龙岩农办的教授、高级讲师前来传授种养技术，请来本县的种养专家到村里现场传经送宝，同时积极动员和选送党员、干部、种养专业户参加“农函大”“农广校”学习培训，村办的图书室添置了几万册种植养殖的科技图书，方便村民借阅。目前，大部分村民都掌握了1~2门实用技术，一支高素质的新型农民队伍逐步形成。

为了让勤劳致富、科技致富在南坑村形成风气，从1999年开始，沈腾香每年组织评选村劳模活动。经过调查摸底、各村民小组推荐、公示等几上几下，每年评出10位群众公认的勤劳致富劳动模范。10多年来，全村共评选出60多位村劳模，像袁茂盛，就当选村劳模3次。此外，全村还涌现出村级道德模范10人，文明信用户216户，“五好家庭”23户，社会主义的正气在南坑村弘扬。

沈腾香任南坑村党支部书记后，特意到厦门拜访一直关注家乡的乡贤袁连寿和他的夫人全国扶贫状元刘维灿。袁老夫妇表态：“我们凌志扶贫协会支持你！”

1996年“8·8”洪灾，南坑村水利设施遭受破坏。沈腾香上任后，在凌志扶贫协会支持下，受益户投工投劳，修复了河乾陂和600米长的水渠；1998年，她发动全村人捐资投劳，全村每人投资20元，每部车辆出50元，将原来坑坑洼洼的村道修成长3.28千米，宽4.5米的水泥路；1999年，为解决村部问题，沈腾香自己带头，做好其他8户乡亲的工作，拆迁

南坑村新貌

480平方米的“烂宅屋”，拿出来建村部。这其中沈腾香就占了一半，每平方米只有30元的拆迁费。在凌志扶贫协会支持下，共筹资30多万元兴建了集村“两委”办公、村民文化娱乐、农民科技培训为一体的“农民之家”。

随着时代的进步，经济的发展，在市挂钩政策的支持下，沈腾香带领南坑村人迈开了建设社会主义新农村的新步伐。

投资200多万元，将村主干道从4.5米宽拓宽到6.5米，规模种植大棚蔬菜100多亩，带动全村流转土地270多亩，规模种植蔬菜、烤烟、草莓等经济作物。

实施村民整理项目：拆除厕所、猪舍、旧房等125间3,000多平方米，新砌防洪堤42米，清理河道1,800米，清理排污水沟32条4,300米，新建生产生活道路32条3,100米，新建房屋全部统一了立面，院落整齐清洁。

投资600万元，库容165万立方米的绿泉水库已完成大坝和渠道建设，正在申请验收和封堵蓄水，可解决全村农田引水灌溉问题。

南坑村在沈腾香带领下，从一个山秃人穷的严重水土流失村，成为连续两届“全国创建文明村镇工作先进村”“省级文明村”“省先进基层党组织”。沈腾香也先后被评为全国“三八红旗手”、省优秀共产党员、省劳动模范、全国老区妇女创业标兵等荣誉，连续三届被选为省党代会党代表，2017 年被选为中国共产党第十九次全国代表大会代表。

二、坚守荒山二十年，果茶满山猪满圈

——记省五一劳动奖章获得者、“感动福建”人物之一马雪梅

今年 54 岁的马雪梅，老家在山东青岛，1980 年来到福州，与伯父一家人住在一起，1986 年与刚从部队退伍在福州一家公司当司机的长汀县濯田镇园当村人赖荣清恋爱、结婚。

1997 年，马雪梅跟随丈夫赖荣清回到长汀县濯田镇园当村。勤劳朴实的她，先后喂过肉兔，养过河田鸡，后来又在园当村的自留山上开垦荒山种植芦柑、葡萄等果树，但因为没有养殖、种果经验，养殖不成功，种下的芦柑、葡萄不挂果，虽然都没有成功，但给了她种果的最初体验。

1999 年，濯田镇的干部见马雪梅开山种果很有干劲，便动员她承包镇干部集资在南安村塘尾角荒山种下的 158 亩板栗。她到现场一看，满山光秃秃的，只有几棵老长不高的“老头松”。这可是极强度水土流失区啊！有人对赖荣清说：“你老婆没种过田，种芦柑、葡萄又不成功，这光秃秃的山场能长东西？连松树都长不大。”马雪梅说：“别看这些光秃秃的‘火焰山’不值钱，经营得好，那可是块宝地。”当年冬天，马雪梅在塘尾角山场安营扎寨，开发 192 亩板栗。她请来技术人员指导、规划，自己带人亲自开小平台，几经努力，几多汗水，终于打造出192 亩的平台。但一场大雨过后，平台全被冲毁了。一向性格刚强的马雪梅流泪了，但她没有气馁，擦干眼泪，甩开膀子继续干，重新打造平台，在果园里种上板栗、桃树、梨树，在果园四周荒山坡上种上耐旱、耐瘠薄、根系发达的“百喜草”，还在山场上修建了十几口蓄水池和好几道拦水坝，昔日的光山秃岭不见了。

马雪梅想起开发种果的种种酸甜苦辣，情不自禁流下眼泪。她印象

马雪梅生态园

最深的是2001年大年三十的下午，因为开发种果花光了夫妇俩全部积蓄，还欠下不少债务。当时，有20多个债主来找马雪梅要钱，她还到手里没一分钱了，才想到今天要过大年，年货一点没有买，幸好远在福州的妹妹过来看她，掏钱买了年货，才让她过了一个不平凡的年。

马雪梅在塘尾角山场先后开发荒山600余亩，种植板栗、桃树、梨树上万株，还在果园里套种花生、西瓜、小米椒等经济作物，既保持水土，又以短养长。在技术人员的指导下，她在果场实行“猪—沼—果”模式，在果园里建年出栏上千头的猪场和沼气池，做到草喂猪，猪粪作为果树肥料，终于使昔日光山秃岭的塘尾角变成绿意盎然的果树林。20年时间，辛勤的汗水换来了丰厚的回报。现在，马雪梅不仅还清了债务，而且一年猪、果的毛收入五六十万元，特别是她家的板栗，由于全部为有机肥做肥料，果实质量好，能卖上好价钱。马雪梅因为水土流失治理做出了成绩，2002年被评为福建省水土流失治理先进个人，2007年又被评为龙岩市劳模，2014年被推荐评为“感动福建”十大人物之一。

三、"断臂铁人"立大志，红旗岭上茶果香

——记省五一劳动奖章获得者、"感动福建"人物之一蓝林金

蓝林金是三洲镇戴坊村人，被当地村民誉为"断臂铁人"。2003 年，从部队退伍的蓝林金在广东一处矿山打工时，出了意外事故，炸药提前爆炸，他的左眼被炸瞎，双手被炸飞。成为残疾人的蓝林金，回到了故乡。

2010 年，蓝林金决定和其他村民一样，向荒山进军，承包了村里水土流失最严重的红旗岭 2270 亩荒山。在市、县残联及林业、水保等部门的支持下，他用惊人的毅力垦荒近千亩，种植 850 余亩油茶。

开弓没有回头箭。手头没有资金，蓝林金便向亲戚朋友借钱，雇用 40 多名劳力，投入近 10 万元，在荒凉的红旗岭上开出一条 5 千米长、3 米宽的简易山路，铺设了 1,000 多米长的水管。红旗岭地瘦，没有肥料，油茶苗就没法成活，蓝林金与堂弟合作，在红旗岭下办起了拥有 4 座猪舍的猪场，采取"猪—沼—果"种养模式，养殖了 50 多头母猪，自繁自养了 100 多头商品猪，还在油茶山上放养了 500 多只河田鸡，一方面猪场粪便沼液作为油茶肥料，一方面以养猪、养鸡增加收入。

由于从家里到山上有 16 公里，为了节省往返的时间，蓝林金决定学会骑摩托车。当过特种兵的经历，让他骨子里有股不服输的劲儿，他克服了常人难以克服的困难，骑车时整个人趴在车上，用残缺的双臂控制方向，用脚控制改装在脚踏旁边的油门。经过一段时间的努力，蓝林金终于学会了骑摩托车。

别人卸肥时用肩膀扛，他卸肥时只能用脚踢；别人双手握锄，他要用臂弯夹住、胸脯顶着，才能使用锄头；别人冲洗猪舍轻松自如，他要用右臂夹、左臂托的方式才能拿起水管；肥料不够，他还要骑车 10 多公里到濯田镇南安、水口等村的猪场去载猪粪。他的两个手肘和前胸不知被磨破了多少次皮，都结出了老茧。他能熟练地用双腋夹起锄头、铁锹等农具刨坑、锄草，种油茶苗。每天早上 6 点，他就骑着三轮摩托车，到猪场载上

蓝林金在劳动

猪粪，一路颠簸运到红旗岭山头，挖穴、种树、锄草、施肥，随后还要喂鸡、喂猪、喂鱼。为了省钱，每到 4 月和 10 月，蓝林金就用嘴巴剪枝，8 万多棵的油茶，每次都要剪 20 多天，村民都说他是个牛人。

如今，蓝林金承包的 2,270 亩荒山，除种了 850 亩油茶外，还种了 400 亩毛竹、苦竹，150 亩黄栀子和 70 亩太空莲，养了 700 多羽河田鸡、200 多只鸭子、200 多头生猪。

蓝林金的故事，引起了中央电视台、《人民日报》等主流媒体和社会各界的广泛关注，他被誉为“断臂铁人”。在海峡论坛系列活动期间，蓝林金荣幸地受到时任中共中央政治局常委、全国政协主席俞正声的亲切接见。蓝林金亲手创办的红旗岭种植基地还被定为 2015 年中共龙岩市委、市政府为民办实事——农村残疾人就业创业扶贫示范基地。

四、退休医生再创业，老有作为治荒山

——记“感动福建”人物之一林慕洪

今年 67 岁的林慕洪原是龙岩市第一医院的主任医生，2010 年退休

后，作为老年疾病的专家医生，不少民营医院愿以百万年薪返聘他，可他却毅然回到老家长汀县四都镇，他借贷款 1,600 多万元，种下 7,000 亩油茶，带着乡亲们走上致富道路。

在众人的不理解中，林慕洪学管理，学技术，甚至把大学毕业的儿子也一起拉到山头。林慕洪说他从小就生活在四都，考上大学后才离开家乡，这些年来，家乡一直没有上规模的企业，村民的生活迟迟不能改善。2013 年，林慕洪的油茶开始挂果，他说："做医生，是在挽救生命。治荒山，其实也一样，是在护住生我养我的土地。"从城市回到农村后，林慕洪每月在镇上的卫生所义诊两天，他的退休生活就是一边义诊，一边治山。他说："我这也算老有作为吧。"

2014 年，福建省开展评选"感动福建"人物活动，长汀县治山草根英雄马雪梅、蓝林金和林慕洪，以其感人的事迹、新时代的正能量、老区人民的精气神，作为生态环境建设的"长汀三杰"，被推荐评为"感动福建"十大人物之一。

五、夫妇下岗不失志，昔日荒山茶飘香

黄发富夫妇原是长汀河田茶果场工人，2004 年，夫妇双双下岗待业，正不知下岗后怎么办时，听到一个信息：迳背村有一块严重水土流失地，需要开发治理。黄发富想何不发挥自己的种茶特长，建茶场呢？他立马赶到实地看，与迳背村"两委"座谈，回来后，夫妇俩认真商量了一番，下定决心干！于是，黄发富以每亩 28 元租赁山场 285 亩，一次性交清租金，争取到县水土保持治理资金。当年冬天，黄发富按高标准茶场规划，雇请来 100 多个劳力，在广坑 15 个山坡开平台，前埂后沟，挖条壕，从漳州、新罗等地购来有机肥做基肥，做到保水、保肥、保土。第二年春天，从漳州一台商茶场调来金萱、乌龙等品种的茶苗，经过精心管护，这 285 亩茶树长势喜人，成活率达 95%以上。2005 年冬，县水保局看他种茶有技术，管理有一套，人又实在，又引导他租赁承包刘源村一块 185 亩的茶场。这样，

黄发富的茶场面积达470亩，成为长汀县面积最大的一块茶园。昔日的水土流失地，如今茶叶绿油油。黄发富还投入40多万元，在茶园开了2.4公里长的道路，上坡地段铺设水泥路，整个茶场颇有气势。

黄发富为了建茶场，一年365天有360天在茶山干，于是就有了个“黄牛”的外号。他想，开茶山还要建茶厂，才能让茶升值。2006年秋，他从银行贷款15万元，并向亲友借贷，购进了烘干机、揉茶机、平板机、速包机、杀青机、振动抖青机，备办制茶设备20多台，办起了一个小型茶厂，产品销往厦门、广东，甚至东北的沈阳市场。

六、花甲老汉立宏愿，誓让荒山披绿装

走进长汀县河田镇红中村佛子岭、相见岭，只见满山翠绿，生机盎然，4,000亩竹杉枝繁叶茂，470亩毛竹亭亭玉立。据县林业部门介绍，这片山场总面积4,470亩，是64岁的刘源村刘静美老汉3年投资500多万元，建成的全县独资造林面积最大的家庭林场，而刘老汉则说“这是还愿”。

刘静美老汉从21岁起，在长汀的楼子坝林场、小金伐木场、中璜工区，整整干了30年林业，采伐、营林，做木材生意，样样干过，也积累了一套植树造林的经验。2007年，在深圳经商办企业的大儿子看到刘老汉在家休闲，就问：“你想干什么事业，我支持你。”刘老汉说：“我一生干林业，砍过不少木头，只有一个心愿，租一片山场，建一个林场，把林子造回去。”他看中红中村佛子岭、相见岭4,430亩山场，既是水土流失地，又没列入生态林，便用了整整一个多月时间，与红中村178户村民沟通联系签合同，租期40年。当时有人说：“你快60岁了，孩子又会赚钱，何必放着清福不享，这么辛苦劳累？”刘静美说：“我这辈子跟林业结了缘，过去砍树砍得多，现在要把林子种回去！”

2007年6月18日，刘老汉的东源林场动工兴建。他请县林业规划设计人员高标准规划设计，从顺昌洋口村、漳平五一林场调来优质的树苗，雇请了当地七八十个劳力，半山以下种杉木，半山以上栽松树，山窝

山脚植毛竹。他自己每天穿解放鞋，卷起裤脚，踩着黄泥，带领乡亲们锄地、挖穴植树，傍晚又乘车回城里，风雨无阻。三年来，造林投资300余万元，共栽下杉木4,000亩、毛竹470亩；同时，投资66.5万元，开出12.5千米长、3.5米宽的砂土路，架设了9座桥；去年又投入120万元，铺设6.5千米长的水泥路。

如今，刘老汉的水保林场颇具规模，国家水利部水保司、省林业厅的领导前来考察参观，都对刘老汉的造林精神赞不绝口。五年前栽下的松杉毛竹长势喜人，望见满山翠绿，刘老汉喜滋滋地说："现在杉树最高能到4米多，松树也有1米多高，十几年后，预计年收入可达三五千万元。"经过绿化，山坑里的水量多了，刘老汉准备在坑口建一个水库，发展旅游休闲。

植树造林不忘乡亲，刘老汉林场日常的管护雇请了当地13名农民，每人每天35~40元工资，可解决他们的生活问题。相见岭自然村的刘太阳家庭困难，仅靠几亩薄地难以糊口，如今每月林场发给他的工资就有1,000多元呢！

七、巾帼耕山二十载，荒山建成花果园

年近50岁的赖金养是大同镇红卫村人，1996年，她响应县、乡政府的号召，利用掌握种养技术与经验的条件，来到河田镇水土流失最严重的露湖村，决定凭借自己的智慧，改变荒山的落后面貌，向荒山要效益。她从实际出发，在光秃秃的山头挖穴种果，并在山上搭建猪舍养猪，建立沼气池，采取"猪—沼—果"立体模式，发展生态种养业。2011年，板栗基地迎来丰收，亩产值2,000余元，总产值100万元，当年收益20多万元，实现了水土保持和经济效益"双赢"。

创业之初，赖金养缺乏技术，她就采取走出去、请进来的办法，攻克种植板栗的难关。一方面，她虚心向农业局经作站的果树技术人员求教，刻苦学习板栗种植、施肥、修剪的技术；另一方面，她请来技术人员对已

河田露湖千亩板栗林

经种植的一万多株板栗树精心管理。她还从外地引进一批九嘉、处暑红等优质板栗品种，对果园进行改造、筛选。十几年来，赖金养对这片板栗基地倾注了心血，承受了一个女人难以忍受的艰难困苦，也饱尝了酸甜苦辣。但她不气馁，因为果园里建起的项公亭，记载着省委老书记项南关心长汀水土流失治理的深情，鼓舞着她。她记得2008年，板栗树生起了病，她可急坏了，急忙拿着病枝、病树干，去请教县果业专家。专家看了说，按炭疽病来防治。果然一施药，板栗树的病就除了。板栗进入盛产期，销路成了问题，板栗是不能长时间储存的。赖金养横下一条心，自己买车票乘客车，到漳州、厦门、广东等地，上门找水果市场，与水果批发老板联系洽谈。水果批发老板见她心诚，板栗质量好、绿色无公害，答应前来收购。功夫不负有心人，赖金养终于拓开了板栗的市场，去了自己的心病。

掌握种养经验的赖金养致富不忘姐妹们，她带领村里一些妇女投身水土流失治理，种植板栗、发展养殖事业。在她的示范带动下，河田镇以水土流失综合治理为契机，在露湖村大力发展“草牧沼果（菜）”循环种养，开发种植了板栗等果树 5,300 亩，建立了一个 320 亩无公害蔬菜种植基地，发展瘦肉型生猪生态养殖示范场 13 个，年出栏成品猪2,600 头、仔猪 3,400 多头，取得了治理与开发相结合、生态效益与经济效益双赢的喜人成果。仅板栗一项，全村每户每年可增收 3,000 多元。

据赖金养介绍，她的果园与猪场，平时固定聘请工人 10 个，到繁忙时，要聘请工人 60 多个，为当地群众提供了就业机会。接下来，她准备请省里的板栗种植专家到果园来，现场指导提高板栗产量的技术办法。她相信自己一定能在创造经济效益的同时，为长汀的水土流失综合治理、生态县建设贡献出一分力量。

八、退伍回乡不褪色，勇当治山带头人

俞水火生是长汀县三洲镇丘坊村党支部书记，也是三洲镇种植杨梅第一人，被誉为治理三洲水土流失的“领头雁”。

1984 年，俞水火生从部队退伍回家，恰逢中共福建省委书记项南同志带领省水土厅、林业厅等八大家支持长汀治理水土流失，长汀县委、县政府同时出台了一系列治理水土流失的相关政策。他开始尝试发展庭院经济，在房前屋后栽种了 3 亩荸荠、杨梅。经过精心管理，杨梅试产时，他的杨梅能卖到 3 元一斤。俞水火生在实践中探索种植杨梅经验，事实证明，三洲可以种杨梅，杨梅是治理水土流失的经济效益和生态效益同时发挥的好树种。

2002 年冬天，俞水火生在丘坊村社下尾山场，开发种植 70 亩，采取挖鱼鳞穴的方式，穴的四周保持原貌，共投入资金 4.2 万元，每亩600 元，其中县扶持资金每亩 300 元，自己投入 2.1 万元，打响了规模连片种植杨梅第一炮。

为了种好杨梅，俞水火生到浙江黄岩、闽南漳浦霞美镇等地考察。浙江省黄岩县黄埔村党支书蔡锦正带着他考察自己种的 400 多株杨梅，这给了俞水火生极大的信心。

俞水火生再接再厉,种植杨梅680亩。到目前,俞水火生拥有4个果场,精品果园1个,总面积达750亩,一部分进入盛产期,成为远近闻名的杨梅种植大户。他从开始种植杨梅,就注重绿色无公害,一直施的都是农家肥。他种植的杨梅冠大、树叶厚、不落叶、果质好。最高一株产量270多斤,是三洲杨梅之冠。

2005年,三洲杨梅质量协会成立,俞水火生被推选为会长。为了提高三洲杨梅质量,协会请县林业局的农艺师前来培训无公害栽培技术,还请浙江黄岩土专家王国林前来传授剪枝技术。俞水火生还带着骨干会员到上海考察水果批发市场,与杨梅批发经销商建立销售渠道。2011年春天,俞水火生投资14万元,建了一座占地面积130平方米、保鲜3万斤的保鲜库,能保鲜50多天。

如今,俞水火生在新一轮水土流失治理中迈开新的步伐。今年初春,他又扩种50亩杨梅,建立20亩杨梅苗木基地,栽培了黑炭梅、安海杨梅、可贷梅等新品种。早、中、晚品种都有,可延长市场梅杨销售期,为三洲梅杨探索增产增收新路子。

党的十八大把生态文明建设纳入中国特色社会主义事业的总体布局,做出建设美丽中国,大力推进生态文明建设的战略部署,描绘了生态文明建设的美好前景。

习近平总书记指出:“建设生态文明的美丽中国是实现中国梦不可忽视的重要部分。中国梦是国家富裕、民族振兴、人民幸福的梦。实现中国梦,就必须实现生产发展、生活富裕、生态良好的发展目标。”

习近平总书记在党的十九大上指出:“生态文明建设功在当代、利在千秋。我们要牢固树立社会主义生态文明观,推动形成人与自然和谐发展现代化建设新格局,为保护生态环境作出我们这代人的努力!”

为了美好的明天,为了子孙后代,长汀人民将弘扬老区精神,牢记习总书记“绿水青山就是金山银山”和“进则全胜,不进则退”的殷切教导,一任接着一任干,让绿色铺满大地!

第八章 阔步迈进新时代

长汀新貌

新时代扬帆再起航，新思想引领新航程。

党的十九大召开，中国特色社会主义进入了新时代。长汀老区人民在党的十九大精神指引下，发扬苏区人民“闹革命走在前头，搞生产力争上游”的优良传统，牢记“进则全胜，不进则退”的嘱托，在新征程上奋勇前进。

新时代要有新气象、新作为。长汀有基础、有条件，也有底气、有勇气，牢记嘱托，奋力攻坚，持续打好打赢“三大攻坚战役”“两个专项行动”及“五大提升行动计划”，续写新答卷，再上新台阶。

长汀的发展，体现了老区人民艰苦奋斗、迎难而上的精神，体现了一个山区县在纵深推进海峡西岸经济区建设中的责任感。

撸起袖子加油干，满怀信心向未来。

党的十九大以来，承载着历史荣光，流淌着红色血脉的长汀老区人民，决心在习近平新时代中国特色社会主义思想的指引下，迈进新时代，开启新航程，不忘初心，牢记使命。全县上下，拧成一股绳，以滚石上山、爬坡过坎的坚强意志，坚定与时俱进、攻坚克难的信心，提振精气神、凝聚强大动力，为实现“两个一百年”的宏伟目标，为实现中华民族伟大复兴的中国梦，书写一部长汀老区改天换地、脱贫致富的时代画卷！

★第一节　红色资源代代传

习近平在陕甘宁革命老区脱贫致富座谈会上指出:“老区和老区人民为我们党领导的中国革命做出了重大牺牲和贡献，我们要永远珍惜、永远铭记。”

习近平总书记在中国人民解放军建军九十周年之际,强调指出:“我们要铭记光辉历史、传承红色基因,在新的起点上把革命先辈开创的伟大事业不断推向前进。”

在土地革命战争时期,毛泽东、朱德、刘少奇、周恩来、邓小平、陈毅、陈云等一大批伟大的无产阶级革命家、共和国的开国元勋,在长汀运筹帷幄,呕心沥血,开创闽西革命根据地,创立中央革命根据地。长汀人民用青春和热血托举革命的航船,谱写了一曲波澜壮阔的革命颂歌!

历史的硝烟早已散去,但在长汀这块红色的土地上,仍然保留着极其丰富的革命斗争史迹和众多的革命文物。长汀现有全国重点革命文物保护单位 2 处(7 个点),省级革命文物保护单位 15 处,县级革命文物保护单位 34 处。其中长汀革命旧址群被国务院公布为全国 30 条红色旅游精品线路之一,福建省苏维埃政府旧址等 7 处景点被列为全国 100 个经典旅游景点(区)。这是革命前辈们留给长汀的极为珍贵的无价之宝，是耸立在长汀这块红色土地上不朽的历史丰碑！

这些革命旧（遗）址已成为长汀乃至福建省重要的爱国主义和革命传统教育基地。按照“以红色吸引人，让文化感染人”的总体思路，从20世纪90年代开始，长汀就投入大量人力、物力对红色文化资源进行保护与开发。通过几十年的努力，长汀红色旅游的规模不断扩大，内在品质也快速提升。2010年5月，长汀革命旧址群成为国家AAAA级旅游景区。

目前，长汀县在全面学习领会党的十九大精神的基础上，保护革命文物，传承红色精神。创新举措，用好用活长汀丰厚的红色资源，努力擦亮红色名片，推出众多红色旅游景点、革命旧址和纪念场馆，吸引越来越多的游客，让更多干部群众在红色文化的熏陶下，发扬革命传统，争取更大光荣，不忘初心，牢记使命，为实现中华民族伟大复兴的中国梦砥砺前行。

一、革命旧址

（一）红四军司令部、政治部旧址（毛泽东、朱德旧居）

位于长汀县城水东街汀江巷11号的辛耕别墅，1988年1月被公布为全国重点文物保护单位，为国家红色旅游AAAA级景点。

（二）长汀县革命委员会旧址

位于长汀城区乌石巷的云骧阁，1988年1月被公布为全国重点文物保护单位，为国家红色旅游AAAA级景点。

（三）“红旗跃过汀江”遗址

位于长汀县濯田镇水口村的汀江码头，1981年6月被公布为第一批县级文物保护单位,现为长汀县革命传统教育基地。

(四)"汀州整编"遗址——南寨广场

位于汀城南郊,1981年6月被公布为第一批县级文物保护单位。

(五)中央红色医院旧址——福音医院

位于长汀县城东后巷58号,1988年1月被公布为全国重点文物保护单位,为国家红色旅游AAAA级景点。

(六)福音医院休养所旧址(毛泽东同志旧居)

位于长汀县城卧龙山麓,1988年1月与福音医院一起被公布为全国重点文物保护单位。

福音医院休养所旧址(毛泽东同志旧居)

(七)中共福建省委旧址(周恩来同志旧居)

位于长汀县城水东街人民巷43号的中华基督教堂,1988年1月被公布为全国重点文物保护单位,为国家红色旅游AAAA级景点。

中共福建省委旧址(周恩来同志旧居)

(八)福建省苏维埃政府旧址

位于长汀县城兆征路41号的汀州试院,1988年1月被公布为全国重点文物保护单位,为国家红色旅游AAAA级景点。

(九)福建省职工联合会旧址(刘少奇同志旧居)

福建省职工联合会旧址(刘少奇同志旧居)

位于长汀水东街 204 号的张氏宗祠旧址,1988 年 1 月被公布为全国重点文物保护单位,为国家红色旅游 AAAA 级景点。

(十)福建军区旧址

位于长汀县大同镇师福村的赖宅,2010 年被公布为福建省级文物保护单位。

(十一)共青团福建省委旧址

位于长汀县城水东街人民巷 39 号,1990 年 1 月被公布为县级文物保护单位,现为长汀县革命传统教育基地。

朝斗岩寺大雄宝殿

(十二)第四次反"围剿"紧急会议旧址

位于长汀县城南郊朝斗岩寺大雄宝殿,1961年被公布为第一批省级文物保护单位。

(十三)福建省邮务管理局旧址

位于长汀县城五通街113号,1990年1月被公布为县级文物保护单位。

(十四)闽西工农银行旧址

位于长汀县汀州镇兆征路158号,1981年6月被公布为县级文物保护单位。

(十五)中共兆征县委、兆征县苏维埃政府旧址

位于长汀县城劳动巷7号的刘氏家庙,1997年2月被公布为县级文物保护单位。

(十六)松毛岭战斗指挥部旧址

位于长汀县南山镇钟屋村的观寿公祠，为红军长征出发地之一，2013年被公布为全国重点文物保护单位。

(十七)瞿秋白同志囚室

位于长汀县城汀州试院内。1935年2月24日,瞿秋白等在长汀县濯田镇梅迳村被国民党保安团俘获。由于叛徒出卖,同年5月9日,瞿秋白被国民党军从上杭押送到长汀,被囚禁于此。

(十八)秋白亭

位于长汀县中山公园内(现长汀一中操场)。1935 年 6 月 18 日,瞿秋白就义前被国民党兵押送到此,他站在亭前拍照,留给世人最后一张照片。1985 年按原样重建,并命名为秋白亭。

二、革命纪念碑亭

(一)长岭寨战斗纪念碑

位于长汀县策武乡梁屋头村长岭寨山麓,建于 1976 年。1981 年 6 月被公布为县级文物保护单位,2014 年重修,现为长汀县革命传统教育基地。

(二)松毛岭战斗烈士纪念碑

位于长汀县南山镇蔡屋村松毛岭山麓,碑名由杨成武将军题写。

(三)瞿秋白烈士纪念碑

位于长汀县城西外街罗汉岭山麓瞿秋白烈士就义处。1935 年 6 月 18 日,瞿秋白在此从容就义。1952 年建瞿秋白烈士纪念塔,1983 年改建为瞿秋

瞿秋白烈士纪念碑

白烈士纪念碑。由全国政协原副主席陆定一题写“瞿秋白烈士纪念碑”碑名，由福建省人民政府撰写碑文。1986年被公布为全国烈士纪念建筑物保护单位。

何叔衡烈士纪念碑

（四）何叔衡纪念园

位于长汀县濯田镇梅迳村，由何叔衡纪念碑、何叔衡纪念亭、何叔衡纪念馆组成。纪念碑通高7.876米，正面刻着党徽和“何叔衡烈士纪念碑”碑名。纪念亭坐落于梅迳村小山坡上，建于1992年春，亭内碑高2.5米，座高0.6米，正面镌刻国家原副主席董必武亲笔题词“何叔衡同志死难处”，背面阴刻何叔衡生平事迹。1990年1月被公布为县级文物保护单位，同年被公布为福建省烈士纪念建筑物保护单位。何叔衡纪念馆，于何叔衡诞生140周年（2016年）建成并对外开放。

（五）张赤男烈士纪念碑

位于长汀县宣成乡寨背村，建于1964年。1981年，萧克将军题写碑名“张赤男烈士纪念碑”。1990年1月被公布为县级文物保护单位。

三、伟人故居

(一)杨成武同志故居

位于长汀县宣成乡下畲村,由故居、纪念室组成。故居建于清末,2008年维修,2014年结合美丽乡村建设,对故居进行全面修缮以及环境整治、绿化美化。2013年1月被公布为福建省级文物保护单位。

杨成武同志故居

(二)傅连暲同志故居

位于长汀县城东大街98号,由平房、门楼、庭院、正厅、左右厢房、后厅和天井组成，富有长汀建筑特色。门楼横眉上“注意卫生”四字为傅连暲亲笔题写。

（三）张赤男同志故居

位于长汀县濯田镇长兰村，建于1893年，分为正栋和横屋，青砖黑瓦土木结构。

四、纪念场馆

（一）中央苏区“红色小上海”陈列

该陈列设于长汀县博物馆内，主要介绍土地革命战争时期，毛泽东等老一辈无产阶级革命家在长汀做出的丰功伟绩以及长汀人民在中国

“红色小上海”陈列

共产党领导下，为苏区革命斗争所做出的卓越贡献。

（二）瞿秋白烈士纪念馆

位于长汀县城西门外罗汉岭山麓瞿秋白烈士就义地，主要介绍瞿秋白同志光辉的一生。

（三）杨成武将军纪念广场

位于长汀县城西门外罗汉岭山麓，包括杨成武铜像广场和杨成武将军纪念馆。纪念馆占地面积318平方米，为砖混结构单层建筑，展现了杨成武将军光辉战斗的一生。

瞿秋白烈士纪念馆

杨成武将军铜像

(四)毛泽覃同志纪念馆(旧居)

位于长汀县四都镇楼子坝村姜斜坑自然村,2015 年 12 月 8 日,举

毛泽覃同志旧居

行毛泽覃旧居揭牌仪式，毛泽覃烈士嫡孙毛新明率家属出席仪式并为毛泽覃旧居揭牌。龙岩市、长汀县、四都镇有关领导，毛泽覃烈士的通讯员刘家彬等参加活动。2015 年 12 月被公布为县级文物保护单位。

（五）唐义贞烈士事迹陈列室

20 世纪 80 年代末，四都镇红都小学更名为义贞小学，由陆定一题写校名，并兴建唐义贞烈士事迹陈列室。

（六）长汀县红军园

位于长汀县四都镇，于 2014 年 7 月 2 日落成开园。红军园主要包括主题雕塑、浮雕、红军先烈芳名录、红四军首次入闽纪念馆、红军廊桥等，现为长汀县爱国主义教育基地之一。

新时代的长汀老区人民，不忘初心、牢记使命，承前启后、继往开来。传承红色基因，充分发挥长汀老区红色资源的教育作用，大力开展红色旅游。在党的十九大精神指引下，牢记习近平总书记的嘱咐："把福建革命老区的红色资源利用好，红色传统发扬好，坚定不移听党的话、跟党走。"

红色资源是长汀老区不可多得的无价之宝，我们要保护好、利用好红色资源，一路高歌奔向更加美好的明天！

★第二节　不忘初心再前进

风从东方来，春到汀江岸。

党的十九大为党和国家新时代发展规划了宏伟蓝图，为决胜全面建成小康社会、开启全面建设社会主义现代化国家新征程，确定了目标方向。

长汀老区人民，在党的十九大精神指引下，举全县之力，坚决打赢脱贫攻坚战，做到精准扶贫，精准脱贫，脱真贫，真脱贫，一户不漏，一个也不能少。同时，充分利用一切有利于长汀发展的资源，因势而谋，因势而动，因势而进。撸起袖子加油干，不忘初心再前进。为夺取长汀新时期社会主义建设的新成就，做出更加积极的努力。

长汀老区在全面建设小康社会的伟大进程中，加快招商引资步伐，加大力度，汇聚起“再上新台阶”的磅礴力量，新中求变、变中求进、进中突破，绘就建设美好长汀的绚丽图景。

长汀在招商引资中，着力健全严格的环境准入制度，把好项目引进关，引进低耗能、低排放的产业，推动产业转型升级，做大做强纺织服装、稀土精深加工、文化旅游三个主导产业，全力打造现代农业、医疗器械、电子商务三个重点产业，培育壮大健康养老、新能源两个新兴产业，构建“332”新产业格局。

2018年,实现地区生产总值230亿元,比增7.2%;农林牧渔业总产值54.8亿元,比增3.5%,居全市第一;固定资产投资272.9亿元,比增17.7%,居全市第四;规模以上工业产值205.2亿元,比增20.3%;规模工业增加值60.9亿元,比增8.9%,居全市第四;资质建筑业总产值50.7亿元,比增36.7%,居全市第三;社会消费品零售总额78.8亿元,比增13.3%,居全市第四;外贸出口总值15.7亿元,比增0.9%,居全市第六;实际利用外资4616万美元,比增6.6%;财政收入10.9亿元,比增16.1%,居全市第一,其中地方级财政收入7.2亿元,比增11.4%,居全市第二;城乡居民人均可支配收入分别达23330元和13991元,增长9.7%和9.6%,居全市第一和第三。同时,规模工业产值增速首次超过全市平均水平,规模工业效益综合指数首次突破300点,荣膺省"县域经济发展十佳县"称号。

从党的十一届三中全会召开到2017年,通过不断总结经验、借鉴失误、自我完善,长汀工业面貌发生了很大变化,初步建立起"332"产业格局。在三个主导产业方面,纺织服装产业:紧紧围绕抓项目、促技改、育龙头、铸链条,向价值链中高端延伸,已初步形成"纺织纤维—纺纱—织布—服装加工—市场"和"针织机械—纺线—织片—缝合—后整—洗烫—市场"的产业链,是福建省重点培育的5个纺织服装产业集群之一。现有纺织服装企业172家,其中规模企业78家、亿元企业21家。2017年,实现规模企业产值86.43亿元,增长2%。稀土精深加工产业:紧紧围绕打造"全国稀土产业基地""国家稀土高新园区"和稀土特色小镇的目标,以福建(龙岩)稀土工业园区为发展平台,充分发挥厦钨的龙头带动作用,重点打造永磁材料、发光材料、稀土贮氢材料、合金材料、新材料5条产业链,初步建立"矿山勘探—矿山开采—冶炼分离—精深加工—应用器件"产业体系。现有企业(含在建)16家,其中规模以上企业4家,被列入省委、省政府重抓的20个产业集群(基地)之一。2017年实现规模企业产值80.1亿元,增长66.1%。文化旅游产业:成立旅游发展委员会,大力发展全域旅游、智慧旅游,依托历史、客家、红色、生态"四位一体"的特色文化,推动旅游与文化互动发展、融合发展。2017年,接待游客

263.6万人次，增长20.6%，实现旅游收入30.2亿元，增长36.9%。在三个重点产业方面，现代农业产业：加快发展品牌农业、智慧农业、生态农业。鼓励适度规模经营，引导土地流转15.4万亩，设施农业建成面积2200亩，发展农民专业合作社675家、家庭农场1424家，申报认定“三品一标”农产品63个、市级以上龙头企业18家。高标准规划建设农副产品加工园，提高传统优势农副产品加工产业附加值，延伸产业链，现有各类加工企业165家，其中规模以上企业14家，2017年实现产值18.5亿元，增长6.3%。医疗器械产业：抢抓国家支持医疗器械产业发展的机遇，设立医疗器械产业发展基金，出台专项招商引资政策，建设医疗器械商贸中心和两个医疗器械产业园区，大力发展医疗器械产业。目前，已签约生产性企业20家，其中1家试生产，8家正在装修厂房，11家已选定厂房待装修，已注册成立商贸公司18家，另有8个意向项目正在洽谈中。省食药监局已专门出台关于支持我县医疗器械产业发展若干意见，全力支持我县医疗器械产业发展壮大。2017年实现贸易额及产值5.1亿元。电子商务产业：实施“互联网+”战略，深化与阿里巴巴集团合作发展农村淘宝项目，推动冷链物流、第三方配送、电商运营业发展，加快县乡村三级农村淘宝点和汀州电商物流城建设，加快形成以互联网经济为主、现代物流产业为辅，配套体系基本健全、公共服务平台基本完备的电子商务产业发展生态圈，现已发展电商企业372家，2017年实现电商交易额40亿元，增长38.9%，其中上行12亿元，增长48.1%。在两个新兴产业方面，健康养老产业：依托生态环境优势，策划实施一批健康服务体系、养老服务体系和设施项目，重点加快“候鸟”式医养结合健康养老产业发展。目前，已完成健康养老产业规划编制，“互联网+”养老信息服务平台和普亲养护院等养老机构投入运营，新桥卫生院医养结合试点全面推广。新能源产业：重点开发风力、电力等资源，目前，神华集团风电及光伏发电、华润能源开发、垃圾焚烧发电和红山、铁长等5个乡镇的风力发电项目正有序推进。

到2017年，长汀各方面的成就令人鼓舞，社会经济得到全面发展，工农业生产持续稳定增长，人民生活水平得到显著改善和提高，长汀的面貌发生了日新月异的深刻变化。但也要清醒地认识到前进和发展中还存在不少困难和短板，发展不平衡不充分的问题仍然突出：经济总量小，重大项目支撑不足，产业链尚未形成，新旧动能转换不快，发展质量和效益不高；城乡发展不够协调，基础设施建设相对滞后；稳定脱贫任务依然艰巨；环境治理长效机制不健全，绿水青山优势转化不明显；汀籍人员参与涉麻制毒形势仍然严峻，安全生产、公共安全等方面存在薄弱环节；民生保障需求与财政供给矛盾未根本缓解，教育、医疗等优质公共服务资源供给不足，与人民日益增长的美好生活需要相比还有较大差距；部分干部依法行政能力较弱，改革意识、担当意识、效率意识、廉洁意识不强，解决矛盾和突破困境的办法不多，劲头不足，等等。这是长汀经济发展的困难一面。正视存在的困难，正可以激发人们奋发图强、急起直追、迎头赶上的决心。进一步解放思想，实事求是，充分利用老区的政治优势、山区的资源优势，大胆创新，勇于开拓；坚持以经济建设为中心，坚持党的四项基本原则，坚持改革开放，走建设有中国特色的社会主义道路。振兴长汀指日可望，长汀的未来必将更加绚丽璀璨。

★第三节　同心迈向新航程

盛世开太平，小康路宽阔。

党的十八大以来，是长汀老区奋发图强、砥砺前行极不平凡的时期，也是长汀老区发展最好最快的时期之一。长汀老区干部群众牢记习近平总书记“进则全胜，不进则退”的嘱托，凝心聚力，实干拼搏，统筹推进经济、政治、文化、社会、生态文明和党的建设，全力以赴稳增长、调结构、强动力、惠民生、防风险，经济社会保持着平稳健康的发展势头，推动经济社会发展再上新台阶。

党的十八大以来，全县上下进一步贯彻落实习近平总书记对长汀水土流失治理工作的两次重要批示精神，加快建设活力、生态、文化、幸福、廉政的新长汀。先后获得首届中国生态文明奖先进集体、全国生态文明示范县、国家生态县、全国电子商务进农村综合示范县等20项国家级荣誉和23项省级荣誉。

党的十八大以来，长汀老区抢抓机遇、乘势而上，奋力拼搏，顺利完成了“十二五”规划目标，与上个五年相比，全县地区生产总值、固定资产投资、社会消费品零售总额、地方级财政收入四项指标实现翻一番以上；财政收入、工业总产值、城镇居民人均可支配收入、农民居民人均可支配收入四项指标实现年均两位数增长，三农产业结构由 20.2:47:32.8 优化调整为 17.3:45:37.7。

党的十八大以来，长汀老区坚持“生态建设产业化、产业发展生态化”，实施“产业兴县”战略，着力构建“332”新产业格局。加快绿色发展、科学发展。同时，持续打造龙岩高新区产业园、福建(龙岩)稀土工业园区、晋江(长汀)工业园三大平台，规划新建医疗器械产业园和电商物流城，推动产业集聚发展，提升发展层次和竞争力。

长汀老区持续弘扬“滴水穿石，人一我十”的精神，对接落实《国家生态文明试验区(福建)实施方案》，一任接着一任干，坚持治山和治水、治理和保护、统筹推进和专项整治三个结合，彻底解决“远看青山在，近看水土流”的问题，持之以恒推进水土流失治理和生态文明建设，高起点打造“长汀经验”升级版。

脱贫奔小康既是老区人民的最大愿望，又是中共长汀县委、县政府的施政方向。长汀老区力争在全省率先退出扶贫开发重点县。紧盯“两不愁、三保障”目标，加快“长连武”扶贫开发试验区建设，采取党建扶贫“双推进”、产业扶贫、易地扶贫搬迁和危房改造、生态补偿、医疗保险和医疗救助等 12 项措施，以更大决心、更强力度坚决打赢脱贫攻坚战，不断提升老区人民的幸福感。

国家历史文化名城是长汀的又一张“名片”。长汀县把城市建设作为惠民利民工程和拉动经济发展的新引擎在红色旧址群的保护修护和“一江两岸”、2 个新型城镇化、4 个特色小镇、51 个美丽乡村建设上发力，力促历史名城、工业新城“两城交相辉映”，打造宜居宜业宜游之城。

长汀老区将进一步传承好“听党的话、跟党走”的红色基因，推动全面从严治党向纵深发展、向基层延伸，全力构建风清气正的政治生态、山清水秀的自然生态、富有活力的发展生态。同时，将探索建立正向激励、容错纠错等机制，提振干事创业精气神。

长汀老区人民不忘初心、牢记使命，在习近平新时代中国特色社会主义思想指导下，为实现“两个一百年”的宏伟目标，实现中华民族的伟大复兴而努力奋斗！

★参考文献

一、史　料

1.长汀县方志办编:《长汀县志》,北京:三联书店,1993 年。

2.长汀县方志办编:《长汀县志》,北京:中华书局,2006 年。

3.黄凯元主修:《长汀县志》,民国二十八年(1939 年)版。

4.[宋] 赵与沐纂,福建省方志委主编:《临汀志》,福州:福建人民出版社,1990 年。

5.[清] 曾曰瑛、王锡缙主修:《汀州府志》,乾隆十七年(1752 年)版。

二、专著

1.福建省龙岩地区文化局编:《闽西革命歌谣》,福州:福建人民出版社,1980 年。

2.古田纪念馆编:《红军歌谣》,福州:福建人民出版社,1979 年。

3.李文生、张鸿祥编著:《记忆家园》,福州:海峡书局,2012 年。

4.李文生、张鸿祥编:《汀州览胜》,厦门:厦门大学出版社,1993年。

5.李文生、张鸿祥主编:《红军的故乡》,北京:中国言实出版社,2000年。

6.李文生、张鸿祥主编:《伟人在长汀》,北京:中国言实出版社,2000年。

7.龙岩市公安局编:《闽西苏区公安保卫史》,北京:中共党史出版社,2016年。

8.汀州客家研究中心编:《大美客家山歌》,北京:中央文献出版社,2015年。

9.汀州客家研究中心编:《闽山杜鹃红》,北京:中央文献出版社,2015年。

10.汀州客家研究中心编:《中国历史文化名城——长汀》,厦门:厦门大学出版社,2010年。

11.王坚:《浴血归龙山》,北京:解放军出版社,2011年。

12.中共长汀县委党史工作委员会编:《长汀人民革命史》,厦门:厦门大学出版社,1989年。

13.中共长汀县委党史研究室编:《长汀地下支部及红色印刷史迹》,2012年。

14.中共长汀县委党史研究室编:《中国共产党长汀县历史大事记》,2013年。

★跋　我深深地眷恋着这一片红土

王　华

我深深地眷恋这一片红土地。

难忘啊，难忘这一片红土地上，跨过的伟人们雄劲的步履：毛泽东的，朱德的，周恩来的，刘少奇的……作为中央苏区经济中心的“红色小上海”，震响过朱德的浑厚的嗓音：长汀，果然是中国革命的一个转折。吟诵了毛泽东的精妙的诗句：“红旗跃过汀江。”

难忘啊，难忘这一片红土地上，浸染的烈士们殷红的鲜血。松毛岭上滚滚硝烟熊熊烈火，刘少奇（时任中共福建省委书记）精心谋划的三个多月的战前组织，红九军团七天七夜的阻击战役，惊天地而泣鬼神。

难忘啊，难忘这一片红土地上，迈出的英雄们矫健的步伐：中复观寿公祠前，万里长征第一步！

难忘啊，难忘这一片红土地上，奔跑的同胞们壮实的身影。改革开放四十年，天翻地覆慨而慷：汀城、乡村，工厂、农田，绿水、青山……“进则全胜，不进则退”“滴水穿石，人一我十”——习近平总书记的嘱咐铭记在心；“把福建革命老区的红色资源利用好，红色传统发扬好，坚定不移听党的话，跟党走”——总书记的教导响彻云天！

难忘啊，难忘这一片红土地上……

这许许多多难忘的，如今，编纂成书——《长汀县革命老区发展史》，煌煌典籍，白纸黑字，永志不忘。

我眷恋着这一片红土地，深深地。

这片红土地上发生的许许多多，印刷在纸面上的，镌刻在心碑上的，永远不忘。

2018 年 11 月 20 日

（作者为长汀县人大常委会原代理主任、长汀县老区建设促进会会长）

★后　记

盛世修史。

欣逢中华人民共和国成立70周年，我国改革开放40周年，这一值得隆重纪念的日子。中国人民在习近平新时代中国特色社会主义思想指引下，在以习近平同志为核心的党中央领导下，为实现"两个一百年"的宏伟目标，为实现中华民族伟大复兴的中国梦而努力奋斗的文明盛世，由中国老促会牵头，编写出版"全国革命老区县发展史丛书"，具有十分重大的意义。

2017年6月，我县老促会接到通知后，立即召开会议，组织学习中国老促会和福建省老促会的通知精神，研究了我县的编撰工作。经过反复细致的讨论，我县于2017年7月确定编纂委员会组成人员名单，拟出了《长汀县革命老区发展史》编写大纲（初稿），及时向县委、县政府做了专题汇报。

中共长汀县委、县政府十分重视《长汀县革命老区发展史》的编撰工作，县委廖深洪书记做出批示："请相关部门单位给予全力支持。"县长马水清多次过问，并在方方面面予以保障。县委办、县府办专门下发《关于成立"全国1599个革命老区县发展史丛书"（长汀县分册）编纂委员会的通知》。县委、县政府的高度重视，为我县革命老区发展史的编撰工作提供了强有力的保证。

县直有关部门和部分乡镇对编撰工作也给予高度重视和大力支持。如县委办、县府办、发改局、民政局、党史室、方志办、农业局、旅游局、扶贫办、老区办、文广新局、统计局、水保局、开发区、名城管委会、南山镇、四都镇、濯田镇、大同镇、童坊镇、宣成乡等部门和乡镇，组织专门人员按照编撰大纲的要求，及时提供相关资料和图片。

本书的顺利编撰出版，凝聚了我县领导和有关部门的心血，这是一本集众人智慧之作。在此，我们向一切为了编撰好本书、付出了辛勤劳动的同志们，表示衷心的感谢！厦门大学出版社编辑王鹭鹏老师和章木良老师，以及长汀县老促会特约研究员蔡品高老师，为本书的出版也付出了辛勤的劳动，一并向他们致以诚挚的谢意。

现将本书的编写，做如下说明：

一、本书的编写是根据中国老促会《关于编纂全国革命老区县发展史的安排意见》，着重突出四个方面内容：一是老区人民在党的领导下创建和发展革命根据地斗争中的历史贡献和地位作用；二是老区人民在创建和发展革命根据地过程中的重大历史事件、著名英模英烈事迹，以及所表现出的崇高革命精神和光荣传统；三是挖掘整理革命历史遗址、文物、纪念场馆等红色文化资源；四是新中国成立以来，特别是党的十八大以来，老区人民在以习近平同志为核心的党中央领导下发扬自力更生、艰苦奋斗光荣传统，打好打赢脱贫攻坚战役，改变贫困落后面貌，改革发展稳定各项事业发生的巨大变化及涌现出来的先进事迹。

二、本书涉及的重大历史事件，如南昌起义军到长汀；红四军首次入闽；毛泽东做出开辟中央革命根据地的宏伟规划；红旗跃过汀江；长汀农民暴动、长汀县各级党组织和苏维埃政府成立；汀州整编红一军团成立；中共福建省委、省苏维埃政府、省职工联合会、福建军区、共青团福建省委在长汀成立；红军东路军攻打漳州；松毛岭战斗、红九军团出发长征；苏区人民坚持斗争、红旗不倒等重大历史事件，参考下列书籍资料编写：

1.中共长汀县委党史工作委员会编：《长汀人民革命史》，厦门：厦门大学出版社，1989 年。

2.汀州客家研究中心编:《闽山杜鹃红》,北京:中央文献出版社,2015年。

3.龙岩市公安局编:《闽西苏区公安保卫史》,北京:中共党史出版社,2016年。

4.中共长汀县委党史研究室编:《中国共产党长汀县历史大事记》,2013年。

5.中共长汀县委党史研究室编:《长汀地下支部及红色印刷史迹》,2012年。

6.李文生、张鸿祥编著:《记忆家园》,福州:海峡书局,2012年。

三、本书中的英模人物主要有杨成武、傅连暲、叶青山、彭胜标、涂则生、刘昌、林接标、涂通今、何廷一、钟池、张日清、罗洪标、吴岱、童小鹏、黄亚光、毛钟鸣、梁国斌;英烈人物主要有瞿秋白、何叔衡、张赤男、王仰颜、段奋夫、刘云彪、唐义贞、刘宜辉、戴五嫂,参考下列书籍资料编写:

1.长汀县方志办编:《长汀县志》卷三十八《人物》,北京:三联书店,1993年。

2.宋四根、练建安、吴金业编著:《八闽雄风:建籍开国将军画传》,北京:中央文献出版社,2006年。

3.长汀县博物馆:"闽籍将军陈列馆"陈列方案。

4.汀州客家研究中心编:《红军故乡》,厦门:厦门大学出版社,2010年。

5.汀州客家研究中心编:《红军的故乡》,北京:中国言实出版社,2000年。

6.中共长汀县委党史研究室编:《长汀地下支部及红色印刷史迹》,2012年。

7.龙岩市公安局编:《闽西苏区公安保卫史》,北京:中共党史出版社,2016年。

四、本书初稿完成后,县委廖深洪书记在百忙中亲自审阅书稿,提出了十分中肯的修改意见。此外,书稿还送长汀有关部门进行审阅。

第一章"概述　这一片高天厚土",由长汀县方志办负责审阅。他们逐字逐句核对历史资料，并对错误之处进行认真校正，遗漏之处给予补充。

第二章“红旗飘飘忆当年”、第三章“红土英雄耀中华”和第四章“闽山汀水悼忠魂”，由县委党史室审阅。他们不仅认真详细订正历史史实，补充遗漏部分，还为本书撰写了“保卫战线的秘密堡垒”一部分和英模人物毛钟鸣、梁国斌，英烈人物刘宜辉的生平事迹。

第五章“砥砺奋进奔小康”、第六章“改革开放续华章”、第七章“生态建设绘新图”、第八章“阔步迈进新时代”，分别由县委办、县政府办、县发改局、县水保局、产业园区管委会、县农业局、县扶贫办等单位审稿。县委办对书中经济建设部分进行了认真审核，对经济建设的相关数据进行了仔细核对。

由于我们水平有限，不足之处在所难免，请读者阅后多多提出宝贵意见，我们将不断地完善提高。

《长汀县革命老区发展史》编纂委员会

2018年8月

市、区领导一同为文秀产业园奠基培土

龙岩市委书记许维泽出席项目集中开竣工仪式

龙岩市副市长谢海波宣布项目开竣工

许维泽听取文秀产业园建设进展情况

许维泽对永定项目建设及文秀产业园发展规划提出指导意见

永定区委副书记、区长陈荣水介绍项目概况并致辞

马斌 文/图

李小

在北京人民大